江苏省社会科学基金后期资助项目（批准号：17HQ018）
中国博士后科学基金第61批面上资助（编号：2017M611811）

中国生物质发电产业的
空间布局与支持政策研究

闫浩 著

南京大学出版社

目　录

第一章 绪 论

1.1 研究背景和意义

1.1.1 研究背景

（1）国内外生物质发电的发展状况

在全球可再生能源热量供给中,生物质能供给量最大。2016 年,生物质资源一次能源总供应量为 56.5 EJ,占可再生能源总供应量的 70%(World Bioenergy Association, 2018)。在各大洲,生物质能的作用非常突出。在非洲,90%以上的可再生能源的一次能源供应来自生物质能。在其他大洲的可再生能源供应中,生物质能的供应占比也是最大的。

从能量的应用来看,在电力部门,生物质能发电是第三大可再生发电来源,2016 年生物质发电 571 亿千瓦时。在热电厂发电过程中,由于化石能源的脱碳能力有限,使得生物质能在有限的选择中成为最重要的替代燃烧物之一。2016 年生物质能用于发电的热产生量为 1.05 EJ,而相比地热能产量为 0.04 EJ,太阳热能产量为 0.01 EJ,96%的可再生热力发电来源于生物质和废弃物。2000 年的情况有所不同,当时生物质能发电仅次于水电,位居世界第二。然而,在过去的十年里,太阳能和风能技术发展迅速。风电增长 30 倍,太阳能光伏发电增长 300 倍,太阳能热电发电增长 10 倍。从各大洲生物质能发电情况来看,欧洲生物质发电量最大,产量为 208 亿千瓦时,其次是美洲和亚洲,分别达到 162 亿千瓦时和 152 亿千瓦时(IEA, 2018)。

生物质能供应来自各种原料——木材燃料、森林残留物、木炭、农作物及其残留物、城市和工业废料、沼气、生物燃料等。一般来说,供应可分为三个主要部门——林业、农业和废物。由于环境恶化问题的日益突出和对减少化石燃料使用的重视，利用生物质作为发电部门的原材料已成为许多国家的普遍做法。在 20 世纪 70 年代爆发全球石油危机之后，1988 年，世界上第一个 5 MW 秸秆发电厂诞生于丹麦 Haslev(林伟刚，2005)。美国于 1979 年开始测试区域生物质能源发展，并于 1991 年提出了生物质发电计划。随着可消耗能源的枯竭和"京都议定书"的生效，生物质发电在各国达到了工业规模，实现了成功的商业运作，如欧洲和美国。2004 年，丹麦拥有 130 座秸秆发电厂；2007 年，美国有 350 多个生物质发电厂，占美国一次能源消耗的 4%；而瑞典、奥地利和芬兰的生物质发电，分别占该国的 16%、10% 和 11%。2010 年 11 月，美国提出了生物质中长期计划，其中生物质发电的绩效目标：通过提高发电能力，增加对国家可再生能源目标的贡献；并分别于 2015 年和 2016 年推出 10 个 20 兆瓦规模的发电测试和温室气体(GHG)减排的验证。根据美国能源信息署(EIA)预测，美国在 2008—2035 年间的新增发电量中，可再生能源占其 41%。增长最快的就是生物质发电，占总增量的 20.2%。更重要的是，秸秆发电技术已被联合国列为重点推广项目。

就我国而言，自 2007 年以来，中国已成为全球最大的二氧化碳排放国，主要是因为煤炭主导着我国的能源供应。在防止环境恶化和促进能源安全的双重压力下，以可再生能源为基础的低碳能源结构在中国经济发展中越来越重要。为了优化能源结构和减少温室气体排放，我国在过去几十年里一直在促进可再生能源和清洁能源作为替代品参与能源供应。目前，我国火力发电占总装机容量的 72%，发电量占总发电量的 81%。中国是世界上最大的发电和电力消费国，电力行业减排负担沉重(Zhang 等，2017)。利用发多样化的电源是在不损害电力消耗的情况下实现减排的解决办法之一。近年来，中国为实现减排目标做出了许多努力。自 2006 年出台价格补贴等政策以来，我国可再生能源补贴总量迅速增长。在强有力的政策支持下，我国可再生能源产业发展迅速。生物质能发电作为中国应对气候变化战略的重要组成部分，无论是在资金投入还是在装机容量方面，其规模都有了较大的增长。《中华人民共和国可再生能源法》和一系列支持性产业政策(如价格补贴和强制电网接入可再生电力)加快了我国生物质能发电产业的发展进程。

在我国重点发展的可再生能源(风能、太阳能和生物质能)发电方式中,由于其间歇性,风能和太阳能都在稳定供电上存在问题。如果必须避免碳排放,风能和太阳能发电厂的运行需要依赖生物质能源的后备能力(Moiseyev 等,2014)。由于生物质发电的稳定性,其不依赖于使用化石燃料作为后备,因此生物质能资源可随时作为发电的原料供给电力(REN21,2018)。同时,生物质能的利用可以转化为电力、燃气、液体、固体燃料等多种能源形式,满足多个行业的需求。农林废弃物是我国生物质能材料的主要组成部分,综合利用农林废弃物既能创造就业机会,又能保护环境,是促进农村经济发展的一种有吸引力的选择(Lin 和 He,2017)。将农业生物质用于能源供应可以改善城市环境的脱碳并提升能源供应的可靠性。此外,考虑到收集和运输产生了大量的劳动力需求,它可以产生巨大的社会效益,增加就业和收入。

中国作为一个重要的发展中国家和转型国家,生物质能发电行业在2006—2016 年大幅增长。根据统计,截至 2016 年底,生物质能发电总装机容量达到 1 214 万千瓦,较 2015 年增长 17.86%;发电量 650 亿千瓦时,较 2015年增长 23.34%(REN21,2018),并且生物质能发电排名世界第三。这些生物质发电中有很大一部分是基于直燃技术。2013 年底,中国生物质能直燃机总装机容量为 4.195 GW(CNREC,2013),并且生物质能发电的比重大于其装机容量的比重。

中国的生物质资源非常丰富,我国非常重视生物质能源。我国将生物质能利用技术的研究和应用列为四个"五年计划"的重点科技攻关项目。2003年 11 月,中国政府、世界银行和全球环境基金(GEF)合作建立了中国可再生能源规模化发展项目(CRESP),项目一期旨在支持江苏、福建、内蒙古和浙江四个地区的高效、商业化可再生能源电力市场建设。可再生能源规模发展政策的一期试点和投资取得了初步成果,第二阶段得到了推广。"十一五"规划提出"加快物质能源的发展"。2007 年,《可再生能源中长期发展规划》确定了农业和林业发电残余物的总装机容量,2010 年为 4 000 兆瓦(MW),2020 年为 24 000 兆瓦。"十二五"期间,中国生物质发电能力将翻一番,达到 8 000 兆瓦。2009 年 6 月,国务院办公厅将生物能源列为《关于促进生物产业若干政策发展的通知》的五个重点领域之一。

2010 年,中国农作物秸秆总产量约为 7.2 亿吨,到 2020 年预计将达到 8 亿吨。截至 2013 年底,我国累计批准的生物质发电量达到 12 226.21 兆瓦,并网容量为 7 790.01 兆瓦,占核定容量的 63.72%。农林生物质直燃发电总装机容量为 4 195.3 兆瓦,占并网容量的 53.85%。在农林生物质资源丰富的地区,生物质发电项目具有较高的规模效益和较低的发电成本。受上述资源禀赋和各地区生产特点的影响,我国生物质发电的分布特征十分明显。目前,华东并网发电装机容量达到 3 514.84 兆瓦,占全国总装机容量的 45.12%;中部和南部的装机容量分别为 1 438 兆瓦和 1 096 兆瓦。

2006 年 1 月实施的《中华人民共和国可再生能源法》及其修正案于 2009 年 12 月通过,确立了可再生能源的法律地位。虽然中国的生物质发电产业在政府支持下取得了快速发展,取得了很好的效果,但仍存在许多问题。

(2)我国生物质发电存在的主要问题

根据国家发展和改革委员会和国家电力监管委员会 2011 年 1 月公布的数据,第一座生物电厂于 2006 年 12 月正式投入运营,截至 2010 年 9 月,农业和林业废弃电厂有 70 个。中国发电企业,总装机容量 1 438.40 MW(国家发展和改革委员会,2011),没有完成预定的目标。主要原因是生物质发电投资巨大,运营成本高,现有企业普遍亏损,导致其他公司不敢投资。主要问题如下:

① 有些地方盲目开放生物质发电项目,而且这种现象有继续的可能

为了完成吸引投资、节约能源、减少排放的任务,一些企业被迫改造,以抓住优质原料生产基地和小火电企业,导致生物质发电项目无序化。截至 2010 年 9 月,前四名投产项目地区分别为江苏(11 家)、山东(8 家)、黑龙江(7 家)和河南(6 家)。例如,在江苏省宿迁 100 公里范围内,共有宿迁凯迪、中节能、国信泗阳、沭阳光大、嘉豪泗洪 5 座秸秆发电厂。前三个在施工后投入运营,而宿迁凯迪和中节能距离不足 20 公里。江苏盐城计划在五年内在各县建设秸秆发电厂;山东也有这样的计划。2009 年 2 月,国家发展和改革委员会和农业部发布《关于编制秸秆综合利用规划的指导意见》。同年 12 月,江苏省率先推出《江苏省农作物秸秆综合利用规划(2010—2015 年)》,主要目的是计划充分利用秸秆的多样性,接着是安徽、上海等地。各地区实施"综合利用规划"

将使秸秆供缺口更大(张钦,周德群,2010)。

② 生物质发电厂的原材料供应可能存在不足

原料供应不足是生物质电厂需要面对的主要问题,其根本原因有如下两点。首先,农民几乎不愿意出售稻草。稻草的收集、翻晒和储存都很费劲;当农场忙碌时,缺乏劳动力;农民卖秸秆没有利润。其次,企业之间的资源存在竞争。生物质发电项目部署密集,如宿迁;同时,秸秆具有其他用途,如扬州有造纸等 12 家企业,秸秆需求量为每年 3 万至 15 万吨,如东马塘镇是传统的草绳加工大镇,每年消耗稻草达 5 万吨。原料短缺导致企业生产能力不足,设备运行效率低下,秸秆价格逐年上涨(最高价格达到 480 元/吨),收购半径不断增大(国信如东电厂最大距离超过 200 km)(江苏省能源研究会,2009)。农业生物资源原料分散、不稳定的特点与中大型生物质生产的工业集中利用之间一直存在着矛盾。实际上,生物能源的最终利用和工业发展需要原料具有一种平衡机制来实现动态平衡。与农业生物质有关的能源战略假定当地区域广泛使用初级生物质资源,这将增加需要提供足够原料的生物质设施或植物之间的不合理竞争。评价现有农业资源的数量涉及评价生物质能在能源市场上的现实可行经济效益的情况。如果一个国家由于持续的能源需求而希望增加对当地农业资源的利用,就必须深入了解各种因素或驱动因素是如何影响地方和国家生物能源部门获得生物质资源的。

③ 生物质发电项目的安装规模还有讨论的余地

我国秸秆发电的装机容量一般有三种:24 MW,25 MW,30 MW。理论上,装机容量越大,效率越高;但投资所需资金、秸秆需求量和收购半径越大,其运行成本和风险也越高;短期内无法收回投资已成为事实。因此,有人提出小规模发电以避免上述问题(张钦和周德群,2010)。国家发改委已规定装机容量一般不超过 30 MW,每个县或 100 km 半径范围内不得重复建厂(国家发改委,2010)。2007 年加拿大政府就已经不鼓励大规模秸秆发电项目,比如多伦多、不列颠哥伦比亚开始支持 10 MW 以下规模的项目(Nasiri 和 Zaccour,2009)。同时,尽管生物质发电技术迅速推广,以更清洁的方式利用的生物质在发电成本方面仍无法与化石燃料竞争。生物质发电行业是否仍出于规模报酬递增阶段很难判断。

④ 生物质收储、运输和发电中的能耗及碳排放,有研究的必要

随着新农村建设进程的加快,到 2020 年,中国农村商品能源消费量预计将从人均标准煤 0.62 吨增加到 1.99 吨,相当于中国能源开发中长期能源消费增长计划(2005—2020)的 60%。据统计,秸秆发电厂每年秸秆消耗量约为 20 万吨。如果按 365 天/年计算,平均需求量为 550 吨/天。从现场到临时采集点,只能使用三到四轮车,运秸秆为 1.5 吨/车,每天需要 367 辆。从临时采集点到发电厂的卡车可以运输 5 吨/车,这需要 110 辆/天。秸秆粉碎、包装和转运需要特殊设备和操作。因此,如果将秸秆大规模转化为电能,将不可避免地加剧农村能源的不合理现象(李晓明,2008):高能量密度传统能源,如煤炭和柴油分散在农村或小型城镇,利用效率低、污染严重;低能量密度秸秆资源,通过建立庞大的物流系统,消耗其他能源来转化和再利用。在坎昆会议之后,生物质发电能否为中国新减排目标做出贡献值得研究。此外,生物质发电行业缺少生物质废物收集价格标准和一个更加详细的补贴标准,以提高农民和机构的生物质废物收集和运输效率,并且生物质能在采运过程中也可能产生额外的碳排放。与煤燃料相比,生物质燃料的能量密度较低,而且它们的分布相对分散,因此在运输过程中可能会消耗大量的化石燃料;考虑这些消耗,可能会无法保证生物质燃料的利用产生正的净排放。

⑤ 对于"生物质电究竟划算不划算"有不同的观点

《科学时报》的采访引发了一场争论。虽然几篇论文不能成为最终答案,但是秸秆发电的综合效益一直备受关注。事实上,可持续发展也应该关注:中国秸秆发电以来,国家和地方政府在其多个环节给予政策支持。从 2009 年 7 月到 2010 年 9 月,企业享受了约 21.46 亿元的上网电价补贴(国家发展和改革委员会,2011),每个企业平均享受至少 3 000 万元的补贴。但是,政策是时间敏感的,比如 2015 年的上网电价。政策到期后,企业应该如何生存和发展?为了发展可再生能源,政府在过去几年里增加了补贴。考虑到中国是一个发展中大国,这给政府带来了沉重的负担。

像许多国家一样,中国在促进可再生能源和节约公共支出之间存在两难。从政府的角度来看,以最低成本减排的承诺是一个关键问题。有人可能会问,生物质能的发展是否是实现减排的有效途径? 换句话说,生物质是否是其他

形式可再生能源的良好替代品？生物质供应链的主要特点：(1) 原料生产面积广,产量大,但企业需求量大,因此采购网络的收集半径过大；(2) 使用各种原料(中国使用 50 多种),原料存在许多用途(至少 8 种),供应量存在波动；(3) 原料重量大,低价值密度,采购,储存和储存困难；(4) 核心环节的发电企业处于强势地位,原料供应受许多农(林)农、中间商和竞争对手的影响；(5) 供应链产品——电力,国家实行全面采购。虽然这些特点与普通供应链不同,但供应链理论和方法可以用来解决上述问题。

1.1.2　研究意义

生物质发电的发展是实现我国能源结构转型的重要措施之一,然而在一定的资金和技术条件下,从多个生物质发电中选择最合适的生物质发电技术极为重要。新能源的安装和使用不仅影响经济、环境、社会等,同时,其本身也受到该地区的经济、社会和环境等因素的影响,往往存在相互作用。综上,新的能源评估过程是一个复杂的系统工程。如果只对新能源的评价进行单指标分析,结果往往会出现很大的偏差。例如,如果只考虑经济因素,利用传统的化石能源发电在投资成本和电力成本方面具有很大的优势；如果只考虑社会保障因素,核电应该具有最小的发展价值,这也是发达国家对核电态度不一致及其寻求新能源发展的一种解释。因此,新能源动力的评价必须考虑技术、经济、环境和社会整体的影响以及不同因素之间的相互作用。系统研究以上内容具有重要的学术价值和现实意义。

在现有的生物质发电文献及江苏省技术、经济和环境背景的基础上,建立符合江苏背景的生物质发电产业指标体系,促进江苏省生物质发电产业的发展尤为关键。本书通过对评价指标权重的情景分析,对不同权重情景下的生物质发电开发方案进行比较研究,以进一步完善生物质发电评价指标权重的选择方法。生物质发电分析提出了基于指标相关效应的模型,使评价结果更加准确,促进了模糊测量和模糊积分法在生物质发电领域的应用。

在现实意义方面,大力发展新能源技术、利用新能源已成为电力结构转型的主要方式。虽然江苏省在新能源资源方面具有一定的优势,但目前尚不清楚新能源的重点发展领域。本研究综合考虑了江苏省在新能源技术、经济、环境等方面的情况,可以根据江苏自身发展的特点,为新能源的选择提供更有针对性的依据。同时本研究从多属性决策的角度出发,以总体最优为目标,考虑指标间的相关效应,有利于江苏省对新能源的有效决策,从而促进江苏省新能源的可持续发展。

1.2　国内外研究现状

国内外关于生物质发电技术的研究主要集中在技术及项目的效益评价研究、政策支持研究、空间布局研究、产业发展研究、技术的碳排放研究五个方面。

1.2.1　生物质发电技术和项目评价研究

在新能源技术评价的方法选择上,Pohekar(2004)对应用于可再生能源规划的方法进行了综述并将这些方法分成了三类,分别为决策支持系统、多目标优化以及多属性决策方法。Pohekar 通过对有关能源领域的文献进行总结发现:近 70%的能源问题采用多属性评价方法,其中最广泛使用的多属性评价领域分别包括新能源规划(34%)、能效规划(19%)、能源分配(15%)、建筑能源管理(13%)和能源项目规划(12%)。在所有多属性评价方法中,应用较多的主要有多属性应用理论、层次分析法、PROMETHEE、ELECTRE、种类偏好法、模糊集规划等方法。周鹏(2006)将能源规划领域的决策分析方法分为三类:单目标决策分析、决策支持系统和多属性决策方法,每种方法都包含不同的评价方法,如图 1.1 所示。此外,Løken(2007)年对多属性决策方法在能源规划领域的应用进行了综述,他将多属性决策方法分为四类,分别是价值测量模型、目标规划模型、Outranking 模型、混合模型。其中价值测量模型主要包括层次分析法、多属性效用理论、多属性价值理论等方法;目标规划方法主要有最优方案替代法、STEP 法、TOPSIS 法等方法;Outranking 模型主要包括 PROMETHEE Ⅱ、ELECTRE Ⅱ、ELECTRE Ⅲ等方法;混合模型是将多属性决策不同模型进行相互结合,主要有 AHP 和 TOPSIS 结合、AHP 和目

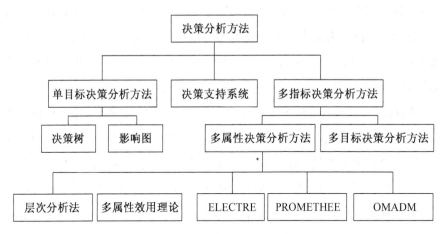

图 1.1　决策分析方法分类

标规划法结合等。此外也有一些学者采用其他的多属性评价方法,例如:语言有序加权平均法(Doukas 等,2007)、模糊方法(Mamlook 等,2001)、成本收益法(Mohsen 和 Akash,1997)、灰色关联度法(Wang 等,2008)等。

　　针对生物质发电技术和项目的评估,Suramaythangkoor 和 Gheewala(2008)认为,秸秆发电在泰国秸秆发电实际应用中具有潜在价值,在整个生命周期评估中具有很强的生态发展价值。林琳等(2008)以 25MW 项目为对象,选择 GWP,AP 等环境指标对其进行了全生命周期评价,并指出该项目排放的碳主要来源于秸秆运输阶段。秸秆发电建设污染主要来自建筑用混凝土,环境效益优于火电。于春燕、孟军(2010)对秸秆发电的内部经济运行效应,即秸秆发电项目的投资回报,运用与动态评价的相关数据,进行了较为有效的研究和评估。研究指出秸秆资源用于发电项目运营成本低、收入可观,但初期投资高、投资回收期长、经济效益滞后,考虑到技术经济指标等,长期经济效益显著。David R. McIlveen-Wright 等(2013)利用 ECLIPSE 仿真软件对 350MW 循环流化床锅炉系统生物质发电项目(Circulating Fluidized Bed Combusion,CFBC)、44MW 沸腾式流化床锅炉系统(Bubbling Fluidized Bed Combustion,BFBC)生物质发电项目和 30MW 的 BFBC 生物质发电项目进行了比较分析,从技术经济的角度评价了不同技术、不同规模的项目。此外,许多学者分析了不同地区生物质发电技术的技术经济发展潜力或环境效益。例如,唐朝贤

(2011)分析了生物质发电项目的投资风险。Bettina Susanne Hoffmann 等 (2012)分析了巴西南部木材生物质和煤炭热电联产技术的技术和经济潜力。Daniel Maraver 等(2013)评估了生物质发电项目的环境效益,并且对同时生成冷、热和电的项目进行分析,将其与传统电力项目进行了比较。

Rogers 和 Brammer(2009)在分析生物质气化发电成本时,基于运输成本以单位热量生物质原料为中介,建立了电厂原料运输成本的计算模型,提出在生物质原料采集现场建立原料预处理点,在气化处理后将生物质原料运输到发电厂。根据 Ruiz 等(2013)的研究,生物质发电原料从生物燃料收购点运送到发电厂的过程中,运输生物质能的 75% 的成本是卡车的成本。卡车的成本包括购买成本、运营和维护成本、燃料成本;同时,影响生物质原料运输成本的两个主要因素是运输距离和运输时间。

1.2.2 生物质发电项目政策分析

由于外部性的存在,单纯依靠市场的资源配置功能很难实现资源的优化配置。政策的适当干预可以有效促进具有强外部性的产业实现高速发展。以我国为例,《中华人民共和国可再生能源法》的实施为可再生能源的发展奠定了法律基础,随后又制定了 10 套支持可再生能源法的专项资金规定及相关管理措施,促进了我国生物质能发电的快速发展。陈柳钦(2012)针对我国生物质发电现有的问题进行了探讨。石建军(2006)分析了世界各国现行的政策,将政策进行分类,认为应从强制性政策、经济激励政策和研发政策多方面对我国可再生能源政策进行完善。Zhao 等(2012)系统分析了我国近期实施的法律、法规和政策,对财政补贴、税收减免、关税优惠、投融资政策以及研发支持等方面进行了全面的回顾。研究认为,要促进生物质发电产业发展,必须完善生物质发电产业链,实现产业上下游协调发展。政府需要从保障农民利益和生物质发电产业基本生存能力的原则出发,适当调整生物质发电电价。首先,借鉴煤炭与电价联动机制,建立一揽子生物质能原材料价格指标体系,将生物质能源电价与这些指标挂钩。当电价指标超过一定程度时,政府应及时调整生物质发电电价。其次,考虑到常规发电和生物质发电的外部性,政府应对常规发电征收合理的排放税或环境税,并对生物质发电进行补偿。第三,根据不同地区不同的基准电价,政府应按照相同的补贴率提供价格补贴。吴杰和顾孟迪(2006)通过比较发达国家(美国、德国、荷兰等)的具体政策和成果,分析认为我国生物质发电设备技术昂贵,市场小,投资风险大,政策效果差,实施配额和绿色证书制度薄弱;并在此基础上对绿色营销和绿色采购制度,产品税收政策的现状与发展进行了说明。曾绍伦、任玉珑(2006)在对比国内外电力市场的基础上,研究了电力竞争机制,构建了可再生能源发电招标的线性模型,并研究了政策的支持方式和力度。张粒子、李才华、罗鑫(2006)研究了可再生能源政策形成和政策导向,研究者以世界主要国家的相关政策安排为基础(德国上网电价制度,英国的配额、招标制度,澳大利亚的配额制度,美国的补贴制度等)分析了我国可再生能源的发展现状和前景,探讨了国外多种激励机制在我国的适应性。

此外,Zhang 等(2014)根据生物质发电项目的实际需求,系统收集整理了2006—2012 年我国的生物质发电政策。根据当时政策实施的效果,分析认为我国政策存在发展目标过大、税收政策不易实施、部分政策相关性不强等问题,并提出了我国应稳步发展生物质能发电,不应再引入过多的财政支持的建议。Hughes(2000)以美国生物质能源发展为背景,认为通过产生更强经济激励的政策变化,可以使生物质发电盈利成为可能,并使这种能源以低成本部署成为可能。Thornley(2006)对英国生物能源发展进行研究,认为政府的政策集中于利用初期资本补助来支持引入成熟的技术,这种方式对于生物质能源项目所产生的持续成本而言并不划算,而且可能刺激建造那些没有长期可行性的燃料战略工厂;研究认为低水平、长时间的财政支持可能更合适生物能源发展。

孙凤莲、王雅鹏(2007)比较了中国和欧盟生物质能源的发展,并指出我国政策需要加大科研投入的支持,以此加强生物质能技术的研发。王欧(2007)从生物能源利用和能源发展政策的角度分析了中国存在的问题,并提出了未来的能源结构趋势。刘伟军等(2007)深入研究了中国颁布的各项法律法规,讨论和分析了具体的政法规则,总结了现行法律法规的计量障碍、不合理的电价、企业的技术突破等问题。王书生、赵浩君(2007)研究了国内外的税收政策。张培远(2007)系统地比较和分析了鼓励国内外秸秆发电的政策。外交政策分为总体目标体系、高价收购体系、配额制度、投资补贴制度和减免制度;中国的政策分为总体目标体系、分类电价体系、优惠互联网接入体系、成本分摊制度、专项资金制度、信贷优惠政策和税收优惠政策。

李景明(2008)深入研究了当前的生物质能源政策,包括我国生物质能源政策的政策框架和激励机制,探讨了国家颁布的各项法律法规,并简要分析了政策体系不完善、不公平补贴的问题,发现弱可操作性和错误的工业指导在中国频繁发生。郭菊娥等(2008)比较分析了秸秆发电和火力发电的主要经济指标(财务指标、内部发电成本、外部发电成本、上网电价敏感因素),并通过情景设计与政策效应分析,讨论了秸秆发电的优惠政策选择。Kumar 等(2015)研究了印度生物质能源发展现状与潜力,认为政府提供补贴或财政援助的首要任务是鼓励使用非常规能源,这有助于国家的可持续发展。戴玉才等(2009)深入研究了国内外可再生能源的个体政策,分析了可再生能源利用的障碍,通过对各国政策进行了分类,并将政策与障碍联系在一起进行分析讨论了各国可再生能源政策组合,研究了供给侧管理、需求侧管理和利益相关者管理的政策组合。

1.2.3 生物质发电空间布局研究

在生物质发电厂运行过程中,生物质原料的收集、储存和运输成本占很大比例,因此生物质发电厂的选址具有重要意义。在现有文献中,主要研究角度包括供给系统的外部环境和选址模型。从供给系统的角度来看,生物质原料的可获得性和地理分布是影响选址的主要因素,因为它们对生物质的运输成本有很大的影响。其次,生物质原料也受时间因素的影响,如生物质收集、运输,燃料加工设备的采购量、储存空间和劳动力需求等,都会影响生物质供应系统的总体成本。第三,生物质原料之间的距离、电厂和消费者也会影响总系统成本。例如,地理位置、区域供热和制冷、消费者、能源运输距离和分销网络。从外部环境来看,生物质发电厂政策的实施产生了很大的影响。从选址模型的角度来看,目前的学者主要从事生物质的优化模型。电厂有必要考虑能量转换和特定能源需求的选址模型。

（1）供应系统

Sperling(1984)建立了一个一般的、非统计学的模型来评估确定地理环境中影响生物质位置的因素。Voivontas(2000)提出了一种农业废渣发电潜力估算方法。研究人员开发了地理信息系统决策支持系统(DSS)，该方法为确定经济开发生物质潜力的地理分布提供了工具。该程序引入了四个层次的分析，以确定理论、可用性、技术和经济开发潜力。DSS 处理所有可能的限制条件，并使用迭代过程标识候选电厂，该迭代过程定位生物能源单元，并建立所需的生物质收集耕地面积。在这一原则下，电力生产成本成为确定经济开发生物质潜力地点的一个指标。Madlener(2001)使用了层次分析法中的专家选择方法，评估了热电联产系统的影响因素，如空气污染、温室气体排放、土地使用、经济等。Young 等(1991)使用地理信息系统空间分析的方法评估了美国南部木材生物质潜在的工厂位置。Lynd(1996)使用敏感性分析的方法，分析了影响美国东北部酒精工厂选址的因素的重要性。Jean-Francois(2003)为燃煤电厂建立了一个木材燃料供应链，该供应链考虑了潜在的供应商、资金、经济和环境的制约，通过对电厂周围森林残留物的定性、定量分析，得到了木材采购的三种不同最优策略。

此外，Caputo 等(2005)对生物质发电项目的经济效益分析结果表明，车辆运输价格的上涨、车容量的下降、资源密度的降低和生物质购买价格的提高均会增加项目的运行成本，从而降低项目经济效益。而针对这一系列问题，国外专家学者更倾向于构建合理的体系或框架化零为整解决问题。Sokhansanj 等(2006)描述了一个动态、集成的生物质供应分析和物流模型框架，来模拟供应生物质到生物质能的收集、储存、运输业务，该模型包含代表设备工作率的时间依赖事件和代表存储结构能力的集合。Krukanont 和 Prasertsan 提出了一种基于遥感和地理信息系统的生物能源选址决策支持系统，用于在生物质能价格存在显著变化的情况，以及在某一区域内需要设置多个固定容量的生物能源电厂时，实现成本最低的生物能源选址。该方法通过基于最小成本生物质的位置分配模型来解决能源设施之间的资源竞争问题。此后，Schmidt 等提出了一种空间显式优化模型，评价了用于燃料、热和动力生产的新型生物质转化技术，并与奥地利用于热生产的木质颗粒进行了比较。考虑到生物质供应和能源需求的空间分布对替代生物能源系统的总供应成本有显著影响，因此空间分布因素被纳入建模。因为一些技术还没有商业化开发，许多描述新生物能源技术的模型参数是不确定的。Schmidt 等利用蒙特卡罗模拟分析了模型参数的不确定性。

Shi 等以广东省为例，利用地理信息系统对广东省新建生物质能电站和优化电站选址的可行性进行了评价。研究中利用 MODIS/Terra 遥感数据估算了可利用生物质、利用植被类型、生态保持、经济竞争和收获成本等因素，通过所建模型计算了可用于能源生产的生物质。利用地理信息系统根据道路运输距离确定各备选站点的供应区域。并且提出了利用空间信息技术实现生物能源电厂建设更科学规划的程序框架。Young 等（2011）使用逻辑回归模型对生物能源设施选址影响因素进行了研究，他们认为原材料丰富程度和公路等基础设施的数量对工厂选址有积极的影响，而地区平均家庭收入、人口和劳动成本对选址有负面的影响。Kaundinya 等在农村地区分散能源规划的背景下，开发了一种基于地理信息系统的数据挖掘方法，以优化选址和确定分布式生物质发电系统的装机容量。通过将所需的装机容量与电力需求相匹配，最小化从分散源到发电系统的生物质运输成本，以及从发电系统到需求的电力分配成本，并最终获得一组村庄内的最佳位置。

在国内，杨柏成等（1998）采用划分秸秆收集区域的方法分析了吉林省玉米秸秆气化原料的供应量和供应成本。他们的研究表明秸秆单位运输成本随着秸秆供应总量的增大而增加，从而可能会提高秸秆原料的供应成本。刘刚和沈镭（2007）利用已有统计资料和数据，定量估算了 2004 年中国生物质资源的数量，并从秸秆、畜粪、薪柴、城市垃圾和废水等方面对其地理分布格局进行了探讨。孙伟（2009）论述了生物质燃料收集按燃料收购与运输形式可分为的三种方式及其特点，阐明了生物质燃料采用压块方式收集具有较好的可行性。齐天宇等（2011）采用优化的成本计算方法，对我国生物质直燃发电成本进行了分省域研究，找出了生物质资源丰富、发电成本较低的区域和省份。赵琳（2012）采用模糊综合评价方法研究秸秆电厂大范围区域的规划选址，并引入了区域适宜度的概念，建立的生物质发电项目区域适宜度仅考虑生物质发电项目区位选择中的空气质量等宏观指标的影响，并未详细分析生物质发电过程中碳排放因素在整个区位选择过程中所起的重要作用。董聪等(2012)及陈聪等(2011)均在线性规划方法的基础上引进不确定性概念,建立了一个混合整数区间规划的方法来进行生物质发电项目的选址分析。赵琳(2012)分析了生物质发电项目建设运营的主要成本构成,针对无备选厂址的生物质发电项目,采用了迭代中心法,通过最小化项目的建设运营总成本来确定生物质发电项目的最佳地址。张兰(2010)从成本分析的角度研究了生物质发电项目的原料供应问题,但并没有考虑生物质原料供应过程中碳排放因素的影响。

(2)外部环境

Jaffe等(1995)、Levinson(1996)、List和Co(2000)等一些研究者研究了政府政策对企业选址决策的影响,尤其是环境方面的规章制度对选址决策的影响。然而一些研究者认为政策对选址决策没有影响或有消极影响,Jeppesen和Folmer(2001)等则认为有积极的影响。Sun和Zhang(2001)使用时间序列和截面数据模型分析得到的结果表明,从长期尺度看,环境的管制对新工厂的建立有负面的影响。而其他两项研究认为环境管制对森林产品企业选址的决策没有影响。然而,这些研究都没有考虑使用木材生物质的生物能源行业工厂的选址问题。

Guo和Hodges(2010)对生物能源工厂选址的政策相关影响因素进行了研究。他们使用有限制评定模型(CLM)测算各项属性对生物能源工厂选址决策的影响,得到各项属性对选址的影响程度。结果发现,环境规章制度对于生物能源工厂选址有轻微的负面影响,税收环境对于工厂选址有重要影响,森林资源储量对于生物能源工厂选址决策有重要正面影响。另外,技术的发展也能促进生物质电厂选址的先进性,Thomas等(2013)利用地理信息系统技术提出了一种对空间供需关系的分析,并将地理信息系统扩展为能达到全国范围内固定位置要求的评估能力的技术。Liu等(2014)分析了我国生物质能的分布情况,并研究了我国生物质发电项目发展过程中的内外部环境。

(3)空间布局选址模型

传统的项目定址的方法主要包括迭代中心法和线性规划法两种(Leduc等,2008;Shabani和Sowlati,2013;Kocoloski等,2011)。目前有一部分的研究者致力于生物质发电厂选址问题的优化模型的研究。Cundiff等(1997)使用一个线性规划优化模型降低物流成本,包括生物质从农场存储到电厂的物流活动、存储设施的结构成本和扩展成本,如燃料不足时损失的收入。他认为生物质发电厂选址是一种从候选位置中选取最优位置的问题,适合用线性规划的方法处理。Mitchell(2000)对1999年以前的生物质供应链和生物能源转化的相关模型进行了详细综述。Mitchell认为大多数模型都趋向于处理生物能源系统的一个方面而不是研究整体的最优。然而,现有的模型很少能够处理生物质发电厂选址问题,大部分模型都是关于生物能源系统的其他方面,如生物质转化技术选择、成本评估、生物质潜力评估和物流问题。Vera等(2010)提出使用蜂群觅食算法解决生物质电厂选址问题,这个方法可以避免一些精确算法所得到结果不合实际的情况,可以帮助投资者进行有效的投资决策。Bojić等(2013)提出了基于位置固定成本与电网容量约束的模型,用以测定生物质发电厂的规模和类型,使发电成本最小化。Kocoloski等(2011)在进行生物乙醇项目的选址研究时应用了一个混合整数规划模型,从而使项目的总成本达到最低。Schmidt(2010)等利用混合整数规划模型对生物质发电潜力进行了评价,并将理论模型用于评估奥地利的生物质发电潜力。该研究认为,基于生物材料的热电联产可以满足奥地利约3%的能源需求。然而,由于适用区域供热的热需求有限,热电联产能增加时,热利用率降低,并且生产潜力对生物质成本和电力价格最为敏感。

另外,一些学者在研究生物质供应链时将能源转化设施也包括在内,以检查电力和热力的生产情况。Papadopoulos和Katsigiannis(2002)的研究着重于生物能源设施选址如何减少生物质物流成本,他们使用了两阶段的优化方法:第一,以运输距离最小为目标确定热电联产电厂的位置;第二,使用动态规划的优化方法确定最合适的生物质燃料。Voivontas等(2001)设计了一个基于地理信息系统的模型,以可用生物质潜力最优开发为目标进行选址规划。Tatsiopoulos和Tolis(2003)设计了基于棉花茎的详细供应链模型,这个模型使用线性规划优化方法分析电力集中和热力传递情境下最优情况的求解。在电力集中场景中,生物能源设施处于区域的中心,线性规划用于选取一个最优位置建厂。在热力传输场景中,通过计算设施的最优数量,并将其均匀放置在一个网格上间接确定电厂位置。Beheshtifar等(2006)使用地理信息系统绘图技术和一个合适的方法模型,研究火电厂的合适的选址位置。他们的研究考虑了很多影响电厂选址的因素,如运输问题、煤气管道、地震和地质问题、地形、水资源、电力需求等,合适的建厂位置是通过地理信息系统地图得到的。Höhn 等(2014)在基于地理信息系统的基础上,考虑不同空间的生物质原料在道路网络中的运输优化问题,并分析了该区域内生产生物甲烷的沼气工厂最佳位置所对应的潜在生物质原料的空间分布情况。

也有很少一部分模型研究特定能源需求的状况,Nillson(1999)设计了一个模型,用于模拟使用两种燃料的电厂的供应链系统。生物能源设施位置由模型使用者选定;然而,燃料的中转站(仓库)位置由模型计算得到。Nagel(2000)使用了一个相似方法,针对一种生物质原料确定供应链结构。作者使用经济效率的动态评估方法和二元操作处理上述 MILP 问题,确定是否在该地区建立暖气网络或电厂,暖气厂的位置从四个候选位置中选取,系统试图部分满足当地已有的暖气和电力需要。Freppaz 等(2004)结合地理信息系统、数学模型和森林能源进行原料供应优化。模型使用地理信息系统计算从所有可能的生物质收集点到所有可能的热电联产厂位置的运输成本,然后考虑电厂的规模和生物质收集和收割计划。Arostegui 等(2006)的研究也考虑到了这个问题,他们将生物能源设施选址问题分为两个阶段,第一阶段用遗传算法处理,依靠算法的稳定性找到问题最优解所在区域,然后使用拟牛顿法找到局部最优解,从而找到全局最优位置。这样不仅避免了两种算法的缺陷,还使得计算得到的最优解更加合理。

1.2.4 生物质发电产业发展研究

近年来,随着我国生物质发电逐渐产业化,较多学者使用产业分析理论对我国生物质发电进行分析和评价。Wang 等(2007)对我国生物质能资源、产业发展和政策环境进行综合评价并分析了我国未来生物质能的发展趋势。我国生物质能资源丰富,生物质能源产业链逐步形成,其中沼气产业基本形成,燃料乙醇吞吐量达到 102 万吨/年,燃料乙醇的技术是利用非食品作物,如甜高粱、秸秆为原料制取乙醇,进而再利用。促进生物质能源产业发展的宏观政策环境逐渐形成。研究认为,我国未来生物质能产业的发展重点将集中在沼气和沼气发电、液体燃料、生物质能固体颗粒燃料和生物质能发电,有必要进一步完善生物质能源产业发展政策,进一步提高技术水平。此外,将会有更多的大型企业参与这个行业,生物质能源产业可能会成为我国国民经济新的增长点。

Zhao 等(2013)围绕我国生物质发电 3 000 万千瓦的发展目标,总结了我国生物质发电的产业现状和政策环境,探讨了实现这一发展目标的可能性,并介绍了实现这一目标的途径。研究认为,我国原料供应不足,上网电价低,技术研究能力差。根据我国目前的产业情况,虽然有可能实现发展目标,但是困难仍然很大。此外,中国的政策工具能够保证产业发展目标。赵振宇等(2012)运用 SWOT 方法,实证分析了生物质发电产业面临的优势、劣势、机遇与挑战,为我国生物质发电产业的未来发展提供参考和借鉴。此外,Lim 等(2012)综述了稻壳和稻秆作为重要可再生能源利用的关键问题。研究提供了一些重要的背景信息,包括决定这些水稻生物质的物理和化学特征。此外,Lim 等还介绍了方便稻秆和稻壳处理和运输的各种化学和物理预处理技术。最后,介绍了利用热化学和生物化学技术将稻壳和稻秆转化为能源的最新进展。赵新刚和刘平阔(2012)基于中国生物质发电产业的市场环境和政策环境,识别了生物质发电产业的内生动力因子和外源动力因子,并建立计量经济模型研究动力因子之间的关系。马哲等(2014)构建了农林生物质发电产业区域适宜性评价指标体系,利用模糊层次分析法对指标进行重要性排序,计算了中国 31 个省区市发展生物质发电产业的适宜性,并评价其空间分布特征。Asadullah(2014)对生物质能的商业化开发所面临的许多后勤和技术挑战进行了综述。讨论了在供应链管理、生物质预处理转化为气体、清洁利用天然气发电等方面参数的影响。基于这些研究,生物质气化和气体净化至今一直是最具挑战的部分。对于发电来说,无论是使用发动机还是燃气轮机,都需要严格规定产品气体中的气体成分和焦油浓度。不同类型的上吸式和下吸式气化炉已被开发用于气化,部分学者和企业研究了一些物理和催化焦油分离方法。然而,最有效和最受欢迎的方法还没有被开发用于商业目的。事实上,高效的气化和气体净化方法可以生产焦油含量较少的高可燃性气体,从而减少生物质的总消耗量,达到预期的发电量。根据最近的研究,采用一种先进的煤气化方法,其高效的焦油清洗技术可以显著降低生物质消耗,从而减少物流和生物质预处理问题。

胡婕等(2015)分析了江苏省生物质发电产业现状,并提出了针对性的发展建议。闫庆友和陶杰(2015)选择30家生物质发电项目作为研究样本,测算其产业效率,发现我国生物质能总体分布不均,区域差异较大,外部燃煤资源和电网环境较好区域产业效率也相对偏高。罗宝华等(2016)针对沙区生物质发电产业的特殊情况,从发展规划、资源禀赋、法规政策、沙区生态治理、生物质能技术等方面分析制约沙区生物质发电产业的影响因素,并提出相关的政策建议。Sansaniwal等(2017)重点介绍了生物质能供应链管理面临的挑战、生物质能预处理、共性不足、气体调节和转化技术。研究认为,生物质气化、气体调节、政府政策和用于热和发电的燃料气体的利用是供应链管理中最大的挑战。尽管有不同的气化炉反应器,但为了成功运行和商业化,高效的反应器设计仍有待开发。因此,先进的气化系统和高效的气体调节技术的开发可以解决很多问题。

在Ozturk等(2017)针对土耳其和马来西亚生物质能源的研究中,土耳其生物质能在总能源消费中所占的份额正在增加。薪材和动物粪便被广泛用于城市和农村地区的取暖和烹饪能源供应。据估计,土耳其的可回收能源潜力主要来自农业、畜牧养殖、木材和森林加工以及市政废物。土耳其每年还生产150万吨生物柴油、300万吨生物乙醇和25亿立方米沼气。在土耳其,预计到2030年总生物质将达到5 250万吨。马来西亚每年生产约1.68亿吨生物质燃料,其生物质来源包括木材、油棕废料、稻壳、椰子树干纤维和甘蔗废料等。马来西亚每年生产近5 800万吨棕榈油厂废水。据估计,该国有每年产生约150亿立方米沼气的潜力,生物质可达2 400兆瓦,沼气可达410兆瓦,但到2011年,总潜力中只有773兆瓦得到利用。根据该国发布的计划,到2020年,还可以将2 000万吨油棕生物质用于更高价值的用途,这将大大改善马来西亚的经济。上述两国都有利用生物质能资源的良好潜力,但需要有政治支持和可持续规划。

1.2.5 生物质发电碳排放研究

在对生物质发电技术的碳减排效益的研究方面,Liu 等(2007)利用全生命周期方法,以山东十里泉秸秆电厂为例对秸秆发电的影响作了评价,指出秸秆发电的温室气体排放量远低于传统电厂碳排放量,而相关设备的改进能继续减少相关气体的排放。冯超和马小茜(2008)提出秸秆直燃发电在减排上起到积极作用,而秸秆直燃发电资源消耗中燃煤占主要部分,并且秸秆收集储运过程中的污染气体排放影响很小,整个项目的影响是区域性的。Möllersten 等(2003)讨论了一种用于工业生产的具有碳捕集与封存功能的生物质能源系统,该系统可以显著提高碳减排潜力。研究认为整个系统的二氧化碳排放量为负,并且研究还在区域和全球范围内讨论了这些技术的二氧化碳减排潜力。研究对每个系统进行了经济评估,确定了用于二氧化碳捕获、运输和储存的成本效益技术的机会。此外,还分析了可大幅降低二氧化碳减排成本的系统改进潜力。

在许多情况下,在生物质中去除的二氧化碳几乎与发电厂生物发电的排放量相同。因此,生物质发电通常被认为是碳中性的。Sebastián 等(2011)的研究认为,对于大规模的生物质发电,可以考虑两种替代方案:纯生物质燃烧电厂和在现有的燃煤电厂中进行联合燃烧。Sebastián 等(2011)认为,在众多因素中,有两个重要方面需要分析,以便在这两个替代方案之间做出选择:温室气体(GHG)排放节约,以及如果最大限度地减少减排影响。Basu 等(2011)对火电厂应用的几种混燃生物质技术的碳减排效益进行了分析。Evans 等(2010)根据价格、效率、温室气体排放、可用性、限制、土地利用、用水和社会影响等关键指标评价了生物质发电的可持续性。生物质发电一般拥有有利的价格、效率、排放、可用性和规制政策,但往往具有不利的高土地和水使用以及社会影响。生物质来源的类型和生长地点对其可持续性至关重要。在未利用或边缘土地上种植的耐寒作物和废弃物,比在使用高化肥生产粮食的土地上种植的专用能源作物更具可持续性。郭晓敏(2011)根据 ISO 发布的关于生命周期评估的一系列标准,建立了一套核算体系,并专门对风电、光伏发电和生物质发电项目进行了实例核算。刘胜强等(2012)对中国新能源发电生命周期温室气体减排潜力进行了比较,估算出生物质直燃发电系统的生命周期温室气体排放系数变化区间为 $210.0\sim260.0$ g/(kW·h)。Yoshida 等(2003)分析了二氧化碳排放与技术总成本之间的权衡关系,从而为不同的二氧化碳排放约束条件确定最具成本效益的技术。计算结果表明,生物质用于发电和供热相对有效。

为了探索生物燃料在温室气体减排市场的经济潜力,Schneider 和 McCarl(2003)将在美国农业部门指定的能源作物柳枝稷、杂交杨树和柳树的生产和生物燃料加工数据与传统作物—牲畜生产和加工数据以及农田造林数据结合起来,通过假设的碳价格模拟潜在的减排政策或市场,在每一个碳价格水平上,通过模型计算出新的市场均衡,揭示农产品价格、区域特定生产、投入使用、福利水平、环境影响,以及采用生物燃料生产等替代管理实践。结果表明,生物燃料在碳价格低于每吨 40 美元的碳当量的情况下没有任何作用。此外,通过减少耕作和植树造林来减少排放的成本更大。对于 70 美元以上的碳价格,生物燃料的开发和利用在所有其他农业减排战略中将成为最有效的手段。

如果生物能源系统是碳中性的,即生物燃料燃烧释放的二氧化碳约等于生物质中封存的二氧化碳量,那么传统上假定生物质燃烧释放的二氧化碳则是气候中性的。在生物能源系统生命周期评估研究中广泛采用的这项假设可能低估了生物能源对气候的影响。Cherubini 等(2011)提出了一种估算生物质燃烧产生的二氧化碳排放对气候影响的方法,通过使用碳循环模型中的碳脉冲响应函数(IRF)来详细描述生物源碳排放的大气衰减函数。它们对全球变暖的贡献被一个基于单位的指数——GWPbio 量化,由此来测量碳通量中性系统(即暂时性碳损失)产生的二氧化碳排放对气候变化的影响。

大规模的专用商业生物质能源系统可能是 21 世纪末实现全球气候政策目标的重要因素。Luckow 等(2010)使用能源和农业系统的综合评估模型表明,考虑到农业系统与能源系统排放的碳具有适当的同等价值,生物质能有潜力成为实现这些低浓度目标的主要组成部分。通过使用碳封存和捕获技术和生物质原料,电力部门净负排放的潜力将得到显著提升。此外,Gan 和 Smith 研究了美国在控制二氧化碳减排和征收碳税的情况下,木质生物质发电的成本竞争力。Gan 和 Smith 首先利用可计算的一般均衡模型,模拟了因二氧化碳排放减少和税收因素导致的煤炭发电价格变化;然后,利用资本预算方法估算了以能源作物(杂交杨树)、采伐残留物和煤炭为燃料的发电成本。研究认为,如果全球二氧化碳排放量减少 20% 或更多,用于发电的煤炭价格将大幅上涨。如果目前全球二氧化碳排放量减少 20%~30%,伐木残留物将成为一种具有竞争力的发电燃料。在温室气体排放量减少 40% 或更多之前,混合杨树种植园将无法与煤炭竞争。

1.3 主要内容和研究方法

1.3.1 主要内容

生物质发电项目选址问题是影响项目实际经济和环境效益的最主要的问题,本书从全生命周期的角度出发,分析生物质发电项目选址决策过程中的主要问题。本书主要研究内容包括以下几个部分:

(1)中国生物质发电项目存在的问题及根源。分析了我国生物质秸秆发电项目发展的历史阶段和项目的空间分布状况,找出了我国生物质秸秆发电项目存在的主要问题,并利用可追溯性分析方法找到了其问题根源。在系统地思考问题的根源后,提出具体建议。

(2)生物质发电系统整个生命周期的定义及其成分分析。系统边界是区分系统和环境的重要概念。通过对生物质发电系统边界的界定,本书确定了系统的活动范围,以准确分析系统与环境之间的各种物质交换行为。分析了生物质发电过程,并通过系统分解的思想将生物质发电系统划分为各种互联子系统。在分析每个子系统的具体活动的基础上,得到了生物质发电系统的总体运行条件和要求。

(3)生物质发电项目选址影响因素分析。识别生物质发电项目选址决策的影响因素,分析各个因素对生物质发电项目选址的影响机理和影响的大小。对各个影响因素之间的关联性进行分析,得到对生物质发电项目选址决策具有关键性影响的几个因素,为项目的选址决策指标的选取提供依据。

（4）生物质发电项目区位选择。利用区域适宜度的概念，考虑碳排放约束，选择生物质发电项目区位评价指标，建立区位综合评价指标体系。同时，根据生物质发电项目区位选择目标的不确定性，进行指标权重的分配。

（5）不同偏好条件下的生物质发电项目定址模型研究。在生物质发电项目区位选择决策结果之上，进一步将区位进行划分，选择项目的候选厂址。通过考虑对碳排放效益和经济效益两个目标的偏好不同，所选择的具体厂址不同，建立相应的项目定址模型。

1.3.2 研究方法

（1）关联性分析。关联性分析主要用于对多个因素或多个指标之间的因果等相互影响关系进行分析。本书中，首先要对生物质发电项目选址的影响因素进行识别，再对识别的影响因素进行关联性分析，找出生物质发电项目区位评价关键指标，建立综合评价指标体系。

（2）全生命周期法。基于项目全生命周期的思想，考虑生物质发电项目全生命周期内的相关活动及其特征。计算生物质发电项目全生命周期总成本和碳排放总量，并根据项目总成本最低和碳排放总量最小的原则，进行生物质发电项目区位项目的选择以及项目定址决策模型和条件的确立。

（3）区域适宜度评价法。区域适宜度评价主要用于生物质发电项目的区位评价选择过程中。通过对生物质发电项目建设运营的影响因素的识别及其关联性分析，选择区域适宜度指标并建立指标体系。利用区域适宜度评价可对生物质发电项目候选区域进行排序，利用排序结果为项目的区位选择提供决策支持。

（4）整数规划法。整数规划法是项目定址决策中常用的方法之一。利用整数规划法，在生物质发电项目所选区位内选择若干候选厂址，对各个候选厂址设定对应的 0-1 变量，选择生物质发电项目成本优化和碳排放总量优化为两个目标，建立多目标整数规划模型，以此作为生物质发电项目定址决策工具。

1.4 创新点

（1）在生物质秸秆发电项目选址问题研究中引入了碳排放因素的影响，补充了现有理论研究的不足；

（2）利用情景分析的方法，简化了生物质发电项目选址决策过程中不同指标权重的不确定问题；

（3）通过考虑碳排放因素对生物质发电项目选址决策的影响，构建了一个更加综合全面的生物质发电项目选址模型。

第二章　相关的基本理论和方法

2.1　相关概念

2.1.1　新能源的定义

（1）联合国的定义

1980 年 8 月，联合国召开了"联合国新能源及可再生能源会议"，对新能源的定义：以新技术和新材料为基础，使传统的可再生能源得到现代化的开发和利用，用取之不尽、周而复始的可再生能源取代资源有限、对环境有污染的化石能源，重点开发太阳能、风能、生物质能、潮汐能、地热能、氢能和核能。

联合国开发计划署（UNDP）把新能源分为以下三大类：大中型水电；新可再生能源，包括小水电（small-hydro）、太阳能（solar）、风能（wind）、现代生物质能（modern biomass）、地热能（geothermal）、海洋能（ocean）、传统生物质能（traditional biomass）。

（2）中国的定义

在中国，对新能源的定义有些争议。

1995 年 1 月，原国家计委在《新能源和可再生能源发展纲要（1996—2010）》中认为水能、生物质能、风能和海洋能属于新能源和可再生能源；1997年 5 月，又在《新能源基本建设项目管理的暂行规定》中第一次把新能源界定为风能、太阳能、地热能、海洋能、生物质能等可再生资源经转化或加工后的电力或洁净燃料。

有人认为，新能源和可再生能源是指除常规化石能源和大中型水力发电、核裂变发电之外的生物质能、太阳能、风能、小水电、地热能以及海洋能等一次能源。2009年4月,时任国务院副总理李克强在出席浙江三门核电一期工程开工仪式时强调,要积极推进核电建设,大力发展新能源产业(谢登科、冯源,2009)。在2009年11月发布的《江苏省新能源产业调整和振兴规划纲要》与当时即将出台的《新能源产业振兴和发展规划》中都将核电纳入了新能源范围。

根据中国现有状况,新能源应该包括风能、太阳能、地热能、海洋能、生物质能、核能,其中,生物质能还包括多种能源,比如生物质发电(农林残留物发电、生活垃圾发电)、沼气、生物质柴油、生物质乙醇、秸秆致密成型,且太阳能中还有太阳能发电和太阳能发热(见图2.1)。

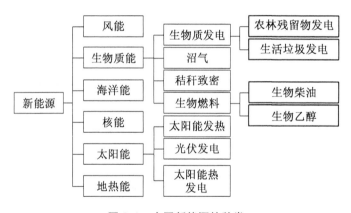

图2.1 中国新能源的种类

限于篇幅,本书只选择农林残留物、生活垃圾、生物柴油和生物乙醇4种类型的能源作为研究对象。

2.1.2 新能源产业的构成

一般情况下,新能源产业由原料供应、零部件制造、整机组装、能源利用转换和产品销售等环节构成(见表2.1)。

表 2.1 新能源产业的构成

能源种类	原料供应	零部件制造	整机组装制造	能源利用转换	产品销售
风力发电	风能供应	叶片、塔筒、塔架、电缆线、制动系统	风机整机组装	风力发电企业	电网、公共独立电力系统、分布式电网
生物质发电	农林生物质、生活垃圾等收集供应	锅炉零部件(控制系统、燃烧器、清灰装置、省煤器、空气预热器等)、上料系统、原料处理	锅炉岛、上料系统、原料处理设备、发电机组	生物质发电厂	电网
生物质柴油	农林油料作物、餐厨废弃油脂等收集供应	反应釜零部件(釜体、釜盖、夹套、搅拌器等)	反应釜、分离机、树脂罐、计量泵	生物柴油生产企业	加油站、直接销售
太阳能发电	电池原料(单晶硅、多晶硅、薄膜)供应	发电专用设备零部件(组件、硅片、硅棒等)供应企业、配套设备(蓄电器、控制器和逆变器等)零部件	电池、控制器、蓄电器、逆变器、跟踪控制系统	光伏发电企业	电网、公共独立电力系统、分布式电网
核电	铀原料供应	设备零部件(燃料组件、控制棒组件、阀门、分析仪表等)	机组设备(核岛系统设备、常规岛设备、电站辅助设施)供应	核电站	电网

2.1.3 生物质发电的概念

生物质能直接或间接来自植物光合作用,一般基于农林资源、生活污水和工业有机废水、城市有机固体废物和畜禽粪便等,具有环保、来源广、储量丰富、可再生和可储存的特点。生物质能通过物理转化(固体成型燃料)、化学转化(直接燃烧、气化、液化)和生物转化(例如发酵成甲烷)转化为不同的燃料类型,以满足各种形式的能源需求。

随着技术和工业化的不断进步与突破,生物质能作为世界第四大能源,因其优越性,已成为各国关注的热点之一。其中,生物质直燃发电是生物质能利用的重要形式,与风电、光伏发电等都是中国的战略性新兴产业。生物质发电具有经济、生态和社会效益,现已进入稳定发展阶段。虽然该行业仍然面临一些问题,但业界普遍认为,只要在政策、资金和技术方面给予适当支持,生物质发电就有广阔的前景。

2.2 空间布局理论及方法

2.2.1 选址理论的发展

选址理论的基础是将空间因素引入理论分析。空间影响经济系统的运行方式,它是要素禀赋等经济优势的重要来源。它还会产生地理优势,比如接近一个资源丰沛地区可能带来更高的要素禀赋。空间邻近也是从跨区域生产过程的累积中产生优势的重要来源,特别是,空间邻近降低生产成本(例如,在密集的过滤中运作的活动的运输成本),抑或是交易成本(例如,由于收集信息而导致的市场交易成本)。这些考虑强调需要取代经典的、静态解释经济现象的纯粹分配方法,采用动态的、进化的方法,将分配决策与发展过程联系起来。资源的地理分布和发展潜力仅由外部因素(原材料、天然优势)最低限度决定。在更大程度上,它来自过去和最近的历史因素:人力资本、社会固定资本、土地的肥力(由于人的工作)、可达性(以与主要生产中心的加权距离来衡量)和消费。

区域经济学是经济学的一个分支,它将维度"空间"纳入市场运行分析。它通过在逻辑方案、法律和模型中加入空间来调节和解释价格形成、需求、生产能力、产出、发展水平、增长率以及在不平等的区域资源禀赋条件下的收入分配。此外,当地方增长模型包括空间作为经济资源和独立生产要素时,区域经济学将空间转移到领土作为其分析的主要焦点,对于位于领土中的公司,则是静态和动态优势的产生者。这是决定当地生产系统竞争力的一个至关重要的因素。选址理论赋予区域经济学以科学的学科特征,并构成其理论方法论的核心。它具有典型的微观经济基础,采用传统的静态方法。与之相联系的隐喻、交叉施肥和理论投入(宏观经济学、区域间贸易理论、发展理论、数学生态学、系统论)丰富了区域经济学的工具,拓展了区域经济学的研究范围。

选址理论在微观经济学中涉及企业和家庭的区位选择研究,但它也涉及对活动空间分布差异的分析,从而可以解释领土的不平衡和阶级制度。选址理论运用外部性和集聚性的概念,揭示活动空间分布差异等宏观地域性现象,从而为动态方法奠定地域性基础。选址理论试图解释活动的分布空间,目的是识别影响个体活动的位置因素,以此来分析不同空间分布在不同类型的生产、市场空间的分割,和功能分布的空间活动。并且,选址理论通常仅考虑经济因素对选择过程的影响,而排除那些可能对选址行为造成影响的地理特征(如土地的质量)。在此基础上,通过统一的空间假设,运用此类模型对空间现象加以解释。

但是根据供求空间结构的假设,选址模型是不同的,这些假设反映了模型所追求的不同目标。有些模型的目的是解释企业的位置选择,假设最终和原材料市场具有给定的位置。在这种情况下,地点的选择是由尽量减少备选地点之间的运输费用和在聚集经济的影响下决定的(最低费用地点理论)。此外一些模型试图确定企业的市场领域,即在生产者之间划分空间市场。在这种情况下,模型假设需求均匀分布在整个地区,这决定了公司的位置选择。位置均衡是由利润最大化的逻辑决定的,每个生产者控制自己的市场区域(利润最大化选址理论)。此外,一些选址理论推翻了这些关于供求空间结构的假设。生产地点假定广泛分布于空间维度并跨区域扩展,而消费地点(市场)是点状的。这种对生产和市场地域结构假设的逆转,在继承了传统模型的问题上识别每个生产商的市场领域和地址尚未提到一个问题,即如何定义空间意义上的生产区域。

选址理论在许多领域有着广泛的应用,选址的科学性直接决定项目后期能否顺利进行。选址理论回答了"什么在哪里"和"为什么"。将其具体化可以归纳为三项基本内容:第一,在给定的位置上,应该进行何种活动?第二,给定某种活动,应该选择在什么位置从事该活动?第三,这些问题要怎样进行推广和综合?从古典区位几何学来看,选址理论至少包括屠能、克里斯塔勒和韦伯的理论,因为他们的理论均回答了选址理论研究的基本问题,这些基本内容在实际应用、模型方法和抽象理论三个不同的层次上有所体现。因此,上述三个基本内容和所对应的三个层次就构成了选址理论的内容体系,如图2.2所示。

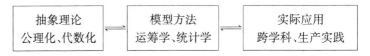

图2.2 选址理论内容体系的层次关系

（1）屠能模型方法

该方法用于关于土地利用和地租的研究,屠能认为地租与距离是负相关的,随着可耕地与市场的距离的不断增大,可耕地的地租不断下降,这样便可形成一个以城市为中心的同心圆环,称为圈层布局论,即屠能环。产品的地租计算公式如式(2.1)所示。

$$R=QP-CQ-KTQ, \qquad 式(2.1)$$

其中：

R 为产品的租金收入；

Q 为农产品产量(等同于销售量)；

P 为农产品的市场价格；

C 为农产品的生产费用；

T 为农产品单位英里的运费；

K 为产地到市场的距离。

根据式(2.1)可知,每种产品 i 的租金 R_i 在 Q_i,C_i,P_i,T_i 不变时,只依赖于距离 K。

（2）韦伯模型方法

韦伯试图从宏观上解释和预测工业选址问题的解决方法。他在1909年提出了针对工业选址问题的最小成本理论,他所提出的模型方法可以用"韦伯三角"来描述。这个三角由一个市场和两个原材料产地(三个固定点)构成,厂商通过选择总成本最小的位置来进行生产。

（3）克里斯塔勒模型方法

克里斯塔勒的中心地理论假设存在一个由若干大小和层次不同的中心地构成的体系,在此基础上描述中心地的数量和分布等特征。他认为在这个体系内中心地的选址是按照六边形模式的层次结构来解决的(孟尚雄,2011)。

在传统确定性选址问题研究中,主要有覆盖问题、中心问题和中位问题(或称为中值),覆盖问题又分为集合覆盖问题和最大覆盖问题。

在现代的考虑不确定性的设施选址问题研究中,概率理论与模糊理论相继被引入,Daskin(1983)提出了随机最大覆盖选址问题,并构建了最大人口期望覆盖模型。ReVelle 和 Hogan(1989)随后又提出了最大有效性选址问题。Marianov 和 Revelle(1994)提出了最大有效性排队选址问题,构建了最大覆盖排队设施配置模型。

Grobelny(1987)在对设施布局问题的研究中引入了模糊理论。Woodyat 等(1993)提出了设施选址问题中的模糊集合覆盖模型。Canos 等(1999)则考虑了经典的中位问题的模糊模型,并给出了一个精确解法。Shavandi 和 Mahlooji(2004)最早把模糊排队理论应用于设施选址的拥挤问题研究中。Shavandi 和 Mahlooji(2006)、Shavandi 等(2006)建立了模糊排队模型,并利用遗传算法进行了求解。

2.2.2　项目定址方法

受工业化社会生产的影响,国外对于项目选址的研究起步较早,距今已有 60 多年的历史,对于物流系统选址问题的研究已相当成熟,形成了很多有效的选址模型和算法。关于选址问题的表述可以追溯到 19 世纪初西方经济学中的选址理论。1826 年德国经济学家 Thünen 在《孤立国对农业和国民经济的关系》中讨论了农业区位的问题,从而开创了选址理论研究的先河。最早的选址问题是由 Weber 在 1909 年提出的,他研究了如何确定仓库的具体位置,来使该仓库和各个客户点之间的空间距离之和最小。另一个较早研究选址问题的是经济学家 Hotelling,他研究了一条直线上的两个竞争供应商的选址问题(Hotelling,1929)。在那之后就出现了许多关于选址问题的研究,基于不同算法或考虑不同费用组成的新的选址问题也不断产生,从而不断丰富了选址研究的内容。对于生物质发电空间布局的研究从项目选址和生物质秸秆发电项目选址两个层次进行。

现有的选址模型主要包括定性模型和定量模型两种。定性模型有层次分析法(analytic hierarchy process,AHP)、模糊综合评判法、DEA(data envolope analysis)法等;定量模型种类较多,主要可分为以下几种。

（1）连续型选址方法

连续型选址通过建立坐标系的方法,确定待建设施的具体位置坐标。它的目标函数是使设施点到给定连接点的距离之和最小。重心法（centroid method)是连续型选址问题的代表,它利用物理学中对平面图形物理重心的求解原理来确定设施点的位置。该方法一般用于单一设施选址问题,选址决策要遵循运输费用最低原则,它将物流系统中的需求点和资源点看成是分布在某一平面范围内的物流系统,各点的需求量和资源量分别看成物体的重量,物体系统的中心作为物流网点的最佳设置点,利用求物体系统中心的方法来确定物流网点的位置。重心法认为项目选址的地点可以在平面上的任意点,而不仅仅局限于特定的备选点,方法的灵活性较大。然而利用重心法选址所得到的地点有可能位于河流、建筑物或其他缺少实际意义、无法实现的地点。

鲁晓春和詹荷生（2000)通过算例验证找出了重心法求解选址模型时可能出现的错误。辜勇和高东旭（2007)利用重心法研究了油库选址问题,他们提出重心法在解决成品油库存选址问题时具有一定的理论价值和实际意义,但在考虑多个配送中心的选址问题中,模型的求解还需要结合其他算法和理论。杨茂盛和李霞（2007)改进了原有的重心法,引入了配送中心的固定费用和可变成本,并通过算例验证了改进的重心法的优越性,但改进后的方法仍然只适用于单个配送中心的选址问题。

（2）网络选址研究方法

在网络选址模型中,运输距离要按照网络图中的最短路径进行计算。P－中位问题（p-median problems)是网络选址中的多源选址问题的一种,该问题主要研究如何进行多个服务站位置的选择,使得连接点和服务站之间的距离与运量的乘积之和最小。

在P－中心问题的算法模型中,目标函数是建立 p 个服务站,服务站到连接点的最大距离最小。Hakimi（1964)首先提出了网络选址中的P－中心问题,Kariv 和 Hakimi（1979)证明了 P－中心问题为 NP－困难问题。Ann Melissa Campbell（2007)等通过定位 p 个节点来实现起点到终点的最大运输时间（距离)最小化的目标。

（3）混合整数规划方法

许多选址问题都可利用混合整数规划的方法进行求解，按照研究对象的不同，可以细分为以下几种解法模型。

① 无容量约束的选址模型（UFLP）

这类模型主要用于解决没有容量限制的选址问题，Erlenkotter(1978)针对该类问题提出了分支定界算法。Efroymson 和 Ray(1996)则选择用拉格朗日松弛方法求解该模型。Peter Greistorfer 和 Cesar Rego 在求解 UFLP 模型的过程中提出了一种新的算法——filte and fan。同时，对偶下降算法也是该类问题的重要求解方法之一。孙宜彬和赵庆祯(2006)在该算法的原型基础上，给对偶变量引入了下降步长因子 λ 来进行算法的改进，使得求解结果更优。

② 有容量约束的选址模型（CFLP）

这类模型主要用于解决在设施的容量有限制，且需求点的地址和需求量以及设施点的数目均确定的条件下的设施选址问题。对于这类问题的研究，很多学者都作出了一定的贡献。Barceló 和 Casanovas(1984)，Yagiz(1991)和Sridharan(1993)均选择用拉格朗日启发式算法求解该类问题。Barcelo 等(1991)和 Klose(2000)在模型求解的过程中采用了拉格朗日松弛算法。Cornuejols 和 Sridharan(1991)比较了上述两种算法，认为后一种方法在计算时间和计算量上都优于前一种算法。Baldacci 和 Hadjiconstantinou(2002)用分解算法求解该模型。Wu 等(2006)利用拉格朗日启发式算法求解了设施建立总费用约束下的 CFLP 问题，并给出实例验证了算法的有效性。Klose 和Gortz(2007)采用分支定价算法对 CFLP 问题进行了研究和计算。

③ 考虑路径问题的选址模型

这一类选址问题中考虑了进出配送中心的运输路径。国外最早将选址和运输进行组合研究的是 Shobrys(1981)。之后，Perl 和 Daskin(1985)等也对路径和选址组合的问题进行了研究，并提出了求解该模型的启发式算法。Desrosiers 等(1988)在运输路径问题的基础上，采用整数线性规划的方法研究了选址和路径的组合问题。Tai-His Wu，Maria Albareda-Sambola，Gabor Nagy 和 Sergio Barreto 等也先后采用不同的求解方法对路径和选址的组合问题进行了研究。

④ 考虑库存问题的选址模型

Baumol 和 Wolfe(1958)提出的鲍姆尔-沃尔夫(Baumol-Wolfe)模型是这一类模型的典型。Shen 等(2003)对该类模型算法做了进一步研究。谭凌等(2004)研究了基于库存成本优化的配送中心选址问题,他们在传统选址模型的基础上加入了库存系统分析技术,建立了一个较为全面的配送系统模型。

2.2.3　生物质电厂选址

中国的生物质发电正处于发展和升级阶段。它逐步引进国外先进的发电技术设备和技术,但也依赖于传统火电厂规划管理的规划和定位方法。火电厂选址的主要指标包括技术、经济和社会方面。三级指标主要包括地形、地质、水文、气象条件、交通和建设条件、技术进步、负荷预测条件、环境保护条件和总投资、成本、年度运营支出、盈利能力和政府支持等。这些选址指标有一定的代表性,但生物质发电厂有自己的特点,与火电厂存在很多差异,因此生物质发电厂选址指标应根据自身的特色进行确定。

首先,生物质发电厂不受自然环境的影响,因此地形、地质、水文和气象条件相对不太重要。然而,它对原料供应要求高,必须易于获得原料。生物质材料轻但体积较大,这使公路运输成为运输方式的首选。因此,生物质发电厂必须尽可能地靠近原料生产区,同时需要选择拥有发达公路系统的区域。

其次,生物质发电厂刚刚开始发展,占发电总量的比例相对较小,与火电企业相比,运营成本相对较高,盈利能力较差。在生物质发电厂选址时,还应考虑替代燃料,如煤炭资源、风力资源和水资源的丰缺程度,以确保发电厂能够顺利运行。

再次,生物质发电厂注重利用新能源,有利于低碳经济的发展。不同于以经济盈利为重点的火电厂的广泛运营模式,生物质发电厂更加注重环境保护的作用,环境指标更为重要。

因此,在生物质发电厂的选址中,应优先考虑原料供应、运输、环境保护、建设和运营成本以及电力市场需求等指标。

2.3　绿色发展理论

2.3.1　可持续发展理论

现代管理理论受到认识论断裂的制约,它将人性与自然、真理与道德区分开来。如果组织科学要支持生态和社会可持续发展,就必须重新将这些因素纳入分析框架。可持续发展以不协调为理由,否定了传统的技术中心主义和对立的生态中心主义的范式(Gladwin 等,1995)。事实上,人类的可持续性曾被认为是理所当然的,并不会作为一个明确的目标;然而,当前全球政府将可持续发展作为一个明确的目标。但这一概念必须转化为现实世界的实际层面才能使其具有操作性。人们必须能够认识到在当前人类管理下的系统中是否存在可持续性,或是可持续性是否面临威胁。人们需要适当的指标来提供这方面的信息,告诉人们在可持续性目标方面实现的程度或状态。

那么如何定义可持续发展则成为第一个需要解决的问题。最常被引用的一个定义强调经济因素,它将可持续发展定义为在不损害后代满足其自身需要的能力的情况下满足当代需要的经济发展。另一种观点则更广泛,认为可持续发展是人类活动的一种,它滋养和使地球上整个生命共同体的历史实现永久化。前挪威首相布伦特兰系统地阐述了人类面临的一系列重大经济、社会和环境问题,并提出了可持续发展的概念,即"满足当前的需要,又不损害后代人满足需要的能力"。这一概念在最广泛的意义上得到接受和认可,并在1992 年联合国环境与发展会议上得到了支持。它包括两个关键概念:一个是人的需要,包括当代人和后代人的需要,即"各种需要"的概念,应该置于压倒一切的优先地位;第二是环境限制,如果它被打破,将不可避免地影响自然支持当代和后代生存的能力的概念。环境能力的有限性,技术状态和社会组织状态的概念决定了环境满足当前和未来需求的能力。有三个主要指标用于衡量可持续性发展:经济、环境和社会。这三个方面是不可或缺的。

来自不同学科的学者从其自身学科的角度提出了可持续发展的一些定义。最具影响力的可归纳为以下五类:第一,从自然属性的角度界定可持续发展,如可持续发展是寻求最佳生态系统,以支持实现生态完整性和人类欲望,以便人类生活的环境可以持续;第二是从社会属性的角度界定可持续发展,如可持续发展是改善人类生活质量,同时不超过支持发展的生态系统的负载能力;第三是从经济属性的角度界定可持续发展,例如可持续发展是经济发展的一种模式,同时保持自然资源的质量及其提供的服务并使福利增加到最大;第四是从技术属性的角度定义可持续发展,例如可持续发展是转向更清洁、更有效的技术——尽可能接近"零排放"或"封闭"的过程,尽量减少能源和其他自然资源的消费;第五是从道德角度界定可持续发展,例如可持续发展的核心是,当前的决策不应该破坏后代维持和提高其生产标准的能力。与可持续发展的意义相似的有"生态发展""共同进化发展"和"绿色发展"等概念。

确保可持续性的方法有很多,但对参与者的影响却大不相同。大自然已经成功地展示了几十亿年的可持续发展,它无视个人甚至物种的命运。适者生存原则既体现了有效性,又展示了残酷性,故不会被大多数人接受为可持续发展的原则。一些人类社会通过使剥削、不公正和阶级特权的制度制度化,在其环境中长期保持了可持续性,而这些制度在今天对大多数人类来说同样是不可接受的。如果我们延续目前的状态,即少数人过着奢侈的生活,牺牲大多数处于不利地位的人的利益,这样从长远来看,由于制度化的不公正所造成的压力,将导致社会不可持续。一个公平、环境和物质上可持续的社会,以最大的可持续速度利用环境,在心理和文化上仍然是不可持续的。

人类社会的可持续发展包括生态、社会、经济、法律、文化、政治和心理等方面,需要加以注意:某些形式的可持续发展可以预期比其他形式的可持续发展更容易为人类所接受,因此也更远离最终崩溃。例如,一个公正和公平的社会可能比一个物质上可持续的残暴独裁政权更安全、更可持续。

我们采用某种可持续性概念会使得对该概念的指标过度解读,从而过分关注某些指标,而忽视了其他指标。相反,如果我们依赖于一组给定的指标,我们只能看到这些指标所传递的信息,这就界定和限制了我们所能感知到的系统和问题,以及我们所能实现的可持续发展。

随着能源危机和环境问题日益突出,世界各国正在积极投资开发和利用可再生能源。提高非化石能源利用比例也是有效缓解中国资源和环境约束,应对气候变化的主要途径。中国计划到 2020 年实现 15％的非化石能源一次能源消耗,并在 2030 年前将其比例增加到 30％。这意味着有必要尽快打破以煤为主的一次能源消费结构,大力发展可再生能源是最现实的出路之一。

可持续性问题越来越多地纳入决策者的议程和企业的战略。可持续性这个词本身起源于法语动词 soutenir,意为支撑或支持(Brown 等,1987),其现代概念起源于林业。它基于造林的原则,即收获的木材数量不应超过再次生长的体积。这一概念早在 18 世纪早期就在《经济森林》一书中有所记载,而且似乎还有更古老的资料来源。后来,作为尊重自然自我再生能力的原则,它被转移到生态学的语境中,从那里发展出了能够以一定速率或水平维持的现代定义。Santillo(2007)估计可持续发展有大约 300 种定义。但可持续发展可以被定义为人类活动的一种情景,即人类活动的方式可以实现节约地球的生态系统功能。人类生活方式转变,优化生活条件的可能性将持续支持安全、健康,尤其是通过维持不可替换的商品和服务的供应,或者是所有生命形式的无限延续。

2.3.2　循环经济理论

近十年来,循环经济的新概念和新发展模式日益受到世界各国的关注,其目的是为替代目前占主导地位的"取、制、处置"经济发展模式提供更好的选择(Ness,2008)。循环经济的概念越来越多地被视为解决废物产生、资源短缺和经济效益持续等一系列挑战的方法。然而,循环的概念本身并不新颖。在过去,特定的环境和动机通过诸如再使用、再制造或再循环等活动激发了与循环性有关的想法。发展循环经济,为解决经济发展面临的资源短缺等问题起到积极的作用。那么,如何定义循环经济的内涵呢?

循环经济是针对工业化以来高消耗、高排放的线性经济而言的,是可持续发展思想理论指导下的最佳经济模式,即以环境友好方式利用资源、保护环境和发展经济,逐步实现以最小的代价、更高的效率和效益,实现污染排放减量化、资源化和无害化。在人类的生产活动中,控制废弃物的产生,建立起反复利用自然的循环机制,可以把人的生产活动纳入自然循环中去,维持自然生态平衡。循环经济被视为一种新的商业模式,利用该模式有望实现更可持续的发展和和谐社会。循环经济对协调所有要素做出了积极的贡献,这得益于其基本原理植根于环境与政治的协调与共存(Birat,2015)。循环经济倡导更适当和更环保地使用资源,以推行更绿色的经济,并以崭新的商业模式和创新的就业机会为特色,以及通过改善人们的福祉和在资源使用和获取方面对代际发展和代际公平方面产生影响(Stahel,2014)。

因此,所谓循环经济是一种整合清洁生产和废物综合利用的经济体。它需要运用生态规律来指导人类的经济活动。根据物质循环规律和自然生态系统的能量流来构建经济系统,使经济系统和谐地融入自然生态系统的物质循环过程。循环经济是指模拟自然生态系统的运行方式和法律要求,实现特定资源的可持续利用和整体资源的可持续利用,实现生态经济活动。循环经济是生态经济。循环经济的基础是物质闭环流经济的缩写,是指物质和能源在级联和闭路循环中使用的一种经济运行模式,表现为在环境方面的低污染排放甚至零污染排放。发展生物质能源的利用已成为推动我国循环经济发展的重要内容,是培育战略性新兴产业的重要领域,也是促进我国农村发展的重要途径。

从目前的线性经济模式向循环经济模式的转变,引起了诸如谷歌、联合利华、雷诺等大型跨国公司以及出席世界经济论坛的决策者们越来越多的关注,其原因是巨大的经济、社会和环境效益(Lewandowski,2016)。在欧洲,通过对环境后果进行详细说明的真正跨学科分析,在外部性定价方面取得了重大进展。由于这种跨学科研究而得出的货币估计数正逐渐应用于环境政策优先事项的经济分析。虽然这些数字只提供了部分和不完整的环境代价的情况,但它们支持并有助于分析循环经济对个别资源以及对可持续性和未来轨道的好处(Andersen,2007)。

长期以来,工业界一直呼吁在实施可持续发展战略方面提供指导。循环经济是将经济活动与环境福祉以可持续方式结合起来的最新尝试。这一套理念已被中国作为经济发展的基础(包括在"十一五"和"十二五"规划中),这提升了西方政策制定者和非政府组织对这一理念的认识。虽然循环经济所强调的流程的重新设计和材料的循环,有助于更加可持续化商业模式的形成,但它本身也存在着问题与局限性。Murray 等(2017)的研究认为这些问题包括缺乏可持续发展固有的限制其伦理方面的社会层面,以及一些意想不到的后果。因此,Murray 等提出了循环经济的修正定义,将其作为一种经济模式,规划、资源、采购、生产和再加工作为过程和产出进行设计和管理,以最大限度地发挥生态系统功能和人类福祉。

2.4　政策理论

2.4.1　结构转换理论

由于不同国家的环境不同,所拥有的产业资源也不尽相同,因此产生的比较优势会随着本国产业发展阶段的不同而发生改变,这样的优势又会呈现出动态的特点。除去某些在资源方面的特别或极端的例证,动态比较优势通常会呈现如下的发展进程:在初级阶段,土地以及凭借大量劳动力为倚靠的产品优势最为集中,而资本却是最为短缺的要素。接着在产业的大量初级扩张之后,土地资源逐渐紧缺,以土地为生产基础的农业产业的发展就受到了极大的限制,而制造业则获得了更好的发展环境。与此同时,资本进一步累积,劳动密集型的生产方式使得原本充足的劳动力被瓜分殆尽,从而推动了用人成本的抬升。此后随着密集型劳动的进一步发展,劳动力成本不断拉升,技术密集型产业脱颖而出,资本持续堆积形成优势产业。在这一过程中可以清晰地看到产业结构的变化与优势资源的变化互相联系,互为因果。

结构转型是指经济活动在农业、制造业和服务业等广泛领域的再分配。Kuznets(1966)将其列为发展的主要事实之一。最近的研究表明,扩大标准的一个部门增长模式纳入结构改革对于各种实质性问题是重要的。然而,在推动结构改革进程的经济力量方面仍然没有达成共识。最近的理论强调了两种截然不同的经济机制,它们可以解释为什么家庭在广泛的经济部门之间重新分配支出:一种强调总收入的变化,而另一种强调相对部门价格的变化。例如Kongsamut,Rebelo 和 Xie(2001)假设只有收入变化才重要,而 Baumol(1967)和 Ngai,Pissarides(2007)假设只有相对价格变化才重要。而在现实的数据中,收入和相对价格都发生了显著变化。

除了对理解结构转型背后的驱动力至关重要之外,这个问题的答案还具有重要意义。例如,制造业的衰退在公共政策讨论中占据了突出地位。一个反复出现的问题是,公共政策可能会减缓甚至逆转制造业的衰退。这在很大程度上取决于导致衰退的力量,尤其是相对优势以及收入和价格影响的方向。这个问题的答案具有重要意义的另一个例子是未来的经济增长道路。事实上,这种情况的重要程度取决于收入和价格影响的性质。一方面,如果服务的收入弹性较大且服务是其他消费品的一种补充,那么市场就会不断地将经济活动重新分配到生产率增长较低的部门。另一方面,如果服务的收入弹性较小且服务是其他消费品的替代品,那么无形之手就会不断地将经济活动从生产率增长缓慢的部门重新分配出去。

我国生物质发电产业发展并不乐观,在这个行业中,先进的技术手段都被其他的发达国家掌握,而我国的生物质发电在行业中还没有明显的优势。我们应积极向发达国家学习,借鉴发达国家生物质发电的经验和技术,结合中国生物质发电产业的发展,制定适合中国发展形势的政策,充分发挥后发优势。通过风电产业的大力支持,最终实现赶超发达国家的目标。

2.4.2　市场失灵理论

"市场失灵理论"不论在生物质发电还是在传统产业政策实施上都可以称得上是极其重要的理论依据之一。市场失灵的概念最初是作为用经济术语解释为什么需要政府干预的一种手段出现的。它构成了对政府作用和市场建立互利交流能力的规范性判断。边际私人产品价值与边际社会净产品价值的背离不会使国家红利最大化。市场在发展过程中有很多不确定因素,政府部门有必要及时地发挥其主动性和政治优势,在资源分配面临垄断、浪费以及产业恶性竞争的严峻问题时,采取科学的产业政策措施,实时地改进问题环节,提高资源配置效率。但是,产业政策的实施影响的不仅仅是产业内部,对产业外部环境,甚至整个社会经济发展都会产生影响,这种影响即"外部性"影响。如果这种行为对其他人造成了利益的减少,并且在后期并未进行补偿,那么这种经济利益负相关被称为"负外部性"。反之,如果这种行为所产生的影响并未削弱另一方的利益,又或者是提升了对方的利益,减少了对方的成本,那么将这种利益正相关称作"正外部性"。

一般来说，至少在分配理论中，市场失灵是一个或多或少理想化的价格市场机构体系未能维持"理想的"活动或禁止"不理想的"活动。现代福利经济学的中心定理是，在对技术、品味和生产者动机的某些强有力的假设下，具有竞争性市场体系特征的均衡条件将完全符合帕累特效率的要求。市场失灵的概念在有关经济发展的大量文献中发挥了关键作用。有些人甚至认为，更大程度的市场失灵是欠发达的显著特征。Arndt（1988）试图厘清欠发达国家市场失灵的含义。Arndt利用卡尔多对市场的配置功能和创造功能的区分，指出了结构主义倾向于降低配置效率对经济发展的重要性，但在讨论市场失灵时几乎完全集中于配置效率的悖论。本文认为，从信号、反应和流动性三个方面对市场失灵进行剖析，既可以应用于市场的创新功能，也可以应用于市场的配置功能。

随着市场失灵概念的成熟，它又呈现出一种诊断工具的特征，通过这种诊断工具，政策制定者学会了如何客观地确定干预的具体范围和类型（Weimer和Vining，1992）。为了采用诊断方法，分析人员试图确定导致市场失灵的问题的精确类型，以及当政府官员试图治愈时可能发生的官僚故障（非市场故障）的不同类型。就像医生试图治愈疾病一样，政策分析师必须对潜在疾病做出诊断，并考虑治疗的危险，包括副作用。因此，政策分析师认为，市场失灵的存在为公共政策干预提供了必要的、而非充分的理由。当政府干预的收益大于政府干预的风险时，就建立了充足性。

尽管市场失灵的普遍性似乎已被广泛接受，但这种观察的结果却并非如此。有些人认为，这注定了这个概念无法成为一种分析工具；而其他人不同意。市场失灵被认为是当市场不能生产公共产品，或无意中产生外部性，或导致自然垄断，或通过信息不对称剥夺当事人的权利，或造成不良的收入分配。所有这些形式都是外部性的类型，因为每一种外部性都由决策过程中没有考虑到的非货币效应组成，即在一个经济过程中存在某种外部性。

很明显，生物质发电的正外部性非常突出，首先是无环境压力、无污染，被国际社会公认为是最具发展潜力的可替代煤炭的能源，是缓解能源危机的最有效资源。生物质可以来自农业，如作物残基和多年生能源草，以及森林，如森林残基和木质生物质。农作物秸秆主要包括玉米秸秆、麦秸秆和稻秆。鉴于作物残留物是作物生产的副产品,收集作物残留物不会与粮食作物争夺土地。因此,作物残留物产生的生物质能源对粮食价格的负面影响可能很小。尽管原料的环保性能差异较大,但与替代的煤相比,原料具有更大的环境效益潜力。中国是玉米、小麦和大米的主要生产国。2010 年,中国生产了全球20％的玉米和小麦,以及 26％的大米,因此,我国具有生产大量农作物秸秆的潜力。如果这些农作物秸秆得到合理利用,我国对煤炭作为主要能源的依赖有望减少,政策支持作为弥补外部性价值的重要手段对于生物质能源利用起到重要作用。

2.4.3　技术创新理论

创新与技术领域的学者几乎完全拒绝将市场失灵方法作为政策行动的基础(Malerba,1996;Smith,2000)。创新的系统方法通常被视为更合适的替代方法。特别是,创新体系的概念已经得到越来越多对创新、产业转型和经济增长过程感兴趣的学术研究者的认同。区域和国家当局或机构以及有意促进这些进程的国际组织(例如经济合作与发展组织、欧洲委员会和工发组织)也采取了创新系统办法。

系统的一般定义是服务于一个共同目的的一组组件(设备、对象或代理),即朝着一个共同的目标或总体功能工作。创新系统的组成部分是对开发、推广和利用新产品(商品和服务)和过程的整体功能做出贡献的行动者、网络和机构。虽然系统概念可能意味着集体和协调的行动,但创新系统主要是一个分析结构,即用来更好地说明和理解系统动力学和性能的工具。这意味着,重点关注的系统不必在现实中以成熟的形式存在。相反,组件之间的交互可能非常弱。

此外,即使在一个更发达的创新系统中,组件之间的交互也可能是计划外和无意的,而不是故意的。使用整体功能的概念并不意味着特定系统中的所有参与者都是为了服务于该功能而存在的,或受该功能的指导。行动者不一定有相同的目标,即使有,他们也不必有意识地为之共同努力(尽管有些人可能是这样)。事实上,冲突和紧张是创新系统动态的一部分。显然,我们不认为系统的组件是由任何特定的参与者指挥或编排的。

决策者必须经常在保护环境的备选政策工具中做出选择。影响这一选择的一个关键因素是,不同政策对开发清洁生产技术的公司奖励措施的影响。从长期来看,技术创新的累积效应可能会大大改善经济活动与环境质量之间在短期内可能出现的严重冲突。这种影响在全球气候变化的背景下尤其重要,因为各国政府由于这些措施的潜在经济成本,迄今不愿执行大量减少温室气体排放的措施。

在环境经济学中,有一种以理论为主的文献探讨了环境政策对技术创新的影响。在单一企业环境中,排放税和排放许可通常比"命令和控制"政策(如绩效标准和技术授权)更能激励技术创新。然而,许多创新不仅适用于一家公司。事实上,产业组织文献中大多数研发模型的核心是创新对其他公司的溢出效益,以及创新者无法充分利用创新带来的租金。因此,最近的环境经济学研究扩展了早期的模型,将新技术扩散到该行业的其他公司。

首先,在排放税下进行创新后的减排量要大于在排放许可下的减排量。创新降低了减排的(边际)成本,即在征税的情况下导致更多的减排,而在许可的情况下,根据定义,行业层面的排放量保持不变。由于企业在税收下减排更多,他们愿意为降低减排成本的创新支付更多的费用。我们将创新带来的行业层面的减排成本降低称为减排成本效应。因此,排放税下的减排成本效应大于排放许可下的减排成本效应。

第二个效应来自创新对降低均衡许可价格的影响。从某种程度上说,企业购买排放许可是为了补偿排放——就像它们在拍卖许可时所做的那样——它们从许可价格下跌中获利。我们将创新对企业排放的减少支付称为排放支付效应。这种效应在固定排放税和(总的)免费许可下是不存在的。在 MP 中,排放支付效应一般足以使拍卖许可下的创新整体激励高于排放税下的激励。

发展和部署新的和改进的能源技术一直是,并将继续是向更清洁和更有效的能源生产和消费形式过渡的中心。新技术以许多不同的方式改变了能源部门的发展轨迹,使其能够提供更好的服务,提高效率,并应对当地空气污染和全球气候变化等环境问题。然而,要认识到技术创新的潜在好处往往不是那么容易的事,有许多失误会阻碍对技术变革的投资转化为能源部门业绩的积极演变。近年来,人们对公共部门研发预算的趋势非常关注,尤其是在气候变化带来挑战的背景下,因为解决这些问题几乎肯定需要能源部门进行重大创新。研发的角色在改变能源经济的轨迹中无疑是重要的,新技术发挥了关键作用。能源行业在过去的世纪中,通过资源勘探和开采技术的改进,以及能量转换和利用方法改变,得到发展。私人研发对于实现能源系统的变革至关重要,但在许多情况下,例如在与生产或保存公共产品和服务有关的领域,政府参与研发往往是合理和可取的,而且确实发挥了关键作用。

发展生物质发电产业,技术因素也不能忽视。产业的发展中,技术的开发和应用所创造出来的价值是不能用市场交易原则来衡量的,是产业发展的宝贵财富。这种财富也有其独特的方面:首先,技术是可以相互学习和借鉴的,公众都可以学到;其次,技术的开发是发展的机会,但在技术与市场上,也都有风险存在;最后,开发新技术,要产生巨大的成本。在新技术开发出来后,其效益并不乐观,收益比成本还低的情况会打击技术人员开发新技术的积极性。在生物质发电产业中,政府政策的扶持和资金补贴是保证风电技术开发的基础。

我国生物质发电设备仍存在一些问题,如锅炉适应性差、原料输送机性能差、原料水分测量机器落后等。中国的发电仍然依赖进口,并且由于与国外生产和运输方式、工作习惯和文化的差异,设备引入后往往无法安全、稳定、满负荷运行。例如,丹麦沃伦公司开发的角管炉算在中国使用时,由于电压不稳定而无法正常运行。此外,由于缺乏核心技术,设备投入生产后,中国的生物质发电企业将可能长期依赖国外厂商。我国科研部门应加快推进技术消化吸收,组织国内电力设计、设备制造及相关运营行业的重点企业和专家,开发具有自主知识产权的生物质发电技术和设备,逐步发展成为优势产业。中国要与发达国家提高产业竞争力。

2.4.4　国家竞争力理论

资源短缺(特别是能源)和环境问题一直是现代人类社会面临的主要挑战。随着世界范围内工业化和城市化的迅速发展,许多问题变得越来越严重。

例如,化石燃料的过度开采已经导致气候变化和环境恶化,导致能源成为 21 世纪最紧迫和最具挑战性的公共政策问题之一。为解决这一问题,国际社会为实现可持续发展做出了巨大努力,加快了向清洁能源的转型。

人们普遍认为,成功开发可再生能源可以确保能源安全和减缓气候变化。因此,各国政府一直在不同程度上积极促进可再生能源的增长。21 世纪初,欧盟设定了向低碳社会转型的目标。此外,美国认为可再生能源是促进国内经济复苏的一个重要因素。与此同时,新兴经济体在全球可再生能源竞赛中正在追赶发达国家。例如,中国承诺其二氧化碳排放量将在 2030 年达到峰值,届时非化石燃料在一次能源消费中的比例将上升到 20% 左右。

可再生能源因其可持续性和近零排放而被广泛认为是能源转型的战略方向。国际能源机构(IEA)预测,平均可再生能源消费每年将增加 2.6%,2012 年至 2040 年,每年世界净发电同期仅增长 1.9%,正因为如此,世界净发电的可再生能源份额预计从 2012 年的 22% 扩大到 2040 年的 29%。具体来说,2012 年水电、风电、太阳能在可再生能源发电总量中的比重分别为 77%、11%、2.1%,其他可再生能源(生物质、废弃物、潮汐/波浪/海洋等)约占 8.5%;2040 年,这些数字将分别变为 52%、23%、9% 和 11.7%。在此期间,水电仍将主导世界可再生能源,太阳能将成为增长最快的能源来源,风能将占据更重要的地位,生物质能将主要占据其余可再生能源的类别。

"竞争力"的定义各不相同,这取决于其使用的规模、背景和目的。它可以用相对的术语表示,是指两个或两个以上参与者在竞争或比较中所反映的综合能力。自 20 世纪 70 年代以来,从国家、地区、行业、企业到产品,竞争力研究在多个尺度上得到了广泛的开展。回顾现有的竞争力理论,可以分为三种学派:① 古典学派;② 新古典主义、奥地利学派、制度学派;③ 当代学派。有各种各样关于竞争力的概念的文献。大部分竞争力的概念主要依靠比较优势理论,且此理论是不断发展的。最初的有绝对优势和比较优势理论,然后还有亚当·斯密和大卫·李嘉图理论,约瑟夫·熊彼特的企业家精神和创新管理理论(由迈克尔·波特的钻石模型),现代则有以保罗·克鲁格曼的批判竞争力理论。例如,世界经济论坛(WEF)将国际竞争力定义为一个国家或公司在世界市场均衡条件下比竞争对手创造更多财富的能力,因此,国际竞争力被认为是竞争资产与竞争程序的统一。经济合作与发展组织同意这样一种看法,即在有利的市场条件下,竞争力代表着该国能够生产国际竞争所需的商品和服务的程度,同时又能同时提高国内实际收入和生活水平。国际管理发展研究所认为,竞争力是实现提高生活水平和提高社会福利目标的有效手段。

在实践中,政策制定者对竞争力的看法是两极化的:一方面,竞争力与能够提高生活水平的素质有关(例如,瑞典这样的国家因其高竞争力而繁荣);另一方面,竞争力与驱动增长的区位属性相关(例如,像中国这样的国家之所以具有竞争力,是因为其劳动力成本经质量调整后较低)。作为一个有吸引力的投资地点,会间接地和长远地影响繁荣。关于竞争力的争论围绕着三个概念展开:市场份额、成本和生产率。20世纪80年代,竞争力这个词第一次引起关注时,美国的公众辩论主要围绕着对日本经济看似不可阻挡的崛起的担忧。竞争力与较低的劳动力成本和帮助企业在全球市场获得市场份额(并击败外国竞争对手)的政策有关。在这里,竞争力是一场零和游戏:一个国家只有牺牲另一个国家的利益,才能提高自己的竞争力。

生物质发电产业属于我国新兴的产业,所以肯定会遇到很多困难,比如新兴产业初期的生产成本比国外发展相对成熟的竞争对手高,这也是因为国外的竞争对手的经验比较丰富。此外,在新兴产业的发展初期,因为企业内实践经验不足,同时国外竞争对手的竞争也没有受到制约,国内的产业得不到保护,最终将有可能在竞争的舞台上消失,也便不会有更好的发展了。遇到这种状况,政府部门可以利用产业政策对中国新型的产业实行短暂的维护,将其逐渐培育成战略性的优势产业,从而能够有效地促进本国新型产业内企业快速地参与到国际竞争中去,提高国家的竞争力以完成国家的长期战略。

生物质发电起源于20世纪70年代的石油危机,自1990年以来在许多欧美国家迅速发展。生物质发电一般分为直燃发电、混合燃烧发电、气化发电、沼气发电和垃圾发电。中国的生物质发电起步较晚。自2003年以来,国家批准了秸秆发电示范项目。2005年以前,以农林废弃物为原料的大型并网发电项目几乎空白。自2006年实施《中华人民共和国可再生能源法》以来,生物质发电优惠上网电价等配套政策相继发布,有力推动了中国生物质发电产业的快速发展。2006年至2013年,中国的生物质和垃圾发电装机容量大量增加,从 2006 年的 4.8 GW 到 2012 年的 9.8 GW,年复合增长率为 9.33%,进入快速发展期。截至 2015 年底,中国的总装机容量为 1 031 万千瓦,并网其中的生物质、农林生物质直燃电网装机容量 530 万千瓦,垃圾焚烧电网容量约 468 万千瓦,占 97% 以上,同时还有少量沼气发电、发电和污泥生物质气化发电项目。中国的生物质发电能力位居世界第二,仅次于美国。

第三章　我国生物质发电产业分析

　　生物质能发电是指利用农业、林业、工业中的废弃物或生活垃圾等为原料,进行直接燃烧或者气化发电的过程。该项技术起源于 20 世纪 70 年代的石油危机时期,自 20 世纪 90 年代以来,在很多欧美先进发达国家得到了迅速的发展。伴随着我国经济的飞速发展,能源危机以及环境污染问题的日益严峻,兼具经济、生态与社会等综合效益的生物质发电项目得到了广泛的关注。根据对生物质能发电项目对生物质发电过程中产生的温室气体(GHG)排放进行系统定量的全生命周期方法的研究表明,生物质能发电项目不仅能够减少我国对传统化石能源的依赖,还能够减轻我国电力部门碳减排的任务。因此,中国作为一个生物质资源相对丰富的国家,在面对石油、天然气等传统化石能源严重短缺的先天环境,生物质资源的有效开发利用对我国新能源产业的发展以及减轻我国能源的进口依赖程度有着重要的价值与意义,而生物质发电产业属于整个生物质研究中相对重要的一项技术应用。我国生物质发电的研究以及产业的发展同国外先进发达国家相比,虽然起步较晚,但是受到了政府以及专家、学者的广泛重视。同时,我国政府也出台了一系列的法规制度,来促进我国生物质发电产业的发展。本章将从我国生物质能发电的主要发展阶段、国内外生物质发电产业对比分析以及我国生物质发电项目现有问题及其对策三个方面来对我国生物质发电产业进行回顾分析。

3.1　主要发展阶段

　　在欧盟,可再生能源的份额在过去几年中显著增加。在可再生能源选择中,生物能源被认为是最主要的能源来源。以前的关于生物能源是否适合减少温室气体排放的问题,现存文献尚无定论。由于传统能源的供应短缺、环境保护的压力,生物质作为一种重要的可再生能源越来越受到各国政府、学者、企业的关注。近期有很多的专家学者对不同国家、不同地区的生物质发电项目进行了全生命周期方法的碳排放核算。虽然得出的结果存在差异,但是对于生物质能发电项目的社会效益、环境效益都给予了肯定的评价。我国的生物质的相关研究相对于西方国家较晚,但随着近些年生物质发电项目迅猛的增长也逐渐与国外先进的水平拉近。下文对我国生物质发电项目的发展的成长做了一个简单的回顾。我国的生物质发电项目主要经历了研究、试验阶段、快速发展阶段、成熟阶段三个阶段,具体每个阶段所呈现的特征如下文所述。

3.1.1　第一阶段:研究、试验阶段(1987—2005 年)

1987 年起,中国就开始展开了对生物质发电设备和技术的研制工作,并且给予了充分的重视。"生物质能小型气化发电技术"被列为国家"七五"重点攻关项目;"1 MW 生物质能循环流化床气化发电系统"被列为国家"九五"重点攻关项目;"大型生物质能气化发电产业化关键技术"被列为国家科技部"十五"重点攻关项目,其中"生物质能气化发电优化系统及其示范工程"还是 863 计划的一个重大课题。1998 年中国首个 1 MW 谷壳气化发电示范工程建成投入运行,1999 年首 1 MW 木屑气化发电示范工程建设投入运行,2000 年首个 6 MW 秸秆气化发电示范工程建设投入运行,上述示范工程的建设运行为生物质能的发展提供了重大的研究和试验基础。我国的生物质发电起步较晚。2003 年以来,国家先后批准了多个秸秆发电示范项目。

但是,由于起步较晚,此时期中国生物质能发电技术相对于先进发达国家还比较落后。如在 2005 年以前,以农林废弃物为原料的规模化并网发电项目在我国几乎是空白。而且,在生物质发电技术方式上主要为小型生物质气化发电项目,对其他生物质发电技术的研究并不充分,相关技术的研究数量也并不多。

3.1.2　第二阶段:快速发展阶段(2006—2010 年)

自 2006 年以来,我国的生物质发电项目呈现爆发式的增长。2006 年 12

月,中国首个生物质发电项目正式投产。2006 年 1 月,国家发改委颁布了生物质发电电价定制办法,规定每度电补贴 0.25 元,生物质发电进入了一个快速发展的阶段。如图 3.1 所示,2006 年全国生物质发电装机容量达到 168 MW,2007 年 1—9 月增加了 141.5 MW。截至 2010 年底,我国已审批的生物质发电项目装机容量已达到了 5 500 MW,而已并网发电的生物质发电企业装机规模只有 2 134.58 MW(见图 3.1),平均每年增长了约 491 MW,远未达到可再生能源发展"十二五"规划制定的目标。这其中有一批项目核准后未动工或者项目建成后未能并网。例如,江苏省利森秸秆发电有限公司于 2006 年 8 月经政府核准,而直至 2010 年底尚未动工①。

并网装机容量(MW)

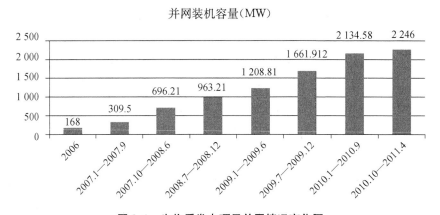

图 3.1　生物质发电项目并网情况变化图

数据来源:根据国家发改委的"可再生能源电价附加配额交易方案"等相关文件整理。

　　然而,在生物质发电项目快速发展的同时,生物质技术的研发在这一阶段却并没有出现快速的增长(见表 3.1)。该阶段我国生物质发电项目所使用的生物质发电主要设备(锅炉岛、破碎机等)大多是从国外引进的技术。相比国产设备,上述进口设备可靠性较高,价格也较高。生物质发电项目每天平均发电小时数一直处于较低水平,最多约为 9.5 小时,最低为 5.61 小时。生物质秸秆发电项目产能利用率较低(见表 3.2)。

---

　　①　资料来源:http://lisenfadian.com/index.asp。

表 3.1　国家资助生物质发电科研项目的统计　　　（单位：万元）

年度	973 计划		国家自然科学基金		中小企业创新基金	
	项目数	金额	项目数	金额	项目数	金额
2006			4	125	4	150
2007	1	1 495	5	124	5	260
2008			4	94	11	505
2009	1	3 158	8	547	23	1 145
2010			8	269.5	25	1 835
2011			12	1 073	20	1 295
2012	1	1 801	12	376.5	22	1 320
合计	3	6 454	53	2 609	110	6 510

表 3.2　2006—2011 年 4 月全国生物质发电项目运营情况

	2006	2007.1—2007.9	2007.10—2008.6	2008.7—2008.12	2009.1—2009.6	2009.7—2009.12	2010.1—2010.9	2010.10—2011.4
并网装机容量（MW）	168	309.5	696.21	963.21	1 208.81	1 661.912	2 134.58	2 246
上网电量（万 kW·h）	20 863.62	75 015.3	180 424.2	177 545.3	286 700	356 984	661 184.5	661 184.5
平均每天发电小时数(h)	3.78	7.38	7.89	5.61	7.22	6.54	9.43	8.96

在此阶段，生物质发电的政策环境也在不断发展，包括发展规划、产业指导目录、电价补贴政策、税收优惠政策等一系列政策相继实施。据统计，该阶段颁布的政策包括 5 个发展规划、1 部法律、3 部产业发展指导目录、6 部关于行业准入和项目审批的规范要求、28 部技术规定和标准（包括 3 部行业管理、3 部资源调查和评估、13 部原料开发与利用、6 部技术研发、3 部项目建设）、2 部电价制定方法以及若干财税政策。

在这个阶段里，生物质发电行业整体处于亏损状态，一部分企业被迫停产甚至破产。直到 2010 年 7 月，国家发改委调高生物质发电上网价格至 0.75

元/kW·h,才有部分生物质发电企业开始实现盈亏平衡或扭亏为盈。

3.1.3 第三阶段:成熟阶段(2011至今)

与2006—2010年的装机容量变化情况相比,2011年新增并网装机容量约为100 MW,增速大大减缓。(见图3.1)

根据表3.1可知,2011年,973计划、自然科学基金和中小企业创业基金投入生物质发电相关技术研究的资金共计2 368万元,2012年总投入为3 497.5万元,2011年与2012投入总和(5 865万元),比2006—2010年的投入大大增加。

从《中华人民共和国可再生能源中长期发展规划》,到《关于完善农林生物质发电价格政策的通知》和《关于生物质发电项目建设管理的通知》,随着这一系列有关可再生能源政策的推出,我国生物质发电产业的政策环境也逐步稳定,为该产业的平稳发展奠定了基础。

经历了2006—2010年这段快速增长的阶段,2010年我国生物质产业各种问题不断涌现,发展的势头也开始冷却下来。从2011年开始,我国生物质产业开始关注自身存在的各种问题,产业发展的政策环境也趋于改善,对于生物质发电项目的审核更加严格,对相关技术的研究投入也不断增加,我国生物质发电开始逐渐走向成熟。截至2015年底,我国生物质发电并网装机总容量为1 031万千瓦,其中,农林生物质直燃发电并网装机容量约530万千瓦,垃圾焚烧发电并网装机容量约为468万千瓦,两者占比在97%以上,还有少量沼气发电、污泥发电和生物质气化发电项目。我国的生物发电总装机容量已位居世界第二,仅次于美国。

据《2018年中国生物质发电产业排名报告》,截至2017年底,全国已投产生物质发电项目744个,较2016年增加79个。市场分析指出,预计2018年中国生物质能发电行业装机容量将接近1 500万千瓦时,未来三年内年均复合增长率超过9.14%。这也意味着,生物质能"十三五"规划提出的各项指标有望提前完成。但即便如此,我国生物质发电的年发电量约为800亿千瓦时,只占我国年总发电量的1.4%。事实上,我国生物质能发电目前只占可再生能源发电装机的0.5%,远远低于世界的平均水平25%。生物质发电由于能大大减少二氧化碳和二氧化硫的排放量,产生巨大的环境效益令其备受推崇。与能源属性相比,生物质更为优先的是环保属性,这也是从本质上区别于光伏、风电等可再生能源形式的关键。从产业整体状况分析,生物质发电及生物质燃料目前仍处在政策引导扶持期。2016 年底,国家能源局下发《生物质能发展"十三五"规划》明确,到 2020 年,生物质能基本实现商业化和规模化利用。而《生物质发电"十三五"规划布局方案》则明确到 2020 年,符合国家可再生能源基金支持政策的生物质发电规模总计将超过 2 317 万千瓦,比"十三五"规划目标增长近 54.9%。而在广大农村地区,玉米、小麦、水稻、高粱等脱粒后的秸秆等生物质是发电的理想原料。而在农林生物质发电项目中,原料成本已占项目整体运行成本约 60%。众所周知,生物质发电包括农林生物质发电、垃圾焚烧发电、沼气发电,无论哪一种发电形式,首当其冲处理的是垃圾、废弃物。而以一台 30 MW 的农林生物质发电机为例,超低排放改造投入达 1 000 余万元,且每年需要的维护费用也达到 800 万元以上。目前我国生物质电厂投资结构大致为国有企业投资占主体,占比达 60%,民营占 30%,外资等占 10%,而民营资本进入较少的根本原因就在于项目的盈利能力不强。

因此,我国生物质发电项目目前在政府的大力支持下已成方兴未艾之势,但是对于将生物质发电项目做大做强的道路仍然任重而道远。

3.2　国内外生物质发电产业分析

3.2.1　与先进发达国家的生物质发电产业对比分析

（1）绿色童话的丹麦

秸秆发电产业是丹麦实行绿色发展、打造绿色童话王国的成功典范,其具有显著先进性的秸秆发电技术已经被联合国列为重点推广项目。目前,在可再生能源领域,丹麦是公认的生物质能利用强国。

为了确保能源的供应,丹麦从 19 世纪 70 年代开始将生物质作为能源资源进行使用。1988 年,丹麦建成了世界上第一座秸秆生物燃烧发电厂。在1989 年丹麦政府对焚烧秸秆颁布了禁令,并提出了在 2005 年要达到相比

1988 年减排 20％的目标。如今,国土面积只有山东省面积 1/4 的丹麦,已建成了 15 座大型生物质直燃发电厂,秸秆发电等可再生能源占到丹麦全国能源消费总量的 24％以上。其中,生物质直燃发电年消耗农林废弃物约 150 万吨,提供全国 5％的电力供应。生物质能发电项目在未来仍将继续扩张,并已经列入能源发展计划之中,预计 2030 年实现年消耗农林废弃物等 900 万吨。

丹麦生物质发电产业的成功首先源于注重生物质能基础技术的研发。在政府的大力支持下,丹麦各大学的化工工程系以及研究所对生物质发电机进行了多次的研究与改进。并且,对于生物质发电过程中的热解动力等相关数据进行统计,以供生物质发电产业参考。其次,丹麦还通过立法来推动生物质发电产业的发展。

正是这些因素,为绿色王国的丹麦奠定了基础。也正是由于生物质能发电产业的迅猛发展,丹麦在保持 GDP 稳步增长的前提下,石油消费量比 20 世纪 70 年代下降了 50％,成功摆脱了对石油进口的严重依赖。

(2) 法治先行的美国

美国的生物质发电量已被视为该国现存配电系统的基本发电量,其生物质发电技术也处于世界领先水平。其生物质发电项目的原料大多数来源于工业生产中的废料,因此也大大提升了工业生产的原料利用率。

为了提高生物质的转化效率,降低发电成本,改善环境,创造就业机会,提高能源安全,美国能源部于 1991 年提出生物质发电计划。紧接着在 2002 年,议会通过了《美国农业法令》,鼓励联邦政府通过采购、直接投入资金和对可再生能源项目给予贷款等方式支持生物质能企业发展。此后还颁布了一系列法案,来直接推动生物质发电项目的发展,如 2004 年的《美国就业机会创造法》、2005 年的《国家能源政策法》、2007 年的《能源独立与安全法》、2008 年的《农业新能源法案》、2010 年的《生物质能研发法案》等,这些法案为生物质能等新能源的开发利用提供了宏观上的法律支持与政策规划,并就可再生能源的范围、生产标准、中长期目标、资金支持等提出了具体的计划。如《美国就业机会创造法》就提出对生物燃料的使用税费进行减免的优惠政策。

至 2012 年底,美国生物质直燃发电量占可再生能源发电量的 75％,这是一个远高中国目前水平的数值。在技术方面,美国也有明显优势,美国目前有

300 多家发电厂采用生物质能与煤炭混合燃料技术，装机容量高达 22 000 MW。目前，美国的生物质发电并网装机容量为 1 610 kW，规模居世界第一。通过一系列法律法规的制定与实施，美国的生物质发电行业走向了规模化、科技化的高速发展的道路。

（3）循环发展的日本

日本生物质发电厂在 2012 年 7 月经历了一次重要的变革，日本政府启动了上网电价政策（FIT）系统。自此之后，以废料和间伐材为燃料发电的木质生物质发电逐渐发展起来。根据生物质工业社会网络机构的数据显示，到 2014 年 11 月为止，日本有 84 个被批准的项目，包括 44 个未使用的木质生物质发电项目、36 个木质生物质发电项目以及 4 个再生木材工程。因此，由间伐材和废料加工成碎小颗粒的"木质颗粒"成为日本生物质发电的主流燃料。但是，由于日本国内的工厂规模都普遍较小，导致所需原料供不应求。这也使得日本的许多生物质发电企业不得不进口这种木质颗粒。根据 2013 年的数据显示，日本国内木质颗粒的产量约为 11 万吨，而进口量高达 8 万吨左右。

日本由于地理面积小、资源匮乏，因此在循环发展的理念深入人心。日本的一些地区在可再生能源利用领域也进行了大胆的尝试，不仅仅将家畜粪便进行生物质发电，还将饲养家畜、生产肥料、种植牧草以及生物质发电整合成一条闭合的循环经济产业链，带来了显著的经济、环保效益。其中，位于北海道别海町的"别海町资源循环中心"即是一个成功的典例。下文将对这种循环模式的进行展示。

利用 100 头奶牛的粪便进行生物气发电，可以满足 45 户家庭的热水需求以及 20 户家庭的电力需求。在粪便发酵完成之后，其残渣采用固体分离过滤形成消化液，然后再经过杀菌处理就形成了可供牧草使用的肥料。100 头奶牛平均每天产生的消化液相当于 9 000 日元的化肥，大大降低牧草所需肥料的成本，根据核算，此模式下可将每年所需的 270 万日元肥料费用降低为 217.8 万日元，相当于每只奶头每年削减了 5 220 日元的费用。准备打造"生物质产业城市"的别海町，预想利用这样的循环发展理念，建造日本国内最大规模的生物质气发电项目。预计此项目在投产后，可实现 9 600 兆瓦时的年发电量，满足当地 44.2% 的用电量。日本在自身的地理资源形式的逼迫下，开创了一条让世界震惊的循环发展模式的道路。其生物质能发电行业的发展也在当地政府部门的高度重视下跻身世界前列,并以高速发展的趋势帮助日本解决能源缺乏的现况。

3.2.2 我国生物质发电项目区域分布

我国在 2006 年建设了第一个生物质发电项目,随后我国的生物质发电项目就开始急剧升温。截止到 2013 年底,我国农林生物质直燃发电分布情况如表 3.3 所示。从资源分布的角度,表中 9 个省份集中了全国约 75.99% 的生物质直燃发电项目,其秸秆资源之和约占全国秸秆资源总量的 56.49%。由表可知,生物质直燃发电分布与秸秆资源分布并不完全一致,例如山东省生物质直燃发电装机容量比河南省多 45.97%,但秸秆资源量却与河南省相当;黑龙江省秸秆资源量较河南省少,但其装机容量却高于河南省。从能源需求的角度看,这 9 个省份的电力消费占全国电力消费总量的 45.3%,而其生物质发电装机容量占全国的比重却远高于这一数值。由此可知,我国生物质直燃发电项目分布与电力需求分布不一致。

区域生物质发电年等效满负荷运行小时数反映了地区生物质直燃发电项目的产能利用情况。从区位选择的角度看,项目年等效满负荷运行小时数这一指标主要受到秸秆资源收集情况的影响。项目的燃料收集越充分,其年等效满负荷运行小时数越高。因此,年等效满负荷运行小时数这一指标反映了区域生物质资源的供应情况。从表 3.3 中可以看出,我国的项目年等效满负荷运行小时数较高的地区主要在安徽和山东,年等效满负荷运行小时数均超过 6 000 小时,说明这些地区的生物质发电燃料收集充分,地区内部存在的对燃料需求的竞争压力不是很大。

表 3.3　我国部分地区农林生物质直燃发电项目分布情况

省区	电力消费水平 (亿 kW・h)	年等效满负荷运 行小时数(小时)	总装机容量 (MW)	秸秆资源占全国 比重(%)
河南	2 988	4 940	422	10.24%
山东	4 083	6 018	616	9.98%

省区	电力消费水平 (亿 kW·h)	年等效满负荷运 行小时数(小时)	总装机容量 (MW)	秸秆资源占全国 比重(%)
黑龙江	845	4 987	465	8.44%
河北	3 251	5 436	218	7.53%
江苏	4 956	—	380	5%
安徽	1 528	6 166	406	4.76%
湖南	1 423	5 396	242	4.63%
湖北	1 629	5 157	374	4.27%
浙江	3 453	5 897	65	1.46%
其他	29 067	—	1 007.3	43.51%
合计	53 223	—	4 195.3	1

数据来源:国家统计局统计数据;国家可再生能源信息管理中心可再生能源信息资源数据库;农业部科技教育司;全国农作物秸秆资源调查与评价报告。

截止到 2011 年 4 月,除了垃圾发电厂和沼气电厂以外,我国生物质发电项目总装机容量为 224.6 万千瓦。这些项目多以秸秆、稻壳、树皮、木屑、废旧板材等为原材料。这些电厂主要分布在我国中部、东部以及东北部地区,代表省区有河南、山东、江苏和黑龙江省。如表 3.3 所示,我国生物质发电项目区域间分布不平衡,并且与区域资源数量不匹配,同时生物质发电项目布点过于集中,容易造成争夺生物质资源的情况。

3.2.3　我国生物质发电产业现状

我国生物质发电产业近些年来在国家相关政策的支持下发生了翻天覆地的变化。下文将具体介绍我国生物质发电产业的现状,包括产业规模与产业布局以及其经济分析的情况。

(1)产业规模

生物质资源经过处理后除了发电以外,其剩余的能量还可用于供热和制冷。目前的生物质发电技术主要包括:农林生物质发电、垃圾焚烧发电、气化发电、生物质—燃煤耦合发电,以及各类技术的生物质热电联产等。据统计,

2003 年我国生物质发电装机容量为 150 万千瓦,经过近十五年的发展,到 2017 年我国的生物质发电装机容量近 1 500 万千瓦。我国生物质发电产业迅猛发展的原因主要在于 2005 年《中华人民共和国可再生能源法》的颁布。近两年来,我国生物质发电增幅一直稳定在 10% 左右,其中资源条件的限制成为阻碍生物质发展的一项重要因素。截至 2017 年底,我国的农林生物质发电并网发电装机容量达 700.77 万千瓦,垃圾焚烧发电并网发电装机容量达 725.1 万千瓦,沼气发电并网发电总装机容量达 49.9 万千瓦。

① 农林生物质发电产业规模

农林生物质发电顾名思义,即是指全部以农业或林业生物质为发电的原料,通过生物质专用锅炉对原料进行燃烧,再将产生的蒸汽驱动蒸汽轮机以驱动发电机发电的技术。其主要的原料成分是农作物秸秆,并使用部分林业剩余物。农林生物质发电是目前农林剩余物消耗量最大,并已实现规模化和产业化的农林剩余物能源化利用方式。因此,农林生物质发电项目应尽可能选择建在农业发达的秸秆资源丰富地区,以保证生物质发电项目的原料供应。

我国农林生物质发电于 2006 年 11 月建成了第一个规模化秸秆直燃发电项目,并进行了投产。这也标志着,我国的农林生物质发电进入了产业化发展阶段。由于国家近年来对农林生物质发电产业的扶持力度不断加强(电价补贴、优惠贷款等方式),吸引了众多投资企业、设备制造企业以及科研院所等从事该领域的投资、生产和研发。据统计,我国农林生物质发电项目截至 2017 年底,并网装机容量达 700.77 万千瓦,约占生物质发电总装机容量的一半,是当前我国农林生物质发电的主要利用方式之一。

② 垃圾焚烧发电产业规模

目前垃圾能源化利用的主要技术有两种:垃圾焚烧发电与垃圾填埋气发电。它们都是将城乡生活垃圾通过拣选来回收垃圾中生物质能,进而发电的过程。其主要特点有:无害化程度高,占地面积小,处理量大,是我国目前大力推广的清洁能源产业之一。垃圾焚烧发电是指将燃烧值较高的垃圾放在焚烧炉中进行高温焚烧,再利用焚烧中生产的热能转化为蒸汽驱动蒸汽轮机来驱动发电机,从而产生电能的过程。垃圾焚烧技术应用广泛,经过几十年的发展已经属于一项比较成熟的技术。目前,我国垃圾焚烧技术的主流技术为循环流化床技术和往复式炉排燃烧技术。城镇垃圾的处理是维持城市正常运行的基本需求，随着经济的发展，城市周边的可用地量也在日趋减少，生活垃圾填埋场的选址将越来越困难。此外，如果垃圾填埋场选址不当还可能带来地下水源污染问题，这将严重危害当地城镇居民的生活健康。与此同时，随着我国城镇化步伐的加速，我国城市的数量和规模都在不断扩大，城镇垃圾生产量年增长率约10％。据统计，目前全国生活垃圾清运量为1.56亿吨，如何处理这些城镇生活垃圾，成了许多城市面临的紧迫问题。2017年垃圾焚烧发电并网装机容量以725.1万千瓦首次超过农林生物质发电。随着各地城镇化步伐的不断加速，垃圾焚烧发电项目也仍将保持快速增长的态势。

③ 农林生物质热电联产产业规模

农林生物质热电联产比起普通的生物质发电项目将秸秆等生物质燃料转化为清洁能源的效率更高，不仅解决了因秸秆露天焚烧产生的环境问题，而且还可以通过能量的转换为当地的居民提供电力和热力的供应。因此，在"十三五"期间实现农林生物质发电产业向农林生物质热电联产这种高效转变，进行产业升级是一项重要的工程。这也将在推进大气污染防治、城镇化建设以及推动经济可持续发展等方面发挥重要的作用。

生物质热电联产是当前我国积极推动的北方地区清洁供暖的一项重要手段，是就地利用农村资源，改善当地农村居民的生活用能质量，有效替代燃煤、天然气等化石能源，解决农村居民供暖问题，缓解传统能源供给不足与环境发展矛盾，实现农村能源转型的可行路径，其带来的社会环境效益远大于经济效益。截至2017年底，根据我国的物质能产业促进会统计，我国的农林生物质热电联产项目已经有105个，约占生物质发电项目总数量的38.9％，总装机容量273.81万千瓦，约占生物质发电项目总装机容量的39.1％。

（2）产业布局

① 农林生物质发电产业布局

2006年我国首个大型秸秆直燃发电项目建成投产，在后来的十多年中，由于国家持续财政支持，我国农林生物质发电开始步入规模化快速发展阶段，产业的利用规模在不断扩大。据统计截至2017年底，我国农林生物质发电并网装机容量达700.77万千瓦，约占生物质发电总装机容量的48％。农林生物质发电项目具有显著的地理分布特征:我国的农林生物质发电项目主要集中在农作物秸秆丰富的华北、东北、华中和华东地区,装机容量约占全国装机总量的 91.7%。而在西南地区,由于农作物秸秆资源相对贫乏,山区地形导致原料收集运输困难,高温、潮湿的气候不利于原料储存,因而农林生物质发电项目较少,约占全国农林生物质发电装机总量的 6.3%。而西北地区则由于缺乏农林生物质原料资源,因此几乎没有秸秆发电项目建设。

② 生物质热电联产产业布局

热电联产是生物质发电产业转型的方向,是提升生物质能转化效率,解决环境问题,实现经济可持续发展的重要途径。目前,此项产业已成为生物质发电领域的新方向,在我国有大批的热电联产改造项目已经开始实施。据《关于促进生物质能供热发展的指导意见》(发改委能源[2017]2123 号)的文件指出,预计到 2020 年,我国的生物质热电联产装机容量超过 1 200 万千瓦。同时,在 2018 年初,国家能源局还发布《关于开展"百个城镇"生物质热电联产县域清洁供热示范项目建设的通知》(国能发新能[2018]8 号)。"百个城镇"清洁供热示范项目建设旨在建立生物质热电联产县域清洁供热模式,为治理县域散煤开辟新路子。目标构建就地收集原料、就地加工转化、就地消费的分布式清洁供热生产和消费体系。"百个城镇"清洁供热示范项目将形成 100 个以上生物质热电联产清洁供热为主的县城、乡镇,以及一批中小工业园区。示范项目共 136 个,涉及 20 个省(区、市)及新疆生产建设兵团,装机容量 380 万千瓦,年消耗农林废弃物和城镇生活垃圾约 3 600 万吨。这也表明,我国的生物质发电产业有待依托热电联产改造来提升系统效率从而达到绿色可持续发展。

③ 垃圾焚烧发电产业布局

在我国的"十三五"期间,由于城镇化建设的进一步深入,垃圾焚烧发电项目开发建设重点已经逐步由大中型城市向新兴城镇转移,并将成为生物质发电产业中的主要增长点。我国的垃圾焚烧发电项目主要集中在华东和华北地区,其中经济发达的华东地区的发展规模最大,占全国垃圾焚烧发电装机容量的近一半。目前,垃圾焚烧发电累计装机容量占全国比例最高的四个地区与国内生产总值最高的四个地区相一致,为广东、江苏、山东和浙江。这也表明,地区经济的发展直接影响着当地垃圾焚烧发电项目的建设。据统计,2017 年

全国生物质发电年等效满负荷运行小时数平均约 5 218 小时,较上年减少
10%。2018 年,我国生物质发电水平整体有所提升,发电效率显著提高。但
是相比于欧洲的生物质发电项目的年等效满负荷运行小时数(均高于 7 000
小时),我国的生物质发电效率和技术水平与欧洲仍有较大的差距,生物质发
电产业升级改造任重而道远。同时,在 2017 年底,我国垃圾焚烧累计并网发
电装机容量达到 725.1 万千瓦,约占全国生物质并网发电总装机容量的
49%。这也表明我国垃圾焚烧发电产业对于解决我国快速城镇化过程中所带
来的垃圾处理问题有着极佳的效果。

(3) 经济性分析

① 农林生物质发电经济性分析

农林生物质发电厂是以农作物废弃物为主要原料,其中还包括稻谷壳、稻
秆、油料作物秸秆、棉花秸秆、枝桠材、玉米秸秆等农作物废料,果枝、桑条等生
物质燃料也可以在内掺烧,其建设规模一般在 25~30 MW。在实验室环境
下,农林生物质发电厂全年运行 7 500~8 000 小时,发电量为 1.8~2.2 亿千
瓦时,耗用的农林剩余物为 28~30 万吨。近年来,其原料成本呈上升趋势。
预计 2018—2030 年,农林生物质发电成本总体仍将呈上升趋势。能影响生物
质发电成本上升的因素有很多,其主要因素包括:固定资产投资少、未来农林
生物质发电原料成本高、技术成本高(生产效率低)、人工成本和管理运维成本
高。未来的生物质发电项目将向模块化施工方式转变,生物质锅炉、蒸汽轮机
等关键设备的制造技术将得到改善和提高,逐步走向成熟。通过这样一系列
的改变,投资建设成本将逐渐缓慢降低,到 2020 年预计将从总投资的 25%降
至 23%。未来农林生物质发电原料成本仍将增长。随着原料市场的发展不
断趋向规范化,收集管理水平也得到大幅提高,生物质原料收集的方式将逐步
发展为自动机械化收集,生物质原料收集利用将向集约化、规模化发展模式逐
渐靠近,虽然在产业升级过程中原料成本将不可避免有所增长,但随后将趋于
稳定。目前生物质发电主要燃料为农林废弃物类原料,原料的购买、收集、转
运和存储等费用都算作在收储运行经济成本中,价格大概在 280~320 元/吨
之间,其中:收集成本,木质纤维素类的原料被企业从农民手中收购,再由企业
对其进行简单的堆放或储存处理时产生的相关费用,一般为 110 元/吨;运输

成本,收购完成后由堆放或储存地点运输至企业过程中产生的费用,平均为 1 元/吨/公里,且价格将随着运费、运输量和转运点距离的变化而变化;储存成本,在储存期间,由于原料需要人工看守和维护,所以会产生一定的维护、人工和其他费用,如消防、用电等为了维持生活和保卫安全所必须消耗的费用。预计到 2020 年,生物质原料总成本将稳定在 360 元/吨左右。系统效率的不断提升离不开生产装备的升级和管理水平的提高。到 2020 年,各系统的效率将平缓地得到提高,生物质锅炉的总体热效率将从 85％提高至 90％,汽轮机发电效率将从 28％提至 31％,总体发电效率将从 25％提至 30％。每度电的原料消耗将从 1.2 公斤下降至 1 公斤。管理运维成本也呈现平稳上升的趋势。尽管自动化程度与系统集成度均不断得到提高,但人工成本的增加还是导致了运维成本上升。人工成本的增长加剧了运行成本上升的趋势,成为运行成本大幅上升的主要因素。农林生物质发电项目不仅投资额大,运行成本高昂,而且其盈利水平还不如一般的火电,主要原因有两点:一是单位造价高,目前的单位造价大概为 9 000 元/kW;二是燃料成本高,光是电价成本中的燃料成本就约为 0.42~0.45 元/kW·h,远远高于常规的利用燃煤发电的成本。

②垃圾焚烧发电经济性分析

我国的垃圾焚烧发电产业主要应用两种炉型:流化床焚烧炉和炉排焚烧炉。因为我国流化床锅炉的热含水量较大,低位热值较低,所以绝大多数采用流化床技术的企业仍然采用将其与煤混烧的方法。然而这在很大程度上破坏了行业的规则,因此目前国内许多专家认为需要鼓励应用炉排炉技术(用炉排炉的方法无法掺煤混烧)。在国内大部分的垃圾焚烧发电厂中,用循环流化床焚烧炉焚烧发电的单位投资平均为 25~40 万元/吨/日,用炉排炉焚烧炉焚烧发电的单位投资平均为 40~60 万元/吨/日。采用垃圾焚烧发电的收入主要包括发电收益和垃圾处置费两个部分。目前我国垃圾焚烧发电在线实施国家生物质发电统一标注决定的电价,而垃圾处置费则是根据项目投资、项目投资规模、项目边界条件、竞标情况等多方面情况来做出决定的,全国各地的差距较大,一般是 30~120 元/吨。我国生活垃圾焚烧炉的入炉垃圾热值设计一般在 1 500~1 800 kcal/千克,锅炉热效率为 60％,该机组的效率为 80,耗电率大约为 20，整个发电厂的发电效率低于 25，上网电价为 0.65 元/kW·h。经过计算分析，单吨垃圾大概可以产出 50 度电，扣除了发电厂用电后，上网电量为 280 度，互联网收入为约 182 元。从垃圾处置费的角度出发进行分析，垃圾处置费的多少与生活垃圾焚烧发电厂能处理垃圾的规模、生活垃圾焚烧发电厂投资建设、运营操作的边界条件（如是否包括粉煤灰、渗滤液处理和飞灰处理的要求）、项目是否已经通过了竞争性招标等因素有关，在不出意外的情况下，政府给出的垃圾补贴费大约为 60～100 元/吨。对于那些虽然处理规模较大，但不包括或只包括部分粉煤灰、渗滤液处理的生活垃圾焚烧发电厂，能得到的补贴就较低，为 35～60 元/吨。而对于那些虽然规模较小，但对处理飞灰、渗滤液要求较高的生活垃圾焚烧发电厂，能得到的补贴基本在 70 元/吨以上。通过竞争性招标选择的生活垃圾焚烧发电厂标往往需要较低的生活垃圾处置费，而通过招商引资或直接指定选择对生活垃圾焚烧发电厂往往需要较高的生活垃圾处置费用。近年来，由于生活垃圾焚烧发电厂所需配备的设备已经能够依赖国产，同时生活垃圾热值不断增加，使得生活垃圾焚烧发电所产生的收入预计也随之水涨船高，生活垃圾焚烧发电项目的竞争日益激化，其投资回报率也有望降低，总体而言，生活垃圾处置的费用呈现逐步降低的趋势。按照垃圾焚烧厂可以日处理大约 2 000 吨垃圾来进行计算，项目的投资财务费用和折旧费相当于一吨垃圾约 120 元，而药剂、维护、人员、管理等费用折合后相当于 80 元/吨，总成本约 200 元/吨。

一般来说，生活垃圾焚烧发电行业属于一个投资多、收入稳健的产业。通过不断改进设备的制造，逐步积累正确建设运营的经验，我国在这一行业内所占的优势逐渐凸显。现在，与发达国家相比较，建造规模相同的生活垃圾焚烧发电厂，我国的投资只占发达国家投入的三分之一，并且建设的时长比发达国家整整少了一半。部分投资企业只要通过大力提升自身能力和水平，完全可以完成投资项目建设的 EPC 总包或管理总包，在一次投资中实现多方环节的收益，很大程度上提高了垃圾焚烧发电投资企业的盈利能力。我国垃圾焚烧发电产业的快速发展，不仅提高了垃圾运营企业经营水平，同时也增强了垃圾焚烧发电企业的盈利能力。

根据单位投资和"十三五"规划对于垃圾焚烧处置规模的建议和规定，预计在"十三五"期间有关垃圾焚烧处置设施更新完善的新增投资将增加到 800 亿元。为促进垃圾焚烧发电项目,政府应继续提供优惠电价支持。中央财政应大力给予资金支持,积极推动新型垃圾焚烧发电技术的研发和产业化示范项目建设,发挥好带头引领和模范作用。2017—2030 年,预估投资成本将明显下降,发电效率也将从 22% 提升至 26%。2017—2030 年,垃圾焚烧发电的平均成本预计提高 25%,主要是因为废物焚烧发电总成本的运营成本增加。在未来,人工成本上涨对垃圾焚烧发电产生的影响将远远大于其他因素。而对于污染物排放处理设施的投资水平,也将随着污染物排放标准的不断提高而增加,成为垃圾焚烧发电成本增加的另一重要因素。

③ 热电联产技术经济性分析

由于热电联产技术主要使用的是用于加热的废蒸汽,因此设备的总投资并没有增加,并且对总发电量的影响也是有限的。并且,由于现在的许多生物质发电厂都已经安装了带有热电联产功能的发电装备,需要供热的消费者较少,从而导致许多供热设备都不能派上用场,这也成为供热的整体成本一直不能减下来的一项重要原因。热电联产的应用逐渐增加了热量供应,由热负荷效率可以显示出来。根据上述的供热负载效率,可以通过观察各类热电联产技术的总体效率进行预测。热电联产技术可以产生两种产品:电力与热力,因此为了了解热和电的成本比重就需要明确燃料成本在热和电的成本中的比例,这可以通过热电比的方式来确定。热电比的计算方法有热量法、实际焓降法、折扣法、热电联合法等,经过相互比较,本报告决定采用热量法来计算热电比。以中夏节能烟台栖霞项目为例,对农林生物质热电联产技术的经济性进行分析。项目参数:发电机组装机 3 万 kW,厂用电率 13.6%,上网电价 0.75 元/kW·h,年等效发电小时数 6 267 小时,供热锅炉容量 3×75 吨/时,供热量 $3.7×10^5$ GJ,年供热面积 185 万平方米,供热价格 46 元/GJ,年原料消耗量 30 万吨,原料含水率 20%,总静态投资 4.2 亿元,原料热值 3 150 千卡/千克,自有资金比例 20%,贷款利率 4.9%,炉前原料价格 340 元/吨(20%含水率),年固定成本占总投资比例 0.53%,年水和其他燃料费占总投资比例 2.2%。环境效益:电力按照 0.126 元/kW·h 考虑,加热环境效益未考虑整体系统发电效率,计算出的校准参数为 24.1,原料单位热值成本 0.108 元/兆卡。财务经济性评价结果：资本金内部收益率0.2%，项目仅仅处于不亏损状态，没有盈利效益，远达不到合理投资回报率8%或者央行五年期及以上基准贷款利率4.9%。从成本角度来看，按照内部收益率0%、0.2%、8%折现，原料成本占比最大，为73%～75%，除原料外的其他成本占5.5%左右，初始投资占15～18%，财务成本占5～7%，由于项目收益率低和享受增值税，税收只占成本的一小部分。

影响收益的关键因素是供热价格。在其他条件不变情况下，如果想让项目资本金内部收益率达到8%，则供热价格至少需达到37.5元/平方米，这一价格为目前供热价格的1.6倍，之间的差价则需要地方政府给予地方性的热价政策或产品补贴政策。该项目中，设计供热能力为300万平方米，如果按照300万平方米考虑，利用余热实现供暖，原料年消耗仍为30万吨，则系统发电效率需提升到30.0%，项目资本金内部收益率为7.8%。因此，通过热电联产提升系统效率是影响成本的关键因素。在目前的电价和热价政策水平下，生物质热电联产项目的收益主要来自发电，本项目中发电收益占比为88%，即使考虑供热达300万平方米，发电收益仍占总收益的82%。如果在增加供热比例但热电联产机组效率没有较为显著提升的情况下，则项目的经济性反而变差。如供热达到300万平方米，但系统发电效率仅从24.1%提升到27%，则项目资本金内部收益率将为−0.4%。总体看，在现有电价和税收、贷款政策条件下，原料价格、系统发电效率、地方供热价格将显著影响项目的经济性。如果考虑发电的环境效益，则财务评价收益率达到17.0%，国民经济评价收益率达到10.2%。

3.2.4 我国生物质发电产业特点

（1）整体发展稳定上升

近年来，我国生物质发电能力与发电总量处于稳定增长的态势。根据《2016年度全国可再生能源电力发展监测评价报告》，截至2016年底，生物质能发电装机容量1 214万千瓦，较上年增长17.86%；发电量650亿千瓦时，较上年增长23.34%（闫庆友，2015）。

自《中华人民共和国可再生能源法》2006年实施以后，中国生物质发电产业发展进程较为迅速,2008 年至 2012 年,装机规模从 140 万千瓦增加到 550 万千瓦,投资总额从 168 亿元增加到 586 亿元,年均增长率均达 30%以上,如图 3.2 所示。

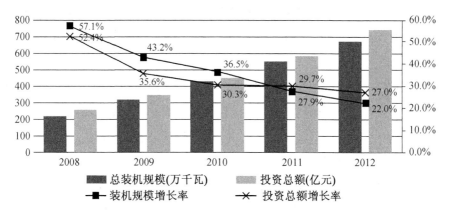

图 3.2 我国生物质发电产业 2008—2012 年度规模与投资总额趋势图
资料来源:中国知识产权网(CNIPR)数据库。

根据生物质能源"十三五"规划和《可再生能源中长期发展规划》,中国生物质发电到 2020 年,总装机规模要达到 1500 万千瓦。因此,近几年生物质发电产业的发展速度依然会较高。但是,装机规模和投资总额的增长率却呈逐年下降的趋势,这说明中国生物质发电厂商在不断扩大建设规模,但是其发展步伐并不激进。

(2)产业链的结构单一

生物质发电的产业链构成较为简单,产业链较短,上游厂商仅包括燃料供应商和设备供应商,下游厂商则只有电网企业。由于中国生物质发电的燃料成本占发电成本的 60%以上,因此上游产业对生物质发电产业的影响主要来自燃料成本的变动。

中国实行可再生能源发电全额保障性收购制度,生物质发电在可再生能源发电上网电量中所占比例较低,电力需求波动对生物质发电产业的影响很小,下游的影响主要体现在上网电价。现行的生物质发电,按国家发改委发布的《关于完善农林生物质发电价格政策的通知》中规定,未采用招标确定投资人的新建农林生物质发电项目,统一执行标杆上网电价每千瓦时 0.75 元(含税)。

（3）区域差异显著

我国生物质发电产业的区域分布特征比较明显，这一方面是生物质资源因素导致，另一方面取决于不同地区生物质能的生产特性。比如秸秆直燃发电厂大多分布在农作物资源丰富的地区，因为有利于降低成本；而东部发达地区会产生大量城市垃圾，相应的垃圾发电厂就比较集中。

我国生物质发电主要分布在华东地区，其次是中南地区、东北地区和华北地区，西南地区和西北地区分布较少（宋开慧等，2016）。截至2012年底，各地区生物质发电装机容量比例如图3.3所示，之后几年这一比例也没有太大变化。相应投资额的分布也大致如此。

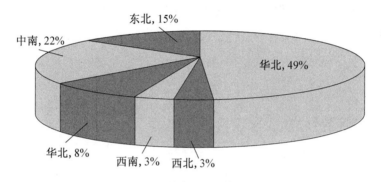

图3.3　中国生物质发电装机容量地区分布比例图

资料来源：中国知识产权网（CNIPR）数据库。

（4）整体效率偏低，发展空间巨大

中国生物质发电的效率普遍较低，特别是年等效负荷小时数平均不足5 200小时。辽宁省生物质发电年等效负荷小时数是我国生物质发电项目中此项指标最高的省份，超过7 000小时。除辽宁外，我国超过6 000小时的省份仅有7个，分别是宁夏、江苏、陕西、浙江、广西和广东。然而，欧洲的生物质发电项目的年等效满负荷运行小时数均高于7 000小时。从该数据看出，中国的生物质发电效率和技术水平与欧洲的差距较为明显，生物质发电产业升级改造刻不容缓。生物质发电产业未来的发展，主要依托热电联产改造来提升系统效率，提高生物质发电的技术经济性，以达到可持续绿色发展。

根据国家能源局发布的《生物质能"十三五"规划》，预计到2020年，生物质能基本实现商业化和规模化利用。生物质能年利用量约 5 800 万吨标准煤。生物质发电总装机容量达到 1 500 万千瓦,年发电量 900 亿千瓦时。与 2016 年已有的生物质发电装机容量 1 214 万千瓦相比,仍然还有 23.56% 的增长空间(汪新民、丁会,2015)。

3.3 我国生物质发电项目现有问题及其对策

在政府政策的大力支持下,我国生物质发电产业正处于蓬勃的发展时期。但是,在实际的发展过程中,由于之前快速发展中有许多问题没能受到重视,生物质发电产业也面临着较多待解决的问题与挑战。因此,本节将从我国生物质发电项目现有问题出发,对面临的问题进行深入的分析,最后提供相应的对策。

3.3.1 我国生物质发电项目现存问题

(1)原料与运输问题

在生物质能发电的过程中,需要大量的生物质原料。根据 Zhang 和 Zhou 等的全生命周期以及 Janet Nagel 的分析表明,原料成本占生物质发电公司运营成本的绝大部分,对生物质能发电厂的经济影响最大。因此,生物质发电厂选址时必须考虑合适的供应链设计,以降低生物质原料获取和运输所涉及的燃料成本,这对于降低生物质发电的成本至关重要。在我国,原料收集与运输也是生物质发电行业发展所要解决的两大重要问题。首先,由于目前我国对于生物质能发电的原料还未形成固定的产业链,且我国对农林生物质资源没有稳定的价格体系支撑,从而导致我国生物质发电的原料没有稳定的保证。同时,生物质电厂主要原料是农作物秸秆等资源,农作物具有季节性,而农忙季节只占一年中极少的时间,这是导致生物质原料供应不稳定的主要因素。观察近些年的历史数据,可看出生物质原料的价格在不断攀升(翟明岭等,2016)。

无锡 2011 年的秸秆收购价格达到了 450~480 元/吨[①]。其他省份的生物质资源价格也在逐年增长,比如四川双流地区秸秆到厂价格从 2003 年的 100 元/吨涨到 2011 年的 380 元/吨[②]。

　　然而,除了原料本身的问题,由于供应原料而产生的物流费用(包含运输、包装与搬运费用)也成为一大难题。例如,在生物质电厂及原料密集的苏北地区,生物质燃料资源充足,农户愿意无偿转让给电厂,但是收集、转运费等成本高昂是电厂面临的一个主要问题。由于原料的运输会产生装卸、搬运和包装等活动,因此燃料供应的主要成本并非燃料本身的成本而在于燃料供应产生的物流费用。同时,由于我国农林生物质资源分布分散(胡婕等,2015),从而导致很多的由于布局不合理的生物质发电厂的原料短缺问题十分的严峻。这也导致这些生物质发电厂不得不扩大自己原料的收集半径,来满足自身对原料的需求。因此,根据 2009 年江苏省能源研究会公布的数据,目前我国的平均收购半径为 100 km,远远高出了生物质能发达国家的平均距离。由于距离长且大多数的生物质原料处于农村偏远地区,道路运输十分的不便。因此,较高的运输成本也大大提高了生物质电厂的原料成本。

　　(2) 运营维护成本问题

　　由于我国生物质发电在研究、试验阶段没能积累足够的技术支持和项目运营经验,还属于新兴产业,这也导致我国生物质发电项目在发展过程中面临着生产技术不发达,生产效率低,原料需求大,所需运输车辆以及工作人员较多,维护成本高等问题。这也给生物质发电企业带来了严重的运营的问题,目前我国生物质发电的平均运营成本和国外的生物质电厂的平均水平相比有着较大差距,具体见表 3.4。

---

　　① 资料来源:王琴. 2011-11-10. 我市大力破解秸秆"综合利用之困". 无锡日报.
　　② 资料来源:房欣. 2011-5-20. 回收秸秆造地板　生产成本和运输压力大"秸秆大王"已停收?天府早报.

表3.4　国内外生物质电厂上料系统主要差异

项目	燃料供应	设备选型	自动化程度	电厂效益
国内电厂	来源多样,黄色、灰色秸秆混烧,质量不保证	通用型,基本上要针对几种燃料	不高	情况一般或仅能维持,部分亏损
国外电厂	单一燃料,不混烧,质量稳定、可靠	特定性,只适应某种燃料,关键设备做实验	很高	效率高、经济效益好

资料来源:李济川(2010)。

首先,我国生物质发电项目的大量设备需要进口。因此,初期即需要大笔的资金投入,由于先进技术的保护,有些从国外进口的机器设备并不是行业最先进的。同时,由于没有真正掌握后期相关设备的维护方式以及没有自己的维修渠道,从而导致生物质发电设备购买难,且维护费用高的状况。而且,在我国国家电网并不提供上网的电路铺设工作。因此,生物质发电上网的输变电线路尤其是边缘的输电项目均是发电公司自己建设的,运营中线路出现问题也需要发电公司花钱请电网企业维修。而火力发电项目则是电网企业建设和维护输变电线路。这些成本对于本来就利润不高的生物质发电行业来说也是不小的负担,再加上火力发电的竞争优势,生物质发电的项目投资更显得没有吸引力。

（3）工艺技术问题

目前,我国生物质能发电的主要障碍是生物质能原料供应不足和技术落后。中国的生物质能技术远远落后于技术和设备的进口国。由于缺乏生物质材料供应而造成的拖延使这种情况更加严重。这两个问题共同阻碍了中国生物质能产业的发展。

我国的生物质发电项目相对于国外开始的时间较晚,因此在发展过程中对于技术工艺的沉淀不足,从而导致当前我国的生物质发电产业还存在着一定程度的工艺技术缺陷。不仅仅在生物质发电机上的生物质能转化率远远低于国外先进水平,而且在实际的作业过程中,由于没有经验的积累,作业效率低下。正是由于生物质发电项目的自身用电率过高造成生物质发电项目的实际效率不高,减排效用并不能达到目标水平,从而导致生物质发电的优势并不能有效发挥。如:装机容量为 30 MW 的国能单县生物质发电项目是我国首个建成投产的生物质发电项目,项目总投资为 3.4 亿元,单位投资约为 11 000 元/kW。同等规模的项目单位装机容量投资约为 10 000 元/kW。而传统形式的发电项目单位投资成本中,火电约为 4 000 元/kW,水电约为 5 000 元/kW。同传统电力项目相比,生物质发电的单位投资高出了 1 倍左右。

(4)财税融资问题

根据《中华人民共和国可再生能源法》第 26 条规定:"国家对列入可再生能源产业发展指导目录的项目给予税收优惠。"但是,就目前我国的生物质发电项目现实情况而言,大多数的生物质发电项目享受不到任何税收优惠。这是由于可再生能源法颁布之后,中国尚未颁布任何有关可再生能源税收优惠的实施细则或条例。因此,地方政府部门,无论是省级还是市级,都没有实施当地生物质发电项目的具体措施。此外,按照《财政部国家税务总局关于部分资源综合利用及其他产品增值税政策问题的通知》(2001 年 12 月 1 日财税[2001]198 号)(后简称《通知》)的规定,对于我国资源综合利用项目增值税,实行即征即退政策,如利用城市生活垃圾和工业废物发电。虽然生物质发电主要是基于使用农村农业废弃物发电,这与城市固体废物发电非常相似。但是,由于《通知》缺乏对生物质发电的优惠规定,税务机关无法对使用农村农业废弃物的生物质发电项目给予优惠待遇。此外,由于生物质发电企业的大部分原材料来自农民或个体运输商,他们无法获得增值税发票,企业也无法获得增值税抵扣。这变相加剧了企业的缴税负担。实际增值税率已经高于传统能源发电企业。我国的税收政策不仅不倾向于生物质发电项目,而是收取比化石能源发电更多的税收,这违背了国家大力发展可再生能源产业政策的初衷。

根据《中华人民共和国可再生能源法》第 25 条规定:"金融机构可以对列入国家可再生能源产业发展指导目录、符合信贷条件的可再生能源开发利用项目提供有财政贴息的优惠贷款。"然而,现实中我国的大多数生物质发电项目目前未享受到任何贷款利息优惠。这是因为,按照本条规定,允许新能源项目的融资贷款有两个条件:一是开展的项目需要纳入国家可再生能源产业发展指导目录;第二,可再生能源项目正在进行中。与此同时,2005 年国家发展和改革委员会发布了《可再生能源产业发展指导目录》,符合可再生能源产业指导目录和允许贷款的相应条件就可以获得贷款。从理论上讲,只要满足上述两个条件的可再生能源项目,金融机构就应该给予金融贴息贷款。但到目前为止,国内省级或地方政府尚未针对可再生能源项目的贷款特许权采取具体措施。这也致使国家所颁布的财政贴息贷款政策变成了包括生物质发电企业的"镜中花,水中月"。

生物质发电项目的融资渠道相对于风力发电行业、太阳能发电行业也较为匮乏。主要原因是清洁发展机制(CDM)无法有效打开可再生能源项目的主要融资渠道。国内 CDM 项目主要用于较为成熟的项目,具体来说主要是用于风电行业,这是因为其交易量需要根据项目的实际发电量来确定。对项目进行检测,相比于风力发电项目,生物质发电的具体操作要复杂得多,这就意味着要有很多监测点,即生物质发电项目的融资相比于风力发电项目需要投入更多的监测成本,自然一下使得生物质发电项目的融资渠道变窄了很多。

(5)相关政策缺失

近年来,由于经济增长所造成的环境污染问题日益凸显。新能源与传统能源的替代关系成了社会各界关注的热点问题。为了减少环境污染、降低碳排放,实现可持续、绿色的发展,各国政府还出台了促进新能源,加速能源转型,促进经济转型和发展的政策。作为一种重要的新能源,中国近期也引入了生物质能相关政策的提案。但是,由于中国相对较晚引入生物质能相关配套政策,因此导致目前我国生物质发电产业的相关配套优惠政策以及监督政策很少,仍然处于进一步完善的状态。2007 年,中国政府第一个专门针对生物质能产业的发展规划由农业部编制而成,即《农业生物质能产业发展规划(2007—2015 年)》。直到 2012 年,特别针对的生物质能发展规划(《生物质能发展"十二五"规划》)才出台。《生物质能发展"十三五"规划》于 2016 年出台。在财政和税收政策方面,中国主要采用增值税优惠待遇,企业享受所得税减免,财税支持和投资信贷政策支持,如《国家税务总局关于生物柴油征收消费税问题的批复》《中华人民共和国企业所得税法实施条例》等。在补贴政策方面,中国主要采用专项资金进行开发,生物质能产品补贴和生物质原料补贴,如《可再生能源发电价格和费用分摊管理试行办法》《可再生能源发展专项资金管理暂行办法》《关于完善农林生物质发电价格政策的通知》等。

就目前的国内法律法规而言,除相关行业或经济领域外,还提到了生物质能源产业政策,如 2005 年发布的《中华人民共和国可再生能源法》和 2008 年发布的《中华人民共和国循环经济促进法》。但我国至今还没有形成专门针对生物质能产业发展的法律法规,如《中华人民共和国可再生能源法》规定,农林剩余物生物质发电应该尽快享受财政税收等优惠政策,但是相关的具体政策仍未全部出台。同时,我国示范项目从立项、建设、发电上网,到验收,没有专门的管理监督政策。现有的国家生物质发电示范项目运营状况也是时好时坏,总体亏损。在此之前的国家 863 环保示范项目、江苏兴化中科生物质能发电项目早已关闭。这些示范项目缺乏有效监督。更有甚者,个别项目平时停运,当有人前去参观时,才开动机器。

(6)上网电价与补贴问题

由于近年来国内电力行业效率整体下降,以及煤炭和石油成本上升,近年来中国的煤电价格也有所上涨。相比之下,近年来生物质发电的价格没有太多波动。目前,国内生物质发电价格仍按照《可再生能源发电价格和费用分摊管理试行办法》(发改价格(2006)7 号)的规定执行。生物质发电电价的标准:基本净电价 0.386 元/千瓦时(2005 年当地脱硫单位基准含税电价)+可再生能源价格补贴 0.25 元/千瓦时+可再生能源网络连接费 0.01 元/千瓦时=0.646 元/千瓦时(苏价工[2007]115 号)。缴纳税后,实际电价为 0.552 元/千瓦时,实际补贴为 0.22 元/千瓦时。面对成本上升,生物质发电项目产生的实际利润不断受到压缩,项目盈利空间越来越小。此外,生物质发电项目目前使用的补贴仍然是根据 2015 年电价基准确定的,即每千瓦时电费补贴 0.25 元,并且在 2016 年到 2018 年的三年期间没有变化。面对生物质发电项目电价未发生任何变动,而成本随着物价、人力资源成本的上涨不断攀升的情况下,仍然采用不变的补贴政策,明显会给生物质发电的整个行业带来严重的经济损失。

3.3.2　我国生物质发电项目现存问题溯源

在我国,生物质发电的成本远高于传统火电和水电的发电成本。根据图 3.4,我们将生物质发电成本相对于国外领先水平较高的原因分为以下两点:

中国生物质发电产业的空间布局与支持政策研究

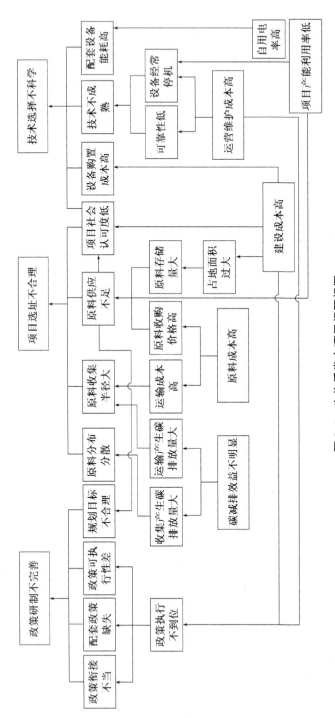

图 3.4 生物质发电项目问题根源

资料来源：阎浩（2014）。

首先,从企业的角度讲,问题的根源主要在于项目选址的不合理和技术选择的决策不科学;其次,从政府角度来说,存在的主要问题就是政策研究和制定体系不完善。

(1) 项目选址不合理

如表 3.3 所示,我国生物质发电项目存在布点过密的现象,致使出现资源获取困难、盈利空间缩小、资源价格快速上涨等许多问题。国能单县生物质发电厂的周边有 4 家同类电厂,宿迁方圆 100 公里内共有宿迁凯迪、中节能、国信泗阳、沭阳光大、嘉豪泗洪共 5 家秸秆发电厂。扬州市至少有 7 家非发电企业需要大量的秸秆资源,其中仪征市鼎盛炭业有限公司年秸秆需求量就达到 15 万吨。由于企业在项目选址过程中未考虑其他项目的情况,导致原料价格上涨,从而形成了原料供应不足、收集半径扩大、原料存储需求高和项目产能利用率较低等一系列问题。

与此同时,一些项目在选址时未考虑其社会认可度,导致在建设过程中出现一些事先无法预料的社会问题,从而提高了项目的建设成本。部分地区农民出售秸秆的积极性不高,也会降低原料的供应能力,提高原料价格,从而使得原料成本过高。

(2) 技术选择决策不科学

由于生物质发电项目在技术选择中所做的决策不科学,所选技术需要的设备成本过高,从而增加了建设成本。并且生物质发电技术在我国的准备也不够充分,在生物质发电项目准备阶段,我国的研究主要集中于小型生物质气化发电技术,对于大型的生物质直燃发电技术的研发较少。而生物质发电项目在中国快速发展的过程中,所采用的技术大多是 20 MW 以上的生物质秸秆直燃发电技术或者与煤混燃发电技术,一般采用的项目规模有 15 MW、20 MW、24 MW 和 30 MW。同时,由于所选技术不成熟、可靠性低、停机检修频繁,使得项目的运营维护成本增加,还造成了项目的产能利用率降低。由于所选生物质发电技术所需要的配套设备较多并且配套设备的能耗较高,从而使得项目的自身用电率较高,降低了项目实际发电的效率。与此同时,由于所选技术在某一地区的社会认可度低,会增加项目在建设过程中受到的阻碍,从而提高项目的建设成本。

（3）政策体系不完善

生物质发电项目相关政策从制定到执行都存在着一定的问题，主要包括政策制定过程不科学、政策缺失、政策执行不到位、后续具体实施细则出台的速度缓慢。生物质发电相关政策在制定过程中不能做到广泛接受社会专业人士的意见和建议，一些政策过于粗糙，并且没有可行性强的配套政策的支持，因而使得政策的效力大打折扣。在对生物质能的扶植政策执行的过程中，高效而又职责明确的可再生能源主管机构是实现生物质能发电项目度过艰难初期的重要支持力量。根据《中华人民共和国可再生能源法》第 5 条第 3 款明确规定"县级以上地方人民政府管理能源工作的部门负责本行政区域内可再生能源开发利用的管理工作"，但是我国很多地区的体制改革相比于中央，往往相对滞后，根据《中华人民共和国可再生能源法》第 7、8 条明确要求国务院会同省、自治区、直辖市人民政府确定各行政区域可再生能源开发利用中长期目标，并依据中长期目标编制本行政区域的可再生能源开发利用规划，国家在 2008 年 3 月也出台了《可再生能源"十一五"规划》，对主要的可再生能源开发利用项目在"十一五"期间的发展做了详细规划。但是省级及以下的能源主管部门却没有出台针对本地区的具体规划或者未向社会公开该规划。这导致了虽然国家已经出台了相关的政策，可是当地的政府并没有相关的规划以及法令出台，更没有相关的部门来负责落实，致使当地的生物质发电项目并没有很好地享受到国家对生物质发电项目的财政优惠政策。例如，江苏省就有发展改革委员会与经济贸易委员会两个机构对能源具有管理职权。生物质发电项目审批及运营过程中涉及众多的审批部门，并且没有固定的审批期限，很大程度上就是由于没有一个统一的可再生能源主管机构。由于监管体系不完善，同时没有专门的部门进行协调，使得政策的执行不到位，这些均严重影响了我国生物质发电项目的实际效益。

3.3.3 我国生物质发电项目发展的对策建议

通过以上分析，了解我国的生物质发电产业问题后，除去由于自然客观因素所导致的资源分布不均匀、供需关系不匹配等不可抗力因素外，我们可以着重考虑另外 3 个方面以解决生物质发电企业的高成本问题。

（1）加强对生物质发电项目的规划

政府和企业都要加强生物质发电项目的规划工作。

① 全面地评估发电绩效

一般电厂的秸秆消耗量约 20 万吨/年,若按 365 天/年,即平均需求 550 吨/天。从田间地头到临时收购点只能用小三或四轮,运秸秆 1.5 吨/车(往返路程平均 10 km,7 L/100 km),需 367 车次/天;从临时收购点到电厂的卡车可运 5 吨/车,需 110 车次/天(往返路程平均 100 km,25 L/100 km);秸秆运输所需柴油超过 100 万 L/年。秸秆粉碎、包装和转运以及厂内生产等特殊设备和操作也需要大量的能源消耗。如果将秸秆大规模转化为电力,将不可避免地加剧农村能源的非理性现象(李晓明,2008)。不仅如此,针对关于生物质发电的综合效益存在的问题,还引发了一场激烈的辩论(李晓明,2010;朱万斌,2010;石元春,2010;倪维斗,2010)。

事实上,对发电效率的综合评估应包括国家的财政补贴和税收激励,生产过程中的能源消耗和碳排放及其生产效益,社会和环境对农民收入的影响,农村能源结构和关税补贴。

② 认真总结经验和教训

自第一批国家级示范建成,生物质发电项目建设大规模地涌现,但并网发电以来各项目损失严重,却从无经验和教训的总结。示范项目从立项、建设、发电上网,到验收,没有专门的管理方法。针对示范项目遇到的问题,未及时采取有效措施(李志军,2008)。

针对此观点,应该借鉴国外的一些做法。美国在 1979 年开始进行区域生物质能源开发的试验,1991 年才提出了生物质发电计划;在《生物质中长期纲要计划(2010.11 版)》中不仅提出了未来生物质发电的绩效目标,而且提出了要实现目标的特殊技术路线,还将开启先进的 10 MW(2015 年)、20 MW(2016 年)规模发电的试验,并验证 GHG 减排效果。加拿大在 2007 年就已限制大规模秸秆发电项目,而多伦多、不列颠哥伦比亚等省转而支持 10 MW 以下规模项目。

③ 重新论证发展目标

对于农林废弃物的发电,如果"十一五"目标没有完成,那么是否可以完成装机容量为 8 000 兆瓦的"十二五"目标是值得怀疑的。这一目标意味着在"十二五"期间,如果每个发电厂的装机容量为 24～30 兆瓦,新增容量约为 5 500 兆瓦,或增加 183 至 230 个新发电厂("十一五"期间约 90 个发电厂正在运行)。在原材料价格每年增长和行业整体亏损的情况下,有多少公司敢于投资生物质发电项目? 建议重新审视生物质发电"十二五"发展规划,减少其战略目标的具体任务。

(2)强化政策研究和落实

① 强化政策研究

现有的生物质发电政策存在一些问题,比如,2008 年 9 月,环保部等三个部门《关于进一步加强生物质发电项目环境影响评价管理工作的通知》要求装机规模不低于 12 MW,而国家发展改革委员会于 2010 年 8 月在《关于生物质发电项目建设管理的通知》则要求不能高于 30 MW;按照《增值税暂行条例实施细则》,秸秆收购的增值税抵免无法操作:如果是中间商送到收购站,企业则不仅不能享受 13％的抵扣,且需另外填写或取得小规模纳税人发票,原料成本增加 4％;在《国家先进污染治理技术示范名录》的 2007 年"名录"中,补贴的是"中温中压锅炉的秸秆发电技术",而"高温高压"才是高效燃烧的国际主流技术(李志军,2008);新能源电价的补贴制度亟须完善。目前,我国以及开始实施对新能源电力进行并网的补贴定价政策,同时还起草了对于新能源强制比率以及电力绿证的相关措施来促进新能源企业的发展。根据幼稚企业保护理论,一项新兴产业前期需要得到更多的支持与帮助。因此,政府可根据生物质发电产业的实际情况,对生物质能发电确立合理的补贴额度,帮助企业渡过初始期从而实现生物质能发电产业的可持续发展。同时,在制定政策时,政府应该充分论证和征求意见,厘清政策作用的范围和时间,考虑不同政策之间的衔接关系,认真评估政策的可能后果。

② 严格地执行相关规定

2006 年 1 月,国家发展和改革委员会在《可再生能源发电管理条例》中要求项目建设应"合理布局",发电企业要"认真做好设计准备工作,土地利用,水资源,环境保护等"。从实际的角度来看,有更多的重复建设和强制实施的项目,并且有增长的趋势。江苏盐城还计划在未来五年内在每个县建立一座秸秆发电厂(刘华东,2010),山东也有这样的计划(孙秀红,2010)。由于国家面临"巨大"压力,一些小火电厂已经转变为直燃或混烧发电(李攻,2010)。例如,涿鹿华达生物热电项目的装机容量为 2×25 MW(常世荣,2009),粤电湛江生物质发电项目的装机容量为 4×50 MW(梁盛和肖子力,2010)。2012 年3 月,广东省发展和改革委员会批准了 2×30 MW 韶关生物质发电项目。

全球第三大也是国内最大的江苏兴化中科生物质发电项目(5 MW)在不到一年的时间内倒闭了(杭春燕,2007),这一教训应该引起我们的高度重视。因此,我们要严格执行现有政策:从企业角度,要切实、认真做好原料资源的调研工作,充分估计其供应困难和价格变化,科学论证项目可行性,按照《秸秆发电厂设计规范》建设项目;从政府角度,应严格审批项目,限制装机规模。

(3) 大力提高农民销售原料的积极性

① 完全禁止燃烧稻草

由于秸秆的使用多样化以及全国各地秸秆的综合利用,相关公司对秸秆原料的"抢劫"变得更加激烈。据估计,中国每年直接秸秆焚烧量约为 2.54 亿吨,燃烧秸秆每年二氧化碳排放量达 3.55~38,100 吨,二氧化硫 355 万吨,颗粒物 254 万吨。据估计,秸秆焚烧产生的颗粒物(PM)占该国颗粒物排放总量的 11.5%。秸秆焚烧已成为中国大气污染源不可忽视的因素之一(周德群,2010)。禁止在露天焚烧秸秆,既减少了环境污染,又明显增加了秸秆的供应。

完全禁止燃烧秸秆是可行的。从 2009 年 5 月 27 日至 7 月 8 日国家有关部门监测的 27 天,江苏省未发现秸秆焚烧 17 天。秸秆禁令的最佳实现地区是宿迁(0 点),其次是镇江(10 点)和淮安(36 点)。

许多地方政府为禁止燃烧秸秆投入了大量的人力和资金,但仍需要长期投资,不能掉以轻心。我们将继续利用各种宣传媒体宣传秸秆露天焚烧造成的污染,对田地的危害,对人民生活的不利影响,以提高农民禁止秸秆焚烧的意识(周德群,2010)。

当然,秸秆禁令还必须考虑到农民的利益,仅靠惩罚措施是行不通的。由于秸秆焚烧的秸秆灰有利于耕地的松散,钾含量增加,病虫害减少。这样,一亩土地的成本减少了二十或三十美元。

② 加强与农民和经纪人的合作

电厂采购模式是影响农民销售秸秆等原材料的热情的关键因素。目前，存在诸如"运送到厂""上门收购""帮助收割""预先买断"等模式，但各种模式利弊共存。

生物质发电的特点是"小型发电厂和大型燃料"。生物质发电厂每年需要一定数量的经纪人来完成大量的秸秆采购任务。经纪人还与其他需要扩大秸秆规模的公司合作，这意味着每个地区需要燃料的公司不仅仅是生物质发电厂。随着对秸秆的需求持续增长，经纪人的队伍继续增长。一些经纪人否认欺凌农民的行为（秸秆定量较低，购买时质量评级较低），欺骗公司（混合秸秆水、粘土、石头和其他杂质）。这不仅会挫伤农民出售原料的积极性，还会影响原料的充分燃烧甚至损坏设备。

企业应选择适当的物料采集模式，通过正常交易、设备提供、参股、持股等方式加强与经纪人的合作，并通过合同和供应商管理实践加强对经纪人的激励，以确保电厂材料供应。此外，有条件的企业还可以利用荒地种植能源植物，逐步改善秸秆来源单一的状况。

③ 加大生物质发电项目的宣传力度

根据《中华人民共和国可再生能源法》第 12 条第 2 款，国务院教育行政部门应将可再生能源知识和技术纳入普通教育和职业教育课程。有关教育单位和新闻媒体应充分整合可再生能源的种类、形式、经济和环境效益的基本知识，培养公众环保意识，使公众了解和自觉支持可再生能源的开发和利用，从而积极推动新能源产业的发展向前进。通过生物质发电项目的原则设置，可以产生经济效益，以及给当地居民带来的环境效益，使生物质发电项目成为当地社会和文化所接受并得到当地人民认可的民生项目。

④ 扩大投资补贴

作为一个新兴产业，生物质发电产业离不开政府在发展初期的强大资金支持。没有政府的财政支持，完全依靠企业或分散的民间资本来发展这样一个清洁、环保、高成本的产业，必然会挫伤投资者的积极性，导致行业萎缩。目前，生物质发电企业不享受税收和贷款优惠，反映出国家对可再生能源开发利用的资金支持明显不足。此外，除参与国外 CDM 项目外，生物质发电项目目前几乎没有其他融资方式,单一融资渠道也限制了行业的发展。

然而,同属可再生能源,生物质发电相比受资本市场热捧的风电、光伏发电等产业,仍有些落寞。这与生物质能兼具技术密集型和劳动密集型等特点密切相关。生物质发电为实现规模经济,一般初始投资较大(通常3亿元起),需要一定融资能力;而投产后燃料收集、运输及储运等成本,也需占用大量流动资金,且有一定波动性;再加上相对较高的运维成本,生物质发电普遍投资回报率较低。疏通资金关的关键就在于广开渠道"引水入田",努力形成以政府为引导、企业投入为主体、金融为支撑和社会融资相结合的投资新体系。人类对能源利用的演变过程与应用成本密切相关,与传统能源利用方式相比,新能源应用的前期投入还相当之高,需要进一步加大政府扶持力度,不断降低企业开发新能源项目的总成本。如何破解"降成本"问题的关键是需要将生物质直燃发电带来的环境效益考虑进来,生物质能开发利用会产生两种效益:环境效益和经济效益。应将产生环境效益的利用成本从总成本中剔除,由政府承担,通过政策补贴等方式返还给农民或企业,实现环境收益由全体民众共享;另一部分真正产生燃料经济价值的成本由企业承担,同时由企业享受经济收益。应充分发挥社会资本的作用,充分用好绿色信贷、绿色直接融资等投融资工具,鼓励各类金融资金和社会资本向有前景的优质生物质直燃发电项目进行投资,促进生物质直燃发电实现规模化和产业化运营。作为企业本身,也不能坐享其成,不能光靠等机会、要补贴、要扶持,患上政策依赖症,有条件的企业应主动探索,通过新三板、IPO、发债等方式解决资金问题。同时,还要进一步总结生物质经济的模式及特点,不断完善生物质产业发展的商业模式和技术路线,实时引入政府购买服务、BOT、PPP等多种生物质产业发展的商业模式。而建立碳排放交易市场,形成科学的碳交易价格机制,也有助于减轻生物质发电企业的经营压力。

⑤ 加强技术创新管理

1) 整合科研资源

技术是生产力,创新是企业发展的动力之源。从国际上看,生物质发电已经作为一项成熟技术得到大力推广应用。与欧美等农业发达国家相比,我国生物质能技术的研发能力总体还比较落后,正处于发展阶段。目前,国内生物质发电的技术设备有待升级,多数还依赖进口,影响了整个产业的发展。同时,从整体上来说,中国生物质发电技术力量比较薄弱,企业或机构的研究规模和投入的资源也都相对较小,一些研究成果的作用也比较小。在资助的科研项目中,有一些重复现象,这种重复包括同类基金与不同类基金之间的项目。比如,科技型中小企业技术创新基金立项项目中,流化床和锅炉有 19 项、燃料输送有 5 项、打捆机有 2 项[①];从 2007 年到 2011 年的 120 个发明专利和实用型专利中,有 42 个属于进料系统,8 个与破碎机有关,4 个与锅炉有关[②]。应该进一步加大科研投入,鼓励研究机构、企业整合现有技术资源联合攻关。

当前,我国燃烧生物质主要用来发电,而国外通过余热回收实现热电联产,取得了较好的经济效益。一般热电联产的热效率可达 75％以上,比起单纯生物质燃烧发电 30％~50％的热效率要高不少。挖掘我国生物质发电潜力的必经之路,就是要通过技术创新,提升生物质发电技术水平,提高发电效率,尤其应当鼓励生物质热电联产技术发展。而当前我国针对生物质直燃发电的引导政策,主要集中在发电侧的激励,缺乏对生物质供热的鼓励政策,使得生物质直燃发电产业的资源、经济、生态和社会等综合效益未能充分显现。如果实现生物质热电联产,则能源转化效率将比生物质直燃发电提升近一倍。因此,应鼓励生物质热电联产应用,力争在现有生物质直燃发电项目的基础上,采取就近利用原则,向有供热需求的城镇居民住宅、工业生产企业以及公共建筑等区域提供生活生产用能,实现能源高效清洁化利用。

因此,我国需要尽快成立生物质发电项目的国家级研发中心。目前,这类的研发中心分为两大类:一类是由国家科技部主管的"国家工程技术研究中心"(141 个)[③];另一类是由国家发改委主管的"国家工程研究中心"(127 个)。成立这些"中心"的目的是加强相关产业的技术创新和推广应用,但这些中心没有涵盖生物质发电的研发。

2)加强对示范项目的管理

2012 年上半年国家发改委批准 20 个生物质发电项目。到 2015 年,四川

---

① 资料来源:根据 www.innofund.gov.cn 统计。

② 资料来源:根据 http://www.sipo.gov.cn/zljs/统计。

③ 资料来源:http://www.cnerc.gov.cn/aboutus/development.aspx。

省计划在农林作物丰富地区规划布局 27 座,总装机容量为 820 MW 的秸秆发电项目。这表明,生物质发电项目新一轮的大规模建设即将启动。

从现有的国家生物质发电示范项目来看,山东单县生物质发电项目(1×25 MW)、河北晋州生物质发电项目(1×25 MW)、江苏如东生物质发电项目(1×25 MW),这些项目运营状况时好时坏,总体亏损。在此之前的国家 863 环保示范项目,江苏兴化中科生物质能发电项目早已关闭。根据前述,这些示范项目缺乏管理。示范项目不能起到好的示范作用。

⑥ 结合地理特征培育新增长点

我国生物质资源相当丰富,而结合各地区的地理特征培育新的生物质发电项目是实现生物质资源的重要保障。其中我国的广东等华南地区地处亚热带,光照与水分相当充足,有利于植物生长。每年生成的包括腐败凋谢、植物与农作物废弃物、林业采伐和加工的残余副产品等可利用的生物质资源量达 7 000 余万吨,按 10%～15% 的利用率,每年能实现利用的量也有 1 000 万吨左右,按照 30% 的能源转化率计算,可实现替代标煤 300 万吨左右。华南地区生不仅仅物质资源非常丰富,而且在华南地区开展生物质直燃发电具有较好的支撑条件。从需求侧来看,华南地区社会经济发展迅速,用能用电消耗持续刚性增长。2016 年一季度,南方电网经营区域内的华南五省全社会用电量高达 2 097 亿千瓦时,同比增长 3.7%,较全国用电量增速高出 0.5 个百分点。即便是在经济下行压力增大的 2015 年,广东全省的能源消费总量也达到了 30 145.49 万吨标准煤,同比增长 1.9%。华南地区全社会的用电、用能及用热需求仍将保持刚性增长,在非水可再生能源 15% 发电配额的约束目标下,将极大激发生物质直燃发电的需求空间。此外,秉持绿色发展理念、服务华南地区电力输送的南方电网,一直严格贯彻落实国家可再生能源并网相关政策,积极做出各项并网工程,可以为规划范围内的各类可再生能源发电全额收购和全额上网提供强有力保障。考虑到生物质资源分布具有地域性、分散性和资源储量的有限性等特征,在华南地区发展生物质直燃发电,需根据生物质的固有属性对其进行适度化、集中化、规模化的开发利用,做到布局要合理,管理要有效,发展要有序。

第四章 生物质发电产业布局现状分析

　　生物质发电产业的布局是指生物质发电产业根据原材料的分布来配置生物质发电产业,即可用于生物质发电行业的各个部门和生产项目的动态组合和布局(陈娟和王雅鹏,2013)。物质资源的空间布局可以直接决定相同数量的物质资源可以产生的使用价值量,还可以确定能够在多大程度上满足人们日益增长的物质和文化需求。空间布局合理,会使用少量的物质资源来满足人们的物质需求,资源利用效率高;相反,资源的利用效率相对较低。

　　物质资源的合理空间分布不仅受资源的自然分布、生态环境的影响,还受到不同地区经济社会发展条件的影响(如经济发展水平、运输条件、经济地点、劳务就业、综合生产能力),它通常包括从区域到站点的多个不同级别的选择。由于各行业的增长规律不同,影响它们的主要因素也大不相同(陈娟,2012)。一方面,生物质发电产业主要受自然资源和土地资源等自然因素的影响;另一方面,它也受到一个地区的经济活力、资本和技术方面的影响。因此,有必要考虑将生物质发电厂址放置在自然资源和土地资源丰富的地区,并且还要考虑当地的交通运输能力、经济水平和其他社会生产力水平。本文在分析影响我国生物质发电产业空间布局的因素的基础上,阐述了生物质发电产业空间布局的意义、原则和区域分布,并进一步细化影响因素,从微观层面确定生物质发电企业最优选的位置。

4.1　生物质发电产业合理布局的意义

　　首先,有利于合理配置资源,提高资源利用效率。农村能源的开发利用涉及很多方面,在同一地区不同项目之间的统一规划有利于提高资源利用效率,避免资源浪费。农村生物质发电产业的合理布局有利于准确把握资源状况和区域发展目标,减少对其他产业布局的冲击和影响。合理分配资源将最有效地集中利用当地农业自然资源和社会经济资源。

第二,有利于解决原料供应问题。一直以来,中国生物质发电产业的发展主要受限于原料供应短缺、生物质资源收集困难、原料资源薄弱。原材料供应在很大程度上决定了生物质能源产业的发展规模。通过产业发展的规划和布局,一方面可以适应当地条件,培育优势,避免弱点,优先发展原材料充足的企业和地区;另一方面,可以适度控制规模并确保生物质发电工业的发展。"不与粮争地,不与人争粮"在此前提下,应用综合利用技术,提高原料供应和支持。

第三,它可以有效避免原料竞争公司竞争原料造成的成本上升。农村生物质除了用作能源开发和利用的原料外,还有其他替代用途。因此,当作物秸秆的能源化生产和饲料生产企业的生产之间的原料竞争没有得到充分考虑时,盲目投资生物质发电的生产经营必然会提高原材料价格,导致各类企业的原材料成本增加,这对于一直饱受非议的生物质能源行业,更是在无形之中增加了成本压力。即使是资源利用,如果没有计划,也可能存在行业内原材料的竞争。例如,生物质发电和生物质固态成型燃料企业可以使用稻草作为原料,资源之争不可避免,稻草的成本进一步上升,企业都很难盈利。

4.2　生物质发电产业布局的基本原则

4.2.1　生物质发电产业发展以不影响国家粮食安全为前提条件

根据中国的实际情况,中国生物质发电产业的发展应坚持"不与人争粮"和"不与地争粮"的原则。以非粮食作物为原料的生物质能源开发是在确保国家粮食和贸易安全的基础上进行的。此外,能源工厂的发展和资源基础的建立应以边际土地利用为基础,不能占用粮食和棉花等战略物资的生产用地;不与国家生态环境建设发生冲突,充分利用荒地、盐碱地、冬季休闲地等不适宜种植粮食或未充分利用的土地资源;避免能源作物和粮食或棉花作物竞争土地;在促进当地农业发展的同时,鼓励企业投资建立海外原料基地。

4.2.2 产业发展应考虑社会、经济和生态效益相统一

首先,生物质能的开发和利用是在缓解能源缺口的背景下提出的。因此,在布局中,首先要考虑工业发展的生态效益,并确保生物质发电产生的温室气体排放远低于生物质被用作他用所产生的温室气体排放。同时,有必要确保生物质发电中消耗的能量远远少于用于其他目的所消耗的生物质能量。其次,产业发展需要企业的推动,持续的利润是企业生存和发展的保证。因此,还需要充分考虑生物质发电企业的经济效益和区域发展的经济效益。此外,生物质能源开发利用过程中存在诸多环节,发展主体和受益体存在很大的不对称性和不确定性,需要尽最大可能解决农村剩余劳动力就业问题,增强当地农村经济发展,促进农业经济循环以及平衡其他一系列有待解决的社会问题。因此,从中国的实际情况出发,应优先发展和利用生物质能源产业,以帮助改善农村能源使用。生物质能源产业的发展有助于生态环境保护,它需要系统全面地平衡社会、经济和生态各方面的利益,这样才能真正成为一个节能环保的清洁能源产业。

4.2.3 生物质发电产业布局与农业、工业、交通等其他产业布局相结合

在规划时,要充分考虑其他行业的整体规划和布局,生物质发电厂应尽可能靠近原料基地布置。使工业生产企业靠近原材料,一方面可以减少原材料在储运过程中的浪费;另一方面,缩短生物质能源产品和副产品的运输距离和储存空间可以大大节省能源和成本,并提高生物质发电的价格优势。

4.2.4 因地制宜,根据生产导向选择最优生产区位

应优先选择具有更大资源禀赋优势的地区。生物质能源本身是环保和可再生的,但生产过程往往需要消耗一定量的能源和水资源,产生的废物也会污染环境。甚至从使用者的角度,增加使用生物质能源数量也不一定意味着减少温室气体排放。每种生物质能源的温室气体减排的能力取决于作物种植方

式及其转化为燃料的方式。为了保护我们已经变得非常脆弱的生态环境,地方政府在开发生物质能源的同时不能忽视对当地环境的影响,要系统、全周期地进行环境影响示范、评估、监测和预警,选择最佳的生产配置地点。将生物质生产过程与区域布局相匹配,以确保生物质能源和环境的协调和可持续发展。

发展大型集中式生物质发电厂,在商业计划中应首先考虑建立一个可靠的供应链,以保持恒定和可靠的原料供应(EFB,外壳和纤维),以及有效的能源转换过程。因此,大型集中式生物质发电厂的选址问题就显得极为重要,它是后期原料供应以及原料价格是否稳定的基本保障。同时,一个精心规划的生物质供应链能够限制资本的风险。其次,在我国发展大型集中式生物质发电厂还要考虑接通国家的电力供应,后期的接通线路的维护也要纳入生物质电厂考虑的范围。

4.3 中国生物质发电产业区域分布

4.3.1 中国生物质发电产业布局的主导方向

为了减少发电和供热过程中对传统煤炭能源的过度依赖,缓解相关的环境和健康问题,中国实施了一系列的监管政策。其中,我国的第一部有关于可再生能源的法令即是 2005 年颁布的《中华人民共和国可再生能源法》,其直接的目的是促进可再生能源的利用,以减少煤炭消耗和二氧化碳的排放。《中华人民共和国可再生能源法》中特别强调考虑可与之共同燃烧的纤维素生物质的生产以及消费过程中的发电用煤,以求切实做到节能减排的效果。2012年,中国又发布了《可再生能源发展"十二五"规划》报告。该报告确定了到2015 年实现非化石燃料占一次能源消费 11%、2020 年达到 15%的目标,再次强调了利用纤维素生物质发电是实现此项目标的重要途径。

纤维素生物质有农业来源,例如作物残基和多年生能源草,以及森林来源,例如森林残基和木质生物质。农作物秸秆主要包括玉米秸秆、麦秸和稻秆。鉴于作物残留物是作物生产的副产品,收集作物残留物不会与粮食作物争夺土地。因此,作物残留物的纤维素生物质生产对粮食价格产生负面影响的可能性很小。虽然不同的生物质原料的环保性能相差很大,但与煤相比,生物质原料对传统化石燃料的替代具有更大的环境效益潜力。同时,中国还是玉米、小麦和大米的主要生产国。2010年,中国生产了全球20%的玉米和小麦,以及26%的大米。因此,中国具有生产大量农作物秸秆的潜力,如果这些农作物秸秆得到合理利用,中国对煤炭作为主要能源的依赖有望减少。

生物质资源非常庞大,具有很大的发展潜力,随着国民经济的发展,这些潜力将在国家环境保护政策的指导下逐步释放(张兴然和徐相波,2011)。越来越多的生物质材料将为生物质发电产业提供原料,为生物质发电提供辽阔的发展空间。生物质资源相对于化石燃料如煤、石油和天然气来说,分布较分散。根据生物质资源的这一特征,在生物质资源相对集中的地区,根据资源量选择适当类型的生物质发电技术,建立相应规模的生物质发电厂,同时将产生的电力直接供应给附近的电力单元或集成到电网中,可以很大程度上节约能源,实现经济社会的可持续发展。该分布式电力系统技术投资小,贴近终端用户,可直接供电不受电网影响,操作方便可靠。

生物质能源是一种清洁能源,有助于国家环境发展和二氧化碳减排(王希,2010)。利用生物质发电技术,将生物质转化为电能,可以满足农村地区的电力需求,节约资源,改善农民生活环境,提高农民生活水平。利用生物质能燃烧或气化发电不仅解决了废物对环境的污染问题,而且解决了生产企业自身的电力用能问题。因此,生物质发电已成为生物质能源工业应用的重要方面。《可再生能源发展"十三五"规划》和《可再生能源中长期发展规划》提出:到2020年,生物质发电总装机容量将达到1 500万千瓦,其中农林生物质发电装机容量将达到700万千瓦,沼气发电量将达到50万千瓦(刘志彬,2015)。

生物质能源技术主要包括生物质成型燃料、生物质燃气、生物质发电、生物液体燃料和生物制氢生产技术(廖晓东,2015)。目前,世界上生物质能利用方法技术相对成熟,大规模开发利用主要包括生物质发电、生物液体燃料、沼气和生物质成型燃料。中国生物质能资源丰富,发展潜力巨大。目前,中国可转化为能源可利用的生物资源潜力约为5亿吨标准煤。随着造林面积的不断扩大,中国生物质资源转化为能源的潜力可达10亿吨标准煤,占中国总能耗的 28%。目前,我国生物质能技术的研发总体上与国际水平保持一致,在生物质发电、生物质气化和燃烧利用技术、垃圾发电等领域处于领先地位。但是,也存在生物质能源产业结构发展不均衡、生物质成型燃料缺乏核心技术、燃料乙醇关键技术需要进一步突破等问题。

4.3.2　中国生物质发电产业重点发展领域

本章根据中国主要农林生物质资源的可收集量,选择具有代表性的农林生物质资源,评估其发电潜力,并在资源限制下确定中国生物质发电产业的区域布局。我国生物质能源原料分布明显不均匀,主要分布于西南、中部和东南区域,如图 4.1 所示。其中,生物质原料分布最多的为广西、山西和陕西三个省。生物质资源包括农业、林业生产和生活过程中产生的所有生物质的量,生物质能源原料主要指能源作物、厨余垃圾、畜禽粪便和农业废弃物四种原料。

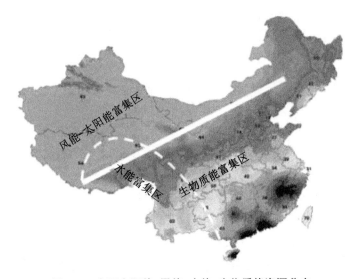

图 4.1　中国太阳能、风能、水能、生物质能资源分布

不像其他新能源产业,生物质发电分布区域大,生物质的产量也根据气候和土壤会有一些变化,因此生物质能源的潜力和当地的经济发展水平对于区域生物质能源的发展规划至关重要。以福建省为例,福建拥有的农业和森林资源潜力巨大,然而,生物能源的生产使用对于投资者、当地政府、生产者来说都是复杂的空间布局问题。当地政府和生物质能源生产者都需要一个切合实际的方法来实现空间布局的最优选择。

　　生物质能源一般包含水稻、小麦、玉米、豆类、薯类、油料作物(包括花生和芝麻)、棉花、纤维作物、糖类作物(包括甘蔗和甜菜)。Jiang 等(2012)根据农作物产量、作物残余物和作物总重量的比值(CRI)估算从 2000 年到 2009 年我国秸秆每年的潜力。每年作物的产量、对应的残余物和作物总重量的比值如表 4.1 所示。2009 年作物残余物约 806 900 万吨,过去十年间平均每年产生 716 000 万吨农作物残余物,其中三种主要的农作物玉米、小麦和水稻分别占 40.6%,24.2%和 15.7%。根据秸秆的产量和秸秆的可收获率,Jiang 等(2012)再次估算了秸秆可供生物质能源产业利用的量在 2009 年为 505 500 万吨,过去十年年平均可利用量为 451 300 万吨。

表 4.1　2009 年各类农作物潜力估算

农作物	产量(百万吨)	CRI	作物残余物(百万吨)	%
水稻	195.1	1.0	195.1	24.2
小麦	115.1	1.0	126.6	15.7
玉米	163.7	2.0	327.4	40.6
豆类	19.3	1.7	30.0	4.1
薯类	30.0	1.0	30.0	3.7
油料作物	31.5	2.0	63.1	7.8
棉花	6.4	3.0	19.1	2.4
纤维作物	0.4	1.7	0.6	0.1
糖类作物	121.7	0.1	12.2	1.5
总量	530.8	/	806.9	/

　　作物残余物主要集中在黄淮海地区和东北平原两大粮食主产区。黄淮海地区作物残余物主要分布在豫北东部、山东西部和河北省中部地带。黄淮海地区是我国粮食主产区,主要生物质为小麦秸秆和玉米秸秆。距离淮海地区较近的安徽和江苏北部地区秸秆产量也相对较高,主要作物残余物为冬小麦、玉米和水稻秸秆。东北平原单位面积作物残余物密度较高的地区位于辽宁北部至黑龙江省南部的地带,主要为玉米秸秆和水稻秸秆。四川、湖北两省农作物残余物资源丰富,单位面积作物残余物密度较上述提到的地区低。

目前,作物残留物转化为能源可以通过燃烧技术(包括直接燃烧和混合燃烧)和非燃烧的技术(包括热化学和生物化学),通过不同技术转化成能源的效率也有所差异。根据秸秆净产量和能源转化效率,不同类型农作物的生物质能热值会有差异(Sha 等,2010;Li,2006),我国全部生物质能源的潜力在2009年可达 253 700 万吨标准煤(7.4 艾焦),这相当于我国全部能源消耗的8.3%(见表 4.2)。根据《中长期可再生能源发展规划》,到 2020 年,生物质能将占能源消费总量的 4.0%左右。现如今,我国生物质能资源主要由作物残渣、森林残渣、草地生物量等组成,而在不久的将来,作物残余物将在能源供应中发挥越来越重要的作用。

表 4.2　2009 年各类作物残余物估算

农作物	作物残余物(百万吨)	转化率	等量标准煤(百万吨)	能源潜力(艾焦)
水稻	103.8	0.429	44.5	1.303
小麦	75.6	0.500	37.8	1.106
玉米	223.0	0.529	117.9	3.452
豆类	20.5	0.543	11.1	0.326
薯类	19.2	0.486	9.3	0.274
油料作物	41.1	0.529	21.7	0.636
棉花	13.3	0.543	7.2	0.211
纤维作物	0.4	0.521	0.2	0.006
糖类作物	8.7	0.441	3.8	0.112
总量	505.5	/	253.7	7.426

根据对九大农作物剩余物和林业"三剩物"资源发电潜力的评估,河南、黑龙江和山东省的净剩余资源发电潜力超过 1 000 兆瓦,占剩余资源总发电潜力的 26.79%。新疆、河北、吉林、四川、安徽、江苏、湖北、湖南和内蒙古的净剩余资源发电潜力为 500~1 000 兆瓦,占净剩余资源总发电潜力的 45.78%(刘志彬,2015)。

4.4 生物质发电产业发展现状

在中国,生物质发电技术研究始于 1987 年。1998 年,1 MW 谷壳气化发电示范项目建成投产;1999 年,1 MW 木屑气化发电示范项目建成投产;2000年,6 MW 秸秆气化发电示范项目投入运行,为我国更好地利用生物质能奠定了良好的基础(米泉龄等,2010)。为了促进生物质发电技术的发展,2003 年以来,国家已经批准了辽宁锦州、山东掸县、江苏如东和湖南岳阳的一批秸秆发电示范项目。截至 2005 年底,中国已开发了 1 800 多万户沼气池,并建成约 1 500 个大型畜禽养殖场沼气项目和工业有机废水沼气项目,沼气年利用量达到约 80 亿立方米,全国生物质发电总装机容量约为 200 万千瓦,其中蔗渣发电量约 170 万千瓦,废物发电量约为 20 万千瓦,其余为稻壳等农林废弃物的气化发电和沼气发电。

生物质能源是仅次于煤、石油和天然气的第四大能源,在世界能源系统中发挥着重要作用。生物质能源是唯一以化学能形式储存在生物质中的可再生能源,是将化石能源替换为气态、液态和固态燃料以及其他化学材料或产品的资源。生物质能源主要来自三个方面:第一,农业资源,包括农作物、收获作物时的残余秸秆和农业加工业的废物;第二是林业资源,包括森林增长和林业生产过程提供的能源资源、木材采伐和加工中的废物以及林业副产品废物;第三是城市厨余垃圾和工业有机垃圾。中国每年有 8 000 万吨林业残余物、30 亿吨畜禽粪便、1.5 亿吨生活及其他有机废物和超过 10 亿吨的农产品加工废物。

4.4.1 秸秆发电发展现状

2014 年,中国的秸秆资源量约为 9 亿吨。约 10% 的秸秆资源用作秸秆还田、饲料利用、工业原料利用,约 40% 的量用于能源利用(包括农村能源)。秸秆能源利用方式除了农村生活能源利用之外,还主要包括秸秆固化、秸秆炭化、秸秆气化、秸秆发电、秸秆液化和秸秆沼气。最合适的工业化方法是秸秆发电、秸秆液化和秸秆沼气。秸秆发电是一种基于农作物秸秆的发电方式,包括秸秆直燃发电和秸秆气化发电。首先,秸秆直燃发电是指将秸秆原料直接在锅炉中燃烧产生高压蒸汽,由汽轮机的涡轮膨胀驱动,进而驱动发电机发电。目前,秸秆直燃发电技术有两种主要类型:水冷振动炉排燃烧发电技术及流化床燃烧发电技术。其次,秸秆气化发电首先在没有氧气的情况下将生物质材料转化为气态燃料(氢气、一氧化碳、甲烷),然后通过风机抽出转化的可燃气体,在冷却、除尘和除去焦油和杂质后,将其供给内燃机或小型燃气轮机,继而带动发电机发电。

自 2004 年以来,中国已批准了 200 多个秸秆直燃发电示范项目。截至 2012 年底,我国生物质发电累计并网容量为 5 819 兆瓦,其中直燃发电技术型项目累计并网容量为 3 264 兆瓦,占 55%。垃圾焚烧发电技术型项目的累计并网容量为 2 427 兆瓦,占全国累计并网容量的 41.71%;沼气发电技术型项目的并网容量为 206 兆瓦,占全国累计并网容量的 3.54%。《可再生能源"十二五"规划》明确规定,2015 年中国的生物质发电能力将达到 13 吉瓦,其中,农林生物质发电量为 8 吉瓦,沼气发电量为 2 吉瓦,垃圾焚烧发电量为 3 吉瓦。

中国目前的生物质发电厂建设和运营一般采用第二代技术。第一代生物质发电厂的规模通常为 2×12 MW。与第一代技术相比,第二代发电机组一般采用高压和超高压技术(1×30 MW),能耗显著降低,发电热效率显著提高,锅炉热效率一般为 85%~90%。发电热效率可达 30.4%,年平均发电标准煤耗约为 404 克/千瓦时。从目前生物质发电厂的运营情况来看,主要的问题是原材料供应不足,在 100 公里范围内部署多家生物质发电厂项目不时见诸报端。另外,一些生物质发电厂购买经济半径超过 30 公里的原材料,造成购置成本较高。

秸秆能源利用产业发展是一个跨越不同行业和不同学科的系统工程。我们必须考虑各区域经济效益、社会效益和生态效益,切合当地条件,分阶段选择技术上成熟的秸秆能源化利用模式。

充足的燃料供应是生物质发电厂正常运行的关键因素。目前秸秆发电经济效益不佳的原因:一是电厂布局不合理。在相同的生物质运输供应半径内,有多家生物质发电厂或其他生物质能源加工企业,导致这些企业之间对生物质原料的恶性竞争,增加了运营成本。二是燃料输送半径过大,生物质原料采集半径超过 30 公里。第三,燃料采购组织措施不合理,导致购置成本过高。实践证明,生物质发电厂发电技术可靠,生物质原料供应有保障以及储运价格的稳定是保证生物质发电厂经济效益的关键。

目前,中国的生物质能源发展呈现出蓬勃的发展态势,其中农作物秸秆发电最具代表性、战略性和可持续性,秸秆的利用成为产生生物质能量的有效途径。秸秆是一种清洁、无污染的可再生能源,秸秆发电是秸秆优化利用最重要的形式之一,呈现出快速增长的趋势。目前,秸秆发电大致可分为以下几种方式。

（1）中小型发电厂

目前,有两种主要类型的生物质发电技术:首先,锅炉直接燃烧生物质燃料,例如秸秆,燃烧产生的热量来加热锅炉中的水,使水蒸发气化,并促进蒸汽涡轮发电机组发电。除了使用秸秆代替煤炭之外,这种技术类似于传统的燃煤发电。

另一种类型是气化发电技术,其由气化炉和燃气内燃发电机提供动力。生物质气化炉将秸秆转化为可燃气体,气体分离净化后在锅炉等中燃烧,以驱动发电机输出电能。

（2）分散式的小型发电机组

由于中小型电厂建设存在的问题,分布式小型发电机组逐渐受到人们的关注,特别是在中国广大的农村地区。下文重点介绍与秸秆发电密切相关的斯特林发电机和新型热声发电机,这为生物质发电机的小型化提供了可能。

斯特林机又称热风机,是一种高效率、低噪音、低污染、多能量适应性的闭式回热循环发动机。由于世界石油资源日益短缺,对环境保护的要求越来越强烈,各国都非常注重斯特林机的研制。日本制定了"月光计划",以开发新的节能技术,并在六年内投资 100 亿日元用来开发通用热气发动机。

斯特林机适用于多种燃料。从优质的石油和天然气,到低质量的废热,甚至可燃垃圾,都可以用作斯特林机的驱动热源。

热声发电机基于热声效应工作,是一种新型的能量转换机械。热声发生器的突出优点是高可靠性和对自然环境的优异环保性能。它的高可靠性来自系统中没有活动部件或非常少的活动部件;其环保特征源于其工作介质是常见的惰性气体,对大气臭氧层没有损害,没有温室效应,并且没有可燃性。与斯特林机器类似,热声发电机也采用外部燃烧加热的方式。热声驱动的发电机装置通过设计合理的燃烧装置,燃烧秸秆来驱动热声发电机发电。

在新能源的开发利用中,秸秆发电具有重要意义,对全面建设小康社会节能减排方面具有深远的影响。随着煤、石油和天然气等化石能源的逐渐枯竭,寻找新的能源已成为当务之急。秸秆作为绿色可再生能源,其作用将越来越突出,不仅有益于环境保护,而且支持了国家的能源战略。

4.4.2　垃圾发电发展现状

中国的垃圾焚烧发电始于 20 世纪 90 年代末,仅开发了 20 年。然而,随着城市化进程和中国城市人口的增加,城市生活垃圾对环境的压力越来越大,垃圾无害化处理技术越来越受到关注,并开始迅速发展。与传统的垃圾填埋或堆肥方法相比,垃圾焚烧具有处理速度快、土地利用量大、资源综合利用的优点,随着垃圾焚烧技术的不断完善,垃圾焚烧已逐渐成为中国东南沿海经济发达地区的主要处理方法。

特别是 2002 年以来,国家和有关部门先后出台并实施了一系列相关的改革政策措施,如市政公用事业的开放政策、特许经营政策、投资体制改革政策、鼓励非公有制经济政策等,来加快市政公用行业的改革开放和市场经济的发展。作为传统的市政公用事业,废物处理领域也改变了政府的单一投融资渠道,走向了投资主体多元化和融资渠道多元化的发展道路。如图 4.2 所示,截至 2013 年底,中国的垃圾焚烧发电装机容量达到 340.03 万千瓦时,比 2012年增加 35%。2014 年,中国的垃圾焚烧发电装机容量为 430.8 万千瓦时,比2013 年增长 26.69%。

自 21 世纪初以来,随着环境问题日益严重,节能环保已成为各国的发展主题,废物处理也迎来了产业发展的机遇。世界垃圾年增长率为 8.42%,而中国垃圾年增长率超过 10%。世界每年生产 4.9 亿吨垃圾,仅中国每年就生产近 1.5 亿吨城市垃圾。中国城市固体废物累计库存达到 70 亿吨,三分之二

图 4.2　2009—2014 年中国垃圾发电装机容量

的城市被垃圾包围。如图 4.3 所示,预计 2020 年和 2022 年中国城市垃圾发电行业产值规模将达到 270.2 亿元和 336.8 亿元。在人多地少的中国,在能源紧缺和快速城市化的现实背景下,废物转化为能源的选择无疑是符合国情的最明智的选择。

图 4.3　2013—2022 年垃圾发电行业产值规模预测

4.4.3　沼气发电发展现状

沼气发电技术是在工业、农业和城市生活中使用大量有机废物(如牲畜粪便、酒糟液、城市废物和污水),经过厌氧发酵过程产生沼气,驱动沼气发电机组发电,充分利用发电机组的余热,实现沼气生产的综合技术。该技术不仅提供清洁能源,还解决了沼气工程中的环境问题,消耗大量废物,减少温室气体排放。这是一个典型的资源回收项目,具有良好的经济和环境效益,在农村地区具有很大的推广潜力。

虽然中国的沼气发电已初具规模,但沼气发电利用率极低,改善空间巨大。欧洲和美国沼气工程产生的沼气基本上用于发电或净化而不是天然气;在中国,工业企业将沼气用于锅炉燃料,农场沼气用于养殖、食堂烹饪燃料,90%的沼气未得到有效利用。垃圾填埋场还大规模处理沼气,垃圾填埋气回收率不到20%。

假设沼气60%用于发电,2014年生产约144亿立方米的沼气可产生150亿千瓦时的电力,其对应装机容量为200万千瓦,规模可达现有的4倍。估算2020年沼气资源为915亿立方米,不包括300亿立方米的自用沼气,可用于沼气发电的天然气量达到615亿立方米,它将产生922.5~1 230亿千瓦时的电力(每立方米沼气产生1.5~2千瓦时),装机容量可达1 537.5~2 050万千瓦,它可以达到现有沼气装机容量的15倍。

目前,在中国如果要实现工业化,沼气生产的原料主要来自四个方面:工业有机废水、牲畜和家禽养殖场、生活垃圾填埋场的垃圾填埋和城市污水污泥。上述四类沼气发电市场在中国还处于起步阶段,市场空间仍然很大。具体而言,由于畜禽养殖和工业废水项目规模较小或大部分经营实体为原有业主,运行市场规模较小。城市污水沼气主要用于污水处理厂的自用电力供应。垃圾填埋场气田规模较大,在中国拥有一定规模的第三方运营商,发展前景良好。

4.4.4　生物质发电的发展前景

随着农林业的发展,特别是中国计划研究和开发各种快速增长的能源作物和能源植物,生物质能资源的种类和产量将越来越大。

虽然生物质发电已经成为国家鼓励和支持的行业,但由于缺乏统一的规划和管理,生物质发电仍然面临诸如燃料供应不足和发电成本难以控制的问题,生物质发电的推广受到了影响。为促进生物质发电的健康发展,国家发展和改革委员会于2010年8月发布了《国家发展和改革委员会关于生物质发电项目建设管理的通知》,针对生物质发电规划选址、建设规模和审批管理等多方面提出了具体要求,在一定程度上,避免了重复建设和获取生物质燃料的竞争,保证了政策的健康有序发展。

未来10年将是世界各国大力发展生物质能的关键时期,为了在一定范围内减少或替代化石燃料的使用,从2010年到2030年,生物质发电技术将完全市场化,并在平等的基础上与传统能源竞争。因此,生物质能源的比例将大大增加,并将成为主要的能源之一;与此同时,生物质液体燃料的生产也将成熟,一些技术将进入商业应用阶段。

到2050年,生物质发电和液体燃料将比传统能源更具竞争力,包括环境和经济优势,生物质能将优于化石能源,并将占主导地位,其使用和占用主要取决于我国各地区生物质的可利用情况。我国是一个农业大国,生物质能资源丰富,发展潜力巨大。随着退耕还林和薪炭林的种植,预计到2020年,生物质能资源将达到9~10亿吨标准煤,因此,生物质发电是我国能源结构调整的重要内容之一。在这方面,国家也给予了极大的认可和支持,《可再生能源中长期发展规划》还将生物质能作为四大重点发展能源之一,并制定了到2020年实现3000万千瓦生物质发电能力的发展目标。此外,国家设立资金支持工业服务系统的建设,如设备制造、技术研发和可再生能源的测试和认证。

第五章　我国生物质发电产业空间
布局的影响因素

　　传统燃烧发电的主要燃料包含煤、石油和天然气，它们都属于不可再生能源。相比之下，生物质是由植物或微生物经过光合作用或新陈代谢所产生的能源，是可再生的，相对于煤、石油和天然气而言它们的储量更加丰富。在过去三十年来，伴随着中国的经济增长，电力行业也经历了飞速发展。煤作为发电的主要燃料，供应短缺的压力越来越大，价格也在不断攀升。而生物质能的使用会减慢化石燃料的过度开采，缓解煤、石油和天然气等传统能源的供应压力。此外，它还可以改善能源组成，提高可再生能源比重。根据《中长期可再生能源规划》，我国提出了提高可再生能源比重的目标，到 2020 年中国可再生能源发电能力将达到 3 亿千瓦，占全国总装机容量的 30%。可见，生物质能源在未来将扮演更加重要的角色。然而，由于欠缺科学的研究，一些因素也严重地影响了生物质发电产业的发展。其中，我国生物质发电产业的空间布局选择问题便给生物质发电企业以及相关的政府部门带来了巨大的艰难与挑战。为了厘清我国的生物质发电产业空间布局的影响因素，在本章我们首先对生物质的发电系统进行全面的介绍，然后对其影响因素进行识别，最后对各因素的影响机理以及相互之间的关系进行剖析。

5.1　生物质发电系统

5.1.1　发电系统的边界及构成

　　（1）系统边界界定
　　确认边界常用系统——环境二分法，即把系统本身能加以控制、改变、提高其生产效率和利用效率的社会、经济和自然条件,作为系统内部因素;把独立于系统之外,但对系统的现状和工作成果发生直接或间接作用的经济、社会、自然条件,作为系统的环境因素。这两类因素之间,即是系统边界。

根据以上定义方法,我们首先可以确定秸秆发电系统的生产末端边界,即为电能入网环节,而对于系统的生产首端边界,则存在一些争议。

不同电厂的原料来源方式不同,大多数电厂采用从农民手中收购秸秆的方式,而部分电厂则购置土地租借给农民种植植物,从而获得足够的生产原料。第一种方式的系统边界显然是秸秆田间收集环节,从而将秸秆的种植作为系统的环境条件;而第二种方式系统的边界则可推至秸秆的种植环节。

故而系统的边界成为一个可变动条件,即可通过相应的策略选择变换系统边界。在此,我们可将其定义为策略边界进行分析。

(2)发电系统划分

根据秸秆发电系统内各个活动的关联性分析,秸秆发电系统可分为秸秆收集与预处理子系统、秸秆运输与存储子系统、秸秆燃烧与电力生产子系统、废弃物处理子系统(见图5.1)。

图5.1 秸秆发电子系统划分

秸秆收集与预处理子系统主要涉及秸秆原料的田间收集和预处理过程,涉及的活动包括秸秆收购商田间收购秸秆、秸秆由田间运输到临时收购点、秸秆原料的压缩成型等。涉及的主要设备主要为农用运输机械及秸秆打包机,可能需要消耗化石能源并产生二氧化碳排放的设备为农用运输机械,例如农用拖拉机等。

秸秆运输与存储子系统主要涉及秸秆原料由临时收购点运输到秸秆电厂和秸秆原料在电厂中存储与加工处理的过程,涉及的活动主要包括秸秆原料的运输、存储和加工等活动。秸秆原料的运输主要利用较大型的运输设备(例如20吨卡车)进行,秸秆的存储包括原料的入库、维护及出库等活动,需要叉车、铲车、抓斗起重机等作业设备。

秸秆燃烧与电力生产子系统主要为秸秆原料在锅炉中燃烧,产生的过热水蒸气带动汽轮机和发电机组运转发电的过程。该子系统主要涉及的活动包括秸秆燃料破碎、输送至锅炉中燃烧、发电等。需要的设备包括秸秆破碎机、输料机、锅炉、汽轮机和发电机等。秸秆燃烧与电力生产子系统流程示意图如图5.2所示。

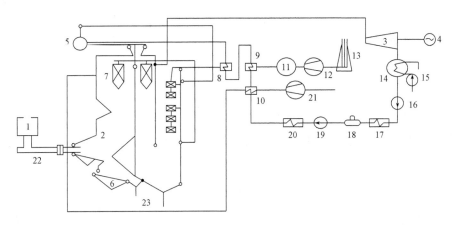

1—料仓;2—锅炉;3—汽轮机;4—发电机;5—汽包;6—炉排;7—过热器;8—省煤器;9—烟气冷却器;10—空气预热器;11—除尘器;12—引风机;13—烟囱;14—凝汽器;15—循环水泵;16—凝结水泵;17—低压加热器;18—除氧器;19—给水泵;20—高压加热器;21—送风机;22—给料机;23—灰斗

图5.2　秸秆直燃发电系统示意图

料仓内的生物质秸秆经过破碎机进行破碎处理后,由输料机将料仓内的秸秆原料碎屑输送到焚烧锅炉里进行高温燃烧,利用秸秆燃烧产生的高温加热产生水蒸气,水蒸气再推动汽轮机组进行运转,汽轮机组的运转再带动发电机组进行发电,从而完成秸秆燃料的生物质能转变为电能的生产过程。

废弃物处理子系统是对秸秆在锅炉中燃烧产生的废弃物进行处理的过程,主要涉及的活动包括锅炉排渣、废水排放和燃烧产生的烟尘排放等。涉及的机械设备主要为输灰机。

5.1.2　发电系统的输入、输出

生物质发电系统的输入主要包括:生物质资源(秸秆)、人力、资金、化石能源、电力、土地等，系统的输出主要为电力以及排放物（灰渣、二氧化碳、二氧化硫等）。其中生物质秸秆资源是系统的主要输入资源，其他输入资源都是为生物质资源的输入起辅助作用的。系统的目标产物即为电力。

（1）系统中生物质秸秆流通路径

在生物质收集和储运的阶段，秸秆在农作物收割的过程中产生后，首先由分布在电场四周的代理商从田间收集起来做简要处理，后由电厂负责将各代理商处收集的秸秆分批运输到电厂做压缩、破碎、分选等预处理，再将处理之后的秸秆放到储料仓库中，储料仓库中要存放可以保证电厂运营一定时间的秸秆。

在正式利用秸秆发电阶段，由于秸秆具有不同的差异性以及电厂所选择的发电技术不同，按照技术要求将秸秆进行分类处理，以不同方式将秸秆放入燃烧锅炉中进行燃烧，利用燃烧得到的热能转化为蒸汽带动汽轮发电机组进行发电，从而完成发电过程。

最后，燃烧得到的废弃物有灰渣和烟气，生物质发电产生的灰渣中有较少的一部分可以作为农业肥料生产的原料，因此将这一部分灰料分类出来输送到化肥生产厂家处，其余的灰渣排入灰堆中，烟气则在相关的处理达标以后，通过烟囱直接进入大气层。至此，秸秆发电的整个工艺流程得到实现。

本书将生物质发电系统分为四个子系统，按照该子系统的划分，上述秸秆的流通路径中所涉及的相关活动分属如图5.3所示。

（2）系统中能量流通及碳循环分析

根据图5.1中的系统划分结构，生物质秸秆发电系统与环境间的能量流通和二氧化碳排放路径如图5.4所示，环境向系统输入的能源主要包括太阳能、石油能源和电能三种。秸秆发电能量最初来源为太阳能，在植物生长过程中太阳能转化为生物质能保存在果实和秸秆中，并且从外界吸收二氧化碳。秸秆收集主要收集生物质秸秆中的生物质能以供利用。在秸秆收集与预处理子系统、秸秆存储与运输子系统和电力生产子系统中，由于使用大量的交通运输工具、秸秆处理机械和电力生产设备等，需要利用大量的石油能源和电力能源。

在秸秆种植阶段，由于植物的光合作用，二氧化碳由环境流向系统内部，

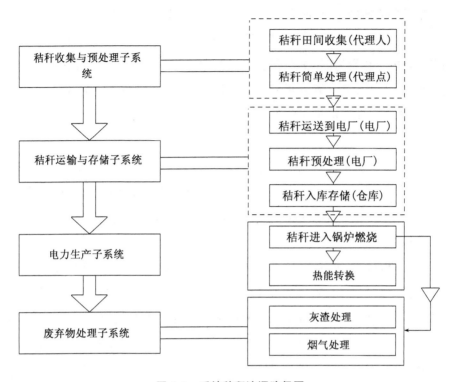

图 5.3　系统秸秆流通路径图

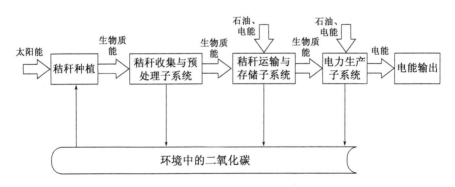

图 5.4　系统能量流通和碳流通路径图

碳被固定在生物质秸秆内部。在生物质秸秆收集与预处理阶段,由于燃料的处理和运输都需要化石能源的支持,化石能源的消耗会产生二氧化碳排放,在生物质秸秆燃烧发电的过程中,固定在秸秆内部的碳燃烧产生一部分二氧化碳和一部分一氧化碳排放到空气中。上述各个阶段中的碳的输入和输出构成了一条循环流通的路径,即为生物质发电系统的碳循环流通路径。

假设从环境中流向系统的太阳能为 E_s,输入到秸秆收集与预处理子系统的石油与电能总量为 E_1,输入到秸秆运输与存储子系统的石油与电能总量为 E_2,输入到电力生产子系统的石油与电能总量为 E_3,系统产生的电能总量为 E_o,则系统能量流通满足式(5.1)。

$$E_s > E_o \qquad \text{式}(5.1)$$

式(5.1)说明生物质秸秆发电项目电力生产的能量来源主要来自生物质秸秆生长过程中吸收的太阳能。而生物质秸秆在收集储运过程中消耗的能源属于辅助耗能,可以通过生物质发电空间布局和物流规划实现这部分能耗的最小化。

若按照碳流通回路进行计算,假设生物质种植阶段,环境中被农作物吸收的碳总量为 CE_{i1},秸秆收集与预处理子系统中通过石油和电能输入到系统中的碳总量为 CE_{i2},该子系统中所涉及的活动向环境中排放的碳总量为 CE_{o1},秸秆运输与存储子系统中输入的碳总量为 CE_{i3},排放到环境中的碳总量为 CE_{o2},电力生产子系统中输入的碳总量为 CE_{i4},排放到环境中的碳总量为 CE_{o3},则系统碳流通满足式(5.2)

$$CE_{i1} + CE_{i2} + CE_{i3} + CE_{i4} > CE_{o1} + CE_{o2} + CE_{o3} \qquad \text{式}(5.2)$$

由于秸秆和石油燃烧的不完全性,因此输入的碳不能完全排放到环境中,因此式(5.2)中输入的碳总量应大于排放到环境中的碳的总量。系统的碳排放总量主要来自石油和电能的消耗,因此也能通过选址和物流规划实现优化。

5.1.3 发电系统的生产过程

秸秆发电的主要工艺流程如图5.5所示,生物质发电的主要活动包括生物质秸秆的收集、秸秆的预处理、生物质秸秆的储存和运输、原料在电厂内的搬运、生物质秸秆的焚烧发电、汽轮机运转、废弃物处理包括烟气的处理和排放、灰渣的处理和排放。根据生物质秸秆发电系统的划分,生物质原料收集到预处理两个过程属于原料收集与预处理子系统范围,原料运输至存储料仓的过程属于生物质原料运输与存储子系统,秸秆原料从料仓开始,经由吊车运输至生物质锅炉焚烧,再将蒸汽导入汽轮机发电系统的过程属于电力生产子系统,烟气处理后气体通过烟囱排入大气中以及灰渣的处理属于废弃物处理子系统。

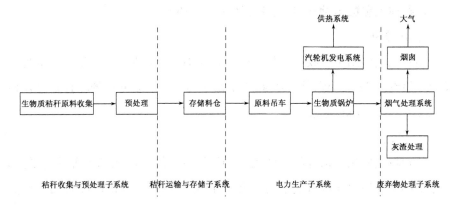

图 5.5 秸秆发电主要工艺流程图

5.1.4 生物质发电项目建设运营所需设备设施

从生物质发电的全生命周期角度来看,项目的建设运营需要的设备种类包括收割类、运输类、加工和搬运类、传送类、发电类。由于无论是否发电,秸秆收割总是必需的工作,因此收割类设备并不能作为秸秆发电项目生命周期内所涉及的设备类型。生物质发电项目全生命周期内所涉及的具体设备如下。

(1)运输设备

运输设备包括拖拉机和卡车,其参数和价格见表5.1。

表 5.1 运输工具参数和价格

类型	功率 (kW)	价格 (元)	载重量 (吨)	速度 (km/h)	油耗	使用寿命 (年)[d]
拖拉机[a]	≥18.8	8 000～180 000	1.5～2.0	≤30[c]	≤245 g/kW·h	≥4
卡车[b]	90～120	85 000～120 000	5～8	≤100	35 L/100 km	≥10

资料来源:a http://www.moa.gov.cn/sjzz/nongji/xiangmu/201006/P020100606583421989226.xls;b http://www.360che.com/;c http://www.deere.com/zh_CN/JDCI/homepage/default.html;d《中华人民共和国企业所得税法实施条例(2007)》。

（2）秸秆加工、搬运设备

秸秆加工和搬运设备，其能耗参数和产能如下。

① 切碎机

切碎机主要用于将收集的长秸秆切碎为小段或者颗粒状。切碎机的配套动力一般约为 18.5 kW，其生产能力为 2.5～3.5 t/h，切碎后的秸秆长度规格有 12、18、25、35 mm 等数种。

② 打包机

打包机主要用于秸秆的压缩成型，通过气压动力、液压动力等动力形式，将松散的秸秆原料压缩成为长方体型秸秆包。秸秆打包机的配套动力约为 18.5 kW，压缩成型的秸秆包包型尺寸为（900～1 500）mm×1 200 mm×（1 300～1 500）mm，包重为 400～450 kg/包，打包机的生产能力参数为 8～10 包/小时。

③ 装载机（抓斗机、铲车、抓草机）

装载机是在秸秆收购中心或秸秆电厂仓库现场用于抓取、运输秸秆原料的机械。现有的装载机包括抓斗机、铲车和抓草机等。装载机的起升重量约为 12 000 kg，其额定的装载容积为 0.4～0.6 m³，机械的举升高度需要达到 3.2～3.8 m，作业平均油耗约为 8.2 kg/h，作业幅度（移动距离）为 3～10 m，机械的平均作业效率为 19～25 t/h（草、木、废纸等）。

④ 叉车

叉车主要用于秸秆压缩包的装载和运输作业，根据对现有的叉车的调研，所使用的叉车类型主要包括固定式叉车和伸缩式叉车两种。其中固定式叉车额定起重量为 1～3 t，估算作业平均能耗为 8～10 kW·h。伸缩式叉车额定起重量为 1～3 t，最大起升高度为 3～6 m，柴油消耗率约为 215 g/kW·h。

（3）秸秆传送设备

生物质秸秆在电力生产过程中所涉及的秸秆传输设备主要为输送带和输送链、输料机、破碎机三种。秸秆通过传送设备送入秸秆焚烧锅炉的主要流通路径为：储料仓输送链→分配输送链→分配小车→称重输料机→密封输料机→缓冲输料机→定量输料机→定量给料机→螺旋破碎机→螺旋给料机→水冷套→炉膛。

（4）发电设备

生物质发电系统发电设备主要包括锅炉岛设备、汽轮机、发电机和其他配套设备。

① 锅炉岛设备

我国目前所采用的生物质焚烧锅炉岛技术主要是丹麦的 BWE 技术，以该技术为例，生物质发电项目所涉及的锅炉岛设备参数如表5.2所示。

表 5.2　锅炉岛设备参数

参数名称	参数值	
炉底排渣型式	水冷振动炉排/循环流化床锅炉	
参数等级	中温中压	高温高压
锅炉额定蒸发量(t/h)	75	110～130
锅炉最大蒸发量(t/h)	75～80	120～130
额定过热蒸汽压力(MPa)	3.82～5.3	9.2～9.8
过热蒸汽温度(℃)	450～490	540
给水温度(℃)	150	210～220
锅炉排烟温度(℃)	137～150	130～140
空预器出风温度(℃)	110～160	190
锅炉设计热效率(%)	86～92	90～92
锅炉满负荷燃料消耗量(t/h)	15～20.5	22.2
锅炉设计灰量(t/h)	0.6～2	2～4
锅炉设计渣量(t/h)	0.5～2	1～2
除尘器型式	布袋式	布袋式
除尘器设计效率(%)	99.5～99.9	99.60 以上
引风机功率(kW)	350～500	220～800
送风机功率(kW)	200～400	130～800

② 汽轮机

生物质发电项目所采用的汽轮机组主要为抽（压）凝汽式汽轮机，其设备参数如表5.3所示。

表 5.3　汽轮机设备参数

参数名称	参数值	
型式	中温中压凝汽式	高温高压凝汽式
额定电功率(MW)	12~15	25
最大功率(MW)	13~18	30
额定进汽量(t/h)	58~100	120
额定进汽压力(MPa)	3.43~5	8.83
额定进汽温度(℃)	435~470	5.35
排汽压力(KPa)	4.5~6.5	0.0118
设计额定抽汽量(供热)(t/h)	20~50	/
额定抽汽压力(供热)(MPa)	0.81~0.98	/
给水泵出力(t/h)	80~130	
设计汽耗 kg/(kW·h)	4~6.5	
设计热耗 kJ/(kW·h)	8 600~12 000	

③ 发电机

生物质发电厂所使用的发电机功率 25 000~30 000 kW,其电压约为 10.5 kV,发电机的功率因素约为 0.8,设备额定转速约为 3 000 rpm。

④ 电动给水泵

生物质电厂电动给水泵的参数如下:给水泵出力为 90~130 t/h,设计汽耗为 4~6.5 kg/kW·h,设计热耗为 8 600~12 000 kJ/kW·h。

⑤ 电力上网输配电设备

根据我国电厂建设要求,我国所建设的发电厂需要配备相应的输配电设备。目前我国电厂主要采用 2 回 110 kV 线路送电设备。这些设备的使用环境需满足一定的条件。其装置种类为户外式,所处的环境温度要保持为 -30~40 ℃,设备工作的海拔高度应小于 1 000 米(高于 1 000 米,温升需修正),环境的相对湿度小于 90%(25 ℃),其安装场所应为没有腐蚀性气体、无明显污垢等的地区。

电力上网输配电设备的主要技术参数包括:设备的额定容量为 6 300~120 000 kVA,高压端电压为 110~121 kV,高压分接范围为 ±2×2.5%,低压端电压为 6.3~11 kV,电路中的空载电流占比为 0.3%~0.8%,设备的短路抗阻为 10.5%~14%,空载损耗为 10~85 kW,负载损耗为 35~400 kW。

⑥ 其他相关设备

除上述主要电力生产设备外,秸秆发电电厂还需配备一定的环境保护设备,包括污水处理设备、废气处理设备、噪声消除设备等。

⑦ 给水设施

常规 25 MW 发电机组所需要的给水系统一般配备 2 台容量各为最大给水量 100% 的定速给水泵,一台运行,一台备用。给水流量的调节可通过电动调节阀来实现,给水操作台可以采用两路并联管道,一路为主管线 DN125,配备 100% 流量的电动调节阀,供发电机组在 30%~100% 负荷下调节用;一路为支路 DN50,配备 30% 流量的电动调节阀,用于满足锅炉容量在 0~30% 负荷下的调节需要。

⑧ 冷却塔

由于生物质秸秆燃料燃烧产生的高温,生物质发电系统必须配备冷却塔来对相关设备进行冷却,从而保证电力生产的安全性,并延长设备使用寿命。冷却塔是用水作为循环冷却剂,从一系统中吸收热量排放至大气中,以降低水温的装置;它利用水与空气流动接触后进行冷热交换从而产生蒸汽,蒸汽挥发带走热量实现蒸发散热、对流传热和辐射传热等,基于上述原理散去工业上或制冷空调中产生的余热从而降低水温,以保证系统的正常运行,装置一般为桶状,故名为冷却塔。

⑨ 办公和附属设施

生物质发电系统还需配备相关的办公、消防和其他附属设施来保证电厂生产的安全和有序进行。

5.2　影响因素识别

秸秆发电项目的实际经济效益和环境效益均与项目的选址具有较大的相关性。根据齐天宇等(2011)对于不同省份秸秆发电项目内部收益率的计算可知,不同省份秸秆发电项目内部收益率具有较大差异,即在相同的秸秆发电价格水平之下,不同区域间秸秆发电项目实际经济收益有所不同。

本节的因素识别以全生命周期理论为指导,从技术、经济、环境和社会等角度综合考虑,通过对生物质发电的全过程分析,找出对项目的实际运营效益具有重要作用的影响因素。

5.2.1 技术因素对生物质发电的影响

根据第三章的分析,生物质发电项目所选的技术类型对项目的实际运营效果具有十分重要的作用。而技术的选择对生物质发电项目的选址同样也有着重大的影响。在秸秆发电空间布局的影响因素中,技术因素主要影响秸秆原料的需求量从而影响到项目区位的选择。秸秆发电项目原料需求量受项目装机规模、秸秆发电技术类型和发电效率三个因素影响。

秸秆发电技术可根据秸秆利用方式的不同分为秸秆气化发电技术、秸秆与煤混燃发电技术和秸秆直燃发电技术三种,其中秸秆气化发电技术系统最为复杂,而且尚属于工业示范阶段。因此本书主要考虑秸秆直燃发电技术和秸秆与煤混燃发电技术中由于秸秆焚烧的比例的不同而带来的技术上的区别。

秸秆发电项目燃料需求总量可通过式(5.3)计算获得。

$$D = \frac{M \cdot AH}{\mu} \qquad \text{式(5.3)}$$

其中,D 为项目年燃料需求总量(kJ);

M 为项目装机容量(MW);

AH 为项目年满负荷运行小时数(h);

μ 为项目发电效率。

根据 D 可知秸秆发电项目年热量需求,再根据项目发电技术类型(主要为秸秆直燃、秸秆与煤混燃两种)确定项目年秸秆需求量。若项目采用秸秆直燃发电技术,则 D 除以秸秆热值即可得到项目年秸秆原料需求总量;若项目采用秸秆与煤混燃发电技术,则 D 乘以秸秆混燃比例再除以秸秆热值可得到项目年秸秆需求总量。生物质秸秆直燃发电技术与混燃发电技术相比,系统全生命周期内对环境的影响较小,其碳排放总量也较小;但是系统的发电成本高于混燃发电系统,尤其是原料成本。生物质秸秆直燃发电系统的原料成本远高于混燃发电系统,并且直燃发电系统的经济效益也低于混燃发电系统。从热效率角度进行比较,生物质直燃发电技术的热转化效力较低于混燃发电技术。生物质直燃发电技术较为适用装机容量较大的发电项目,而混燃发电技术不仅能用于大型的发电项目,还能用于小锅炉的技术改造项目,其应用的范围更加广泛。

通过上述分析可知,秸秆发电空间布局主要受到包括项目装机容量、项目发电技术类型和发电效率三个技术因素的影响。项目区位选择过程中,不仅需要考虑项目所选区位秸秆供应量与项目年秸秆需求总量之间的平衡,为了给项目的建设和运营提供一个较为稳定的环境,还要考虑不同技术在不同区域间的接受程度的差异。

5.2.2　经济因素对生物质发电的影响

秸秆发电项目的经济效益最优是项目建设运营的主要目标。在这一目标驱动下,秸秆发电空间布局需要考虑经济因素的影响,这些因素包括秸秆发电项目建设成本、运营和维护成本、税收、政策优惠等。从生命周期理论出发,生物质发电项目的生命周期包括建设和运营两个阶段,其成本也可以分为建设成本和运营成本。

项目建设成本主要包括设备购置、安装和调试成本、土地成本和劳动力成本三个部分,其中设备购置、安装和调试成本只与项目所选择的具体发电技术和项目规模相关。项目土地成本和劳动力成本与项目所在区位的经济水平具有一定的关联性。赵琳(2012)指出对于同一新建项目而言,由于我国区域间经济发展不平衡,不同区域间的土地成本和劳动力成本具有较大的差异。项目建设成本的大小对生物质发电项目的投资回收期和项目的投资收益率这两个指标都有着较大的影响。因此,在生物质发电空间布局选择过程中,必须充分考虑不同区域间建设成本的差异,保证空间布局选择的结果在项目的建设成本这一项是优化了的。

项目运营和维护成本包括项目燃料成本、设备维护保养费用、劳动力成本和管理费用四个部分,其中项目燃料成本和劳动力成本要素对空间布局具有较强的影响。秸秆发电项目所在区位秸秆资源分布密度越大,秸秆收购价格越低,项目原料成本越低,同时秸秆收集过程中越能体现出集约化的优势,从而产生的碳排放越低。项目所在区位劳动力成本水平越低,项目的成本越低,其经济效益越好。因此,在秸秆发电空间布局选择过程中,需要考虑项目燃料成本和劳动力成本这两个经济要素对空间布局选择的约束和影响。尤其是燃料成本,不同区域间生物质秸秆燃料的购买成本和运输成本都存在着较大的差异性,对生物质发电项目的选址结果具有十分重要的影响。

由于我国不同项目享受的生物质发电政策主体框架由部委制定,不同区域内的生物质发电项目所享受的主要政策优惠没有显著地差异。税收和政策优惠在全国范围内对秸秆发电的激励方式大体一致,但由于具体的实施政策由各个省市政府自己制定,因此不同区域间生物质发电项目所享受的实际优惠额度因地区的不同而有所不同。并且不同区域对秸秆原料的供应保障力度也有所不同。部分地区通过颁布严格的秸秆禁烧政策,为秸秆原料的供应提供了较好的保障,同时能在一定程度上降低秸秆原料的收购价格。而部分地区为了保护传统的秸秆利用产业或者推广秸秆还田的利用方式,可能会出台一部分产业的促进措施,从而使得秸秆燃料的价格因政策的刺激而提升,增加生物质发电项目的实际运营成本。因此,不同区域对秸秆发电厂的政策激励水平不同也是在空间布局选择过程中需要考虑的重要经济因素之一。

5.2.3 社会因素对生物质发电的影响

生物质发电空间布局还受到一些社会因素的影响,包括公众接受度、电力需求、公路密集度、原料市场竞争情况、社会效益等。

公众的接受度是公众对生物质发电项目在自己所在区域建设运营的认可程度。秸秆电厂在选址过程中需要考虑到由于不同区域民众对电厂的认可和接受的程度不同,会给项目的建设带来较大的差异。对秸秆发电项目抵触较大的区域,项目的建设和运营过程中可能会遭遇较大的阻碍,而对秸秆发电项目接受度较高的地区,项目的发展会较为顺利,甚至能降低项目燃料收集的成本,从而带来额外的经济效益。目前我国部分地区已经存在由于地区民众的强烈反对而导致相关项目不能按时建设完工的现象。

电力需求是指某个特定区域内年生产生活所需要的电力资源总量。它是影响秸秆发电选址的重要社会因素之一。电力需求较大的区域,项目的市场也较大,从而有利于提高秸秆发电项目的经济效益。与此同时,电力需求大的区域民众对秸秆发电项目的认可度也较高,有利于项目的建设。在考虑区域电力需求的过程中,不仅要考虑区域现实的电力需求总额,还要考虑发展的情况,即考虑区域电力需求的增长情况和增长潜力。

公路密集度是指区域内公里路网覆盖的密集程度。该因素对区域内秸秆原料的收集和运输具有重要的影响。区域公路密度越高,农村公路等级越高,所使用的秸秆收集运输的机械设备越大,从而单位秸秆的收集成本和碳排放量越低;公路覆盖面积越大,生物质秸秆运输的时间越少,单位重量的秸秆收集和运输的费用也越低。公路密集度的增加有利于降低项目的燃料成本。

原料市场竞争情况对秸秆电厂的燃料收集具有较大影响。区域已建秸秆发电项目越多,生物质秸秆竞争越大,从而引起秸秆的购买价格上升,同时项目实际秸秆需求得不到有效满足,会导致秸秆发电项目产能利用率下降。宿迁市三家秸秆发电厂的同时运营就给各个电厂的经济效益带来巨大的影响,电厂间通过采用"价格战"的方式增加秸秆供应量,使得秸秆的收购价格不断提高,从而导致所有电厂都面临亏损的困境。

5.2.4　环境因素对生物质发电的影响

环境因素主要指生物质发电项目建设运营过程因为与系统外部环境进行交互作用而产生的对环境的影响,主要包括碳排放、二氧化硫排放、氮氧化物排放和粉尘及其他空气污染物排放等。本书着重考虑二氧化碳排放对生物质发电空间布局选择的影响,因此对二氧化碳因素的分析独立在后文中进行。

区域二氧化硫排放量是区域生产和生活所产生的二氧化硫排放总量,它是测定区域环境质量的重要指标之一。二氧化硫是有毒的气体,也是造成酸雨的原因之一。然而生物质秸秆中硫含量很低(稻草中几乎不含硫,小麦秸秆中含硫量约为 0.19%,大麦秸秆中含硫约为 0.17%),因此在生物质秸秆焚烧发电过程中所产生的二氧化硫量很少。区域二氧化硫排放压力对生物质发项目区位选择只有很小的影响。

在生物质秸秆破碎处理和运输的过程中,会产生一定量的粉尘和其他空气污染物排放。然而这些排放大多发生在生产作业现场,能够通过采取一定的措施有效减少其影响,并且生物质发电过程中产生的粉尘和其他空气污染物排放量也很小,对区域环境的影响也较小。因此,在生物质发电项目区位选择过程中,项目产生的粉尘及其他空气污染物排放对项目的实际运营效果影响可以忽略不计,并且由于不同区域的生物质发电项目在电力生产过程中所产生的这些排放并不存在显著差异,其对项目的实际选址决策结果没有影响。

5.2.5 碳排放因素对生物质发电的影响

新时期,许多国家对污染物排放提出了新的要求。中国政府制定的《"十二五"综合交通运输体系规划》,要求交通行业以节能低碳发展为重点,打造绿色交通体系,努力做到节能环保。区域碳排放量是区域生产和生活所产生的碳排放总量,在全球变暖和二氧化碳减排的背景下,这一因素反映了区域碳减排的压力,它可以通过影响区域碳减排政策影响秸秆发电项目的实际效益。区域化石能源消费量越大,碳排放总量越大,空气污染越严重,区域碳排放压力越大。为了缓解区域碳排放带来的环境压力,我国的不同区域都有着不同的区域碳排放的目标与要求。当地政府对碳减排项目的扶持力度越大,秸秆发电项目能获得实际激励政策就越多,包括秸秆燃料的供应保证、秸秆电厂生产的电力的销售以及相关的税收优惠政策等。区域碳排放压力反映了区域对碳减排项目的重视程度,也反映了生物质发电项目在该区域发展的潜力。一般来说,为了降低生物质发电的成本,并满足政府对物流活动中污染物排放的日益严格的要求,考虑碳排放因素的生物质发电厂选址方案研究、优化选址建模和相应的可持续供应链设计迫在眉睫。

从全生命周期的角度对生物质发电项目所产生的碳排放进行核算,其碳排放主要来源于两个方面,分别为生物质发电过程中的碳排放与生物质原料在运输过程中所产生的碳排放。发电过程中的二氧化碳排放量主要由所采用的原料以及发电设备所决定。目前大多数的研究主要集中在成本上,对于考虑二氧化碳排放约束的模型相对较少。在现实中,由于二氧化碳的排放属于环境外部性因素,企业只是以企业利润的最大化为目标,环境因素往往被忽略。然而,随着环境问题的突出,环保政策的不断出台,对于发电过程中考虑二氧化碳排放因素的模型构建是未来广大科研工作者以及生物质发电项目工作者所需考虑的重要因素之一。原料运输所产生的二氧化碳排放的一个关键因素是区域的原料分布密度。根据3.3.1中对生物质发电项目碳减排效益的分析可知,生物质发电项目的碳排放主要发生在原料的收集和运输阶段,因此生物质原料分布密度越大,项目所产生的碳排放总量越小,从而项目的碳减排效益越高。因此,生物质发电项目在区域选址过程中应尽量考虑原料分布密度较大的地区。目前对于生物质发电项目选址的研究本来就比较稀缺,而这些研究基本都集中在利用成本的因素来构建选址模型,对二氧化碳排放的考虑更为稀缺。这也导致,由于我国目前生物质发电项目选址的不科学,造成生物质发电项目本身产生碳排放量过高。因此,在生物质发电项目选址的过程中考虑二氧化碳排放因素的影响,是未来必然的研究方向。

5.3　影响因素之间的关系

对于生物质秸秆发电项目经济效益,其影响因素之间的因果关系如图5.6所示。生物质秸秆发电项目的经济效益的影响主要包含成本类影响因素和收益类影响因素,其中收益类影响因素包括区域电力需求、项目所采用的发电技术的发电效率、区域的优惠政策和税收。生物质发电项目所享受的政策优惠和税收情况还受到区域二氧化碳排放压力和区域二氧化硫等排放压力的影响,区域排放压力越大,对于生物质秸秆发电这种低排放的发电项目的偏好越大,项目所享受的政策优惠也越大,同时项目所负担的税收额度也可能越小。

生物质秸秆发电项目经济效益的成本类影响因素主要为项目的建设成本和运营和维护成本两大类。其中项目的建设成本主要受到土地价格、公众认可度、劳动力成本和项目装机规模四个因素的影响。生物质发电项目由于需要一定的空间作为秸秆原料的存储料仓,因此项目占地面积一般都较大,土地

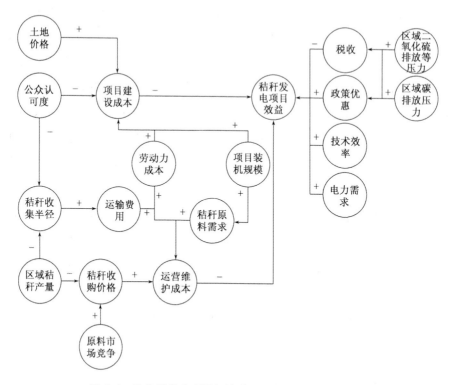

图5.6 生物质发电项目经济效益影响因素因果关系图

价格对项目建设投资中的土地购置成本具有较大影响;公众认可度对项目的建设成本没有直接影响,但具有十分重要的影响,项目的社会认可度越高,项目建设过程越顺利,获得的社会支持越大,项目的建设成本也会较公众认可度低的区域少;由于生物质发电项目建设过程中需要一定的劳动力资源,因此劳动力成本也是项目建设成本的重要组成部分;项目装机规模是生物质秸秆发电项目建设成本的决定性因素,生物质秸秆发电项目装机规模越大,项目初始投资越多。对于一个24 MW生物质秸秆发电项目而言,其单位装机容量投资约为10 000元/MW。

生物质秸秆发电项目的运营维护成本主要包括秸秆原料成本和劳动力成本,其中秸秆原料成本主要受项目装机容量、秸秆收购价格和运输费用三个因素的影响。生物质秸秆发电项目装机容量越大,项目年秸秆需求量越大,秸秆原料的成本越高;秸秆的收购价格主要指秸秆原料的田间收购价格,主要由区域秸秆原料产量和秸秆原料市场竞争情况决定,区域秸秆原料总产量越大,秸秆的价格越低。原料市场竞争变强,会导致秸秆原料的收购价格上升。秸秆原料的收购价格越高,原料成本越高。秸秆原料的运输费用主要受秸秆收集半径的影响,秸秆收集半径则受项目的公众认可度和区域秸秆产量两个因素的影响,项目的公众认可度越高,农户出售秸秆的积极性越大,秸秆原料的收购半径越小,秸秆的运输费用越少。区域秸秆原料产量越大,秸秆分布密度越大,原料的收购半径越小。秸秆原料的收购半径越大,其运输费用越高,到厂价格也越高,即秸秆原料的总成本越高。

第六章 我国生物质发电产业空间布局的区位选择方法

生物质发电产业空间布局的区位选择方法对于中国生物质发电行业意义重大。如第四章所述,在生物质发电产业空间布局的区位选择中,我们需要考虑多种影响因素,且各因素之间存在相互的联系与作用。同时,整个生物质发电系统包含发电系统、运输系统、存储系统等众多子系统,各个子系统均包含了区间、随机等不确定性因素,它们之间也存在着相互影响的关系,这些都导致了系统的多重不确定性。如果我们在优化选址的过程中,忽略系统的不确定性因素,这将会带来运输能源耗损、环境污染的增大,甚至会带来生物质发电厂不能正常运转等风险。面对生物质发电厂选址系统中包含多重不确定性与复杂性,在第四章对影响我国生物质发电产业空间布局的影响因素进行深入研究与分析的基础上,本章将结合第四章的分析结果,提出并采用 PEST 分析法对我国生物质发电产业空间布局的区域选择进行综合研究。

6.1 生物质发电空间布局的区位选择评价指标设计

6.1.1 指标设计的原则

为使构建的指标体系能全面覆盖影响电厂选址的各个方面,本书采用 PEST 分析法来具体分析生物质电厂区位选择的影响指标。PEST 分析法是从政治(political),经济(economic),社会(social),技术(technological)四个宏观方面分析生物质电厂区位选择的影响因素。

由于各项指标对于选址的影响程度不同,决策者在进行选址时对各项因素就要有所侧重,不能将各项指标等同。权重在数学中是表示因素重要性的相对数值,在这里就代表各项因素对于选址决策的重要性。

在对生物质发电项目备选区位进行综合评价时有许多指标可供选择,评价指标体系的建立不仅要考虑综合性,评价指标选得越少,其评价结果的片面性越强。同时还要考虑简单直观和可操作性等原则,选择的评价指标越多,存在重复评价的可能性就越大,评价结果的可靠性就会降低。因此,评价指标不宜过少或者过多,指标体系的构建应建立在一定的原则之下。评价指标体系构建的主要原则包括:

（1）系统性原则

在碳排放约束条件下对区位进行综合评价,需要从系统的角度进行分析,考虑能源系统与环境和社会系统的关联性,不仅要对其技术特征进行评价,还要在碳排放约束机制下,对综合技术的经济、环境和社会指标等多方面进行衡量。不同指标之间要有一定的逻辑关系,各指标不但要从不同的侧面反映出生物质发电技术在技术、经济、环境和社会各方面的特征,而且还要反映出能源—经济—环境—社会系统之间的内在联系。每一个系统由一组指标构成,各指标之间相互独立,又彼此联系,共同构成一个有机统一体。指标体系的构建具有层次性,自上而下,从宏观到微观层层深入,形成一个不可分割的评价体系。对生物质发电技术进行综合评价研究比单指标评价研究能够得出更加准确和完整的结果。

（2）一致性原则

评价指标体系应该与决策者的评价目标相一致,还要与评价对象的实际应用背景和相关约束条件相一致。即所选的评价指标能够代表不同评价对象在某一属性下的实际特征。对生物质发电技术的综合评价指标体系的构建,不仅要紧紧围绕生物质发电项目经济效益和环境效益最优化的目标来设计,由代表生物质发电技术最优化各组成部分的典型指标构成,多方位、多角度地反映生物质发电技术的优劣,同时还要考虑不同类型生物质发电技术的最优的应用环境以及评价约束条件。

（3）独立性原则

在生物质发电项目备选区位评价指标的选择中,同层次指标间需要具有一定的独立性,能够说明不同问题或问题的不同方面,彼此之间不存在显著的相互影响或线性关系。只有在保证了指标间的独立性基础上,尽可能多地选择不同的评价指标,才能更加全面综合地得到评价对象的实际评价结果。然而过分追求评价指标的独立性又有可能导致许多重要的影响因素被排除,会对评价结果的科学性造成严重的影响。因此,在选择评价指标选取时,为了保证评价结果的科学性和完整性,对一些相对独立性不是很高的指标也要有所保留。

（4）可度量性原则

评价指标体系构建的目的是方便对生物质发电项目区位适宜度进行系统综合的评价分析,从而为生物质发电技术的选择提供科学具体的对策建议。因此,所选的定性或定量指标应具有可度量性,能够有助于对评价结果进行计算或分析。

（5）可比较性原则

可比较性原则指所选的评价指标应保证不同的评价对象之间能够进行比较,例如对于生物质发电技术而言,由于不同规模下不同技术的发电效率不同,相同的发电技术其最优效率也与其规模相关,因此,在考虑不同技术的效率指标进行评价时,需要选择能够对不同技术进行比较的相对评价指标。对于不同量纲要求的指标,需要进行指标的无量纲化以便进行比较。

6.1.2　现有的生物质发电相关评价指标体系研究

根据评价对象和评价目标的不同,现有的生物质发电相关的评价指标体系可分为以下几种层次:

（1）生物质能利用技术层的评价

根据生物质能发电技术原理的不同,有生物质直燃发电技术、生物质与煤混合燃烧发电技术和生物质气化发电技术。生物质直燃发电技术是指通过直接对生物质燃料的燃烧,利用燃烧产生的热能,在传统的热力发电项目基础上进行电力的生产。生物质与煤混燃发电技术是针对单纯的生物质发电项目热力效率较低的问题,采用生物质燃料与燃煤混合后进行燃烧的工艺,以弥补生物质燃料单位热值较低的缺点。生物质气化发电技术主要是针对生物质直燃发电技术燃烧不充分、热利用效率低的缺点,通过前期对生物质燃料进行气化处理,通过燃烧生物质燃料处理后产生的气体燃料,提高生物质发电技术的燃烧效率。对这三种不同技术间的评价,其主要目的是根据不同类型的生物质发电项目的相关特点和生物质发电项目建设地点的自然环境、燃料供应等的实际情况和现实条件的限制,因地制宜地选择合适的生物质发电技术,因此评价指标的设计应注重不同技术的相关属性的区别,所建立的评价指标体系应属于技术层面的指标体系。该层面所涉及的评价指标体系具有一般性,但在对实际项目技术选择和应用方面,评价的特殊性不足。

根据生物质发电生产产品的不同,生物质发电技术包括生物质发电技术和生物质热电联产技术。对这两种不同生产工艺技术的评价,其主要目的是分析各个具体生产工艺流程的实际效益。通过对这两种生产工艺的经济等效益的分析,参考实际的市场情况以及生产效率的要求,进行生物质发电技术的选择。

(2) 具体项目技术层的评价

具体项目层的生物质发电技术评价,其主要目标是在实际项目的基础上,比较项目所采用的技术之间的差异。在项目层面上的评价指标的设计,主要考虑项目的装机规模、设备选择等较为具体的属性。因此,该层面所设计的评价指标体系具有一定的特殊性,但对于不同原理的发电技术的比较,其一般性有所缺乏。

生物质发电项目层次的评价主要包括生物质发电项目区位适宜度评价、项目投资效益评价、项目风险评价、项目可靠性分析。区位适宜度评价的主要目的是评价生物质发电项目区位选择结果的科学性,通过建立区位适宜度评价指标,进行生物质发项目区位的选择,从而为生物质发电项目的进一步选址分析建立基础。项目投资效益评价主要是利用技术经济分析的工具和方法,分析生物质发电项目全生命周期内的现金流情况,选择传统的项目投资效益评价的经济效益指标,从而建立生物质发电项目经济效益评价指标体系,从而分析生物质发电项目的投资效益结果。生物质发电项目投资效益评价也是项目可行性分析的重要组成部分之一。生物质发电项目风险评价主要基于传统的金融和项目风险分析理论,考虑生物质发电项目投资的风险性。生物质发电项目风险评价通过分析生物质发电项目风险因素,选择生物质发电项目投资风险的相关指标,建立项目风险评价的具体评价指标体系,从而评估生物质发电项目投资的金融风险。项目可靠性分析是生物质发电项目可行性评价的一部分,主要评估生物质发电项目在生产运营过程中的可靠性的影响因素,基于传统的可靠性分析理论,建立生物质发电项目可靠性评估的指标体系和生物质发电项目技术和经济系统可靠性的具体计算模型。通过计算生物质发电系统的技术经济等各个部分和环节的相关可靠性,综合评价项目系统整体的可靠性结果。

现有的生物质发电系统评价研究主要是基于具体的项目环境等进行的,因此其评价指标的选择与实际项目的关联度较高,缺乏实际发电系统的一般性的体现,因此其评价结果也具有一定的特殊性,缺乏对不同技术的一般性评价。本书首先对传统可再生能源系统评价的指标选择和指标体系的建立进行了整理和分析,在此基础上,再根据生物质发电项目区位评价的基本要求和实际建设要求,建立针对性的生物质发电项目区位适宜度评价指标体系,从而建立生物质发电项目区位选择的具体模型。

Wang(2009)总结了能源评价过程中常用的指标体系,并将其主要分成了技术、经济、环境和社会四个方面,其中常用的技术指标包括技术效率、初始能源比率、安全性、成熟度和可靠性等二级指标;常用的经济指标包括投资成本、运行维护成本、电力成本、燃料成本和投资回收期等二级指标;常用的环境指标包括二氧化碳排放量、二氧化硫排放量、噪音、土地使用等二级指标;常用的社会指标包括了社会接受度、社会效益、提供就业数等二级指标。尽管 Wang 对不同学者在能源评价领域所使用的评价指标进行了详细了总结,但是并未对如何选取评价指标做深入的研究。本节在相关文献研究的基础上,对不同学者所采用的能源评价指标体系进行深入比较分析,并找出不同学者选择指标的缘由,从而为生物质发电系统评价指标体系的确立提供相应的指导意义。

通过对国内外不同文献中可再生能源评价的指标选择进行研究发现,能源评价领域一级指标主要集中在技术、经济、环境和社会四个方面,但不同学者在二级指标的选择上有较大的差异(见表 6.1)。

表 6.1 生物质发电技术评价常用指标

一级指标	二级指标	引用文献[a]	指标认可度
技术指标	发电效率	Evans 和 Strezov，2009；Lee 等，2013；Upadhyay 等，2012	0.547
	自用电率	Georgopoulou 等，1998；Voropai 和 Ivanova，2002	0.377
	可靠性	Diakoulaki 和 Karangelis，2007；李梁杰，2010	0.170
	安全性	Streimikienea 和 Balezentis，2012；Afgan 和 Carvalho，2002	0.208
	成熟度	Doukas 等，2007；Wang 等，2008；宋艳萍，2010	0.212
	适用性	吴创之等，2008；Huang 等，2013	0.094
	装机容量[b]	Henao 等，2012；Lehr 等，2008	0.208
	其他	Upadhyay 等，2012	0.283
经济指标	投资成本	Løken 和 Botterud，2009；Vera 和 Langlois，2007	0.732
	运行维护成本	Albareda-Sambola，2005；Upadhyay 等，2012	0.464
	燃料成本	Chatzimouratidis 和 Pilavachi，2009；Buchholz 等，2009	0.161
	外部成本	Owen，2006；Štreimikienè 和 Pušinaitè，2008；Goumas 和 Lygerou 等，2000；Pilavachi 等，2006	0.093
	投资回收期	Papadopoulos 和 Karagiannidis，2008；Gungor 和 Arikan，2000；张铁柱和李曙秋，2013	0.161
	单位发电成本	Begic 和 Afgan，2007；Upadhyay 等，2012	0.411
	其他	Akash 等，1999；Upadhyay 等，2012	0.321
环境指标	碳排放量	Moreno 和 Jesus，2008；李金颖等，2012	0.648
	二氧化硫排放量	李梁杰，2010	0.167
	氮氧化物排放量	Østergaard，2009；李梁杰，2010	0.241
	噪音	Wang 等，2008；胡艳英和王述洋，2010	0.129
	资源需求量	罗玉和和丁力行，2009；李梁杰，2010	0.111
	其他	Haralambopoulos 和 Polatidis，2003；Afgan 等，2000	0.315

一级指标	二级指标	引用文献[a]	指标认可度
社会指标	社会认可度	Mamlook 等,2001	0.306
	社会效益	Tsoutsos 等,2009;Kaya 和 Kahraman, 2010	0.295
	土地使用量	Georgopoulou 等,1997;Wang 等,2009;Fthenakis 和 Kim,2009	0.444
	提供就业岗位数量	Wei 等,2010;Kablan, 2004;李梁杰,2010	0.528
	其他	Liposcaka 等,2006;李梁杰,2010	0.333

a. 由于目前专门研究生物质发电技术评价体系的文献较少,因此本书在参考评价指标的时候将生物质发电项目评价和新能源技术评价相关的文献都作为引用文献进行研究;

b. 此处装机容量是指某项生物质发电技术应用中的最优装机容量。

1) 一级指标选择

可再生能源系统是一个社会经济系统,其技术和项目层次的相关评价问题都属于社会经济系统的多属性评价问题。对于生物质发电系统而言,其最终评价目标是选择适合特定区域、满足一定约束条件的相对最优的生物质发电技术类型、项目投资方案和项目实际建设地点。在技术经济分析理论、可持续发展理论和综合评价理论等理论基础之上,现有的生物质发电系统评价指标体系的所选择的评价指标通常包括技术性指标、经济性指标、环境性指标和社会性指标四个。

① 系统评价理论

系统评价理论(system evaluation theory)是将评价的对象看成一个系统,系统内部存在着复杂的相互影响关系。对于能源系统的综合评价而言,就是要考虑能源—经济—环境—社会系统的关联性。能源作为经济发展的基础,它直接促进了经济的发展,影响着当地的自然环境,同时也影响着当地居民的社会环境。对于生物质发电技术应用的项目,不仅需要考虑相关投资成本和电力成本,还需要考虑该项目对当地环境及生态系统造成的影响,对当地居民生活造成的影响等。此外,不同的主体(如投资者、政府、民众)在对投资进行决策时,根据不同的利益诉求会着重考虑不同的方面。例如:投资者主要关注技术效率和经济性等方面,政府则既要考虑该项目对当地经济的发展产生的影响,也要考虑社会和环境相关因素,而民众会更多地考虑能源投资对其生活水平和生活环境造成的影响。由此可知,由于能源系统与经济、环境、社会系统的紧密关系,对能源系统进行综合评价就需要考虑其经济性、环境性、社会性及其本身技术性方面的指标。

② 可持续性发展理论

20 世纪 80 年代之前,国家和地区将经济发展作为测度自身发展的唯一指标,过分追求国民生产总值和人均国民收入的迅速增长。此后,经济的迅速增长造成了资源短缺和环境污染这两个严重的全球性问题,威胁到人类长远的发展,这也迫使人们对当初的发展观进行了反思。1992 年联合国环境与发展大会之后,可持续发展作为新的发展模式倍受推崇。英国伦敦大学环境经济学家 D. W. Pearce 将可持续发展定义为随着时间的推移人类福利持续增长。负责环境与可持续发展的世界银行副行长 Serageldin 指出,可持续性就是给予子孙后代和我们一样多的甚至更多的人均财富。因此,在这些可持续发展的概念的基础上,学者们衡量可持续发展更多的会从经济、环境和社会等面进行综合考虑,而不仅仅是对经济方面进行考虑。新能源开发和利用的最终目的就是为了能满足可持续发展的需要,因此对新能源电力技术的评价和选择也需综合考虑经济、环境和社会等方面的因素。

③ 技术经济评价理论

技术经济评价最初是指基于项目的生命周期过程中的先进流入和流出情况,对系统所采用技术方案的经济合理性和有效性进行评价,后来逐渐引入国民经济评价以及环境评价和社会效益评价。从而形成了目前主流的技术经济评价理论,即要综合考虑技术的经济、环境和社会三方面的效率。生物质发电技术评价属于技术经济评价范围,因此其评价指标的选择必须涵盖技术经济评价要求的经济、环境和社会三种效益指标。技术经济评价的相关评价指标主要包括项目的净现值、投资收益率、投资回收期等,其具体评价方法包括考虑时间价值的动态技术经济分析和不考虑时间价值的静态技术经济分析两种。

2）二级指标选择

可再生能源系统的评价需要考虑系统在不同区域间建设运营的差异性。对于生物质发电系统的评价必须结合不同地区的实际特点及不同技术的应用背景，否则，评价结果的科学性及评价指标体系的实际应用价值就会打折扣。要避免上述问题，在进行二级评价指标的选择时，必须要保证在不同发电技术的一般性的基础上兼顾实际应用的特殊性。

根据第四章中生物质发电项目影响因素分析的结果，结合生物质发电系统评价的一般性要求和各自应用背景情况，本书通过对现有可再生能源系统评价的文献研究，筛选出了现有评价过程中所采用的具体的二级指标。通过对各个二级指标选择的频次的文献分析，本书还提出了一个指标认可度的概念，即二级指标的引用文献数量与其所属一级指标中所有二级指标引用文献数量的比值。指标认可度表示指标被相关专家学者认可的程度。指标认可度越高，说明该指标被相关学者所接收的程度越大，反之亦然。

生物质发电系统评价的经济评价一级指标所选的二级指标通常包括投资成本、运行维护成本、燃料成本、外部成本、投资回收期、单位发电成本等，其中投资成本是生物质发电项目初始的投资总额，主要用于生物质发电项目的建筑物建设、设备的购置等。运行维护成本包括生物质发电项目在实际运行过程中所涉及的所有成本费用，包括劳动力成本、设备的维修、保养和管理费用等。燃料成本包括生物质发电燃料的收集运输和存储过程中涉及的所有成本和费用。生物质发电项目的单位发电成本是项目电力生产总成本与年发电总量的比值，即生产每单位电力（kW·h）所需投入的平均成本。经济指标下的二级指标中认可度最高的是投资成本，其认可度值达到 0.732，说明项目的总投资成本是被考虑最多的经济评价指标。按各个二级指标的认可度进行排序，则经济评价指标下的二级指标前四个指标依次为总投资、运行维护成本、单位发电成本和投资回收期。

生物质发电系统评价的环境评价一级指标下的二级指标包括碳排放量、二氧化硫排放量、氮氧化物排放量和噪音等，其中认可度最高的二级指标为碳排放量指标，其认可度达到 0.648。而生物质发电项目主要环境污染物排放即为碳排放,二氧化硫排放、氮氧化物排放和噪音所造成的影响均可忽略不计。

生物质发电系统的社会评价一级指标下的二级指标包括社会认可度、社会效益、土地使用量、提供就业岗位量等。其中认可度最高的二级指标是提供就业岗位数量,其认可度达到 0.528,因此,评价生物质发电系统的社会效益,首先要看其能为社会提供的就业岗位的数量,包括生物质秸秆原料收集过程中所提供的相关就业岗位的数量。按照认可度进行排序,社会评价指标下的二级指标认可度排在前三位的指标依次为提供就业岗位数量、土地使用量和社会认可度。

6.1.3　指标关联分析

结合 5.2 生物质发电项目选址影响因素和 6.1.2 中现有评价指标情况,针对生物质发电项目区域适宜度评价的具体要求,构建候选指标集合为{原料产量、耕地面积、项目装机容量、发电效率、技术适用性、政策优惠、劳动力价格、电力市场需求、区域经济发展水平、区域电力消耗水平、区域电力增长量、社会认可度、公路密集度、原料市场竞争情况、区域碳排放压力、原料分布密度}。由于各指标存在相互关联的影响,且各指标间相互关联的作用关系对生物质发电项目厂址的选择会产生重要的影响作用。因此,下文将采用DEMATEL方法对该候选指标集中的各个指标进行关联分析。首先,对DEMATEL方法做一个简单的介绍,然后具体针对本来所提出的生物质发电项目选址问题中的候选指标集中的各个指标利用 DEMATEL 方法进行关联分析。

(1) DEMATEL 方法介绍

在对社会经济系统问题的研究中,人们发现,单靠社会科学、应用数学、管理科学中的任何一个都不能很好地完成。这是因为社会经济问题的研究与解决方法涉及多种学科领域,只有多学科交叉的综合性方法才是合适的,正是在这一背景下,TN 法于 1988 年在日本产生。TN 法是一种从系统诊断、系统优化到系统评价的集成化方法体系。针对存在于特定区域的问题,TN 法采用科学方法广泛收集信息,并通过定量的综合方法在影响问题的诸多因素中筛选出权重最大的关键因素,然后在相应的决策方案中运用适当的方法,科学而有效地提出对策并加以分析、评价与选择,最终找到解决问题的方法,从而为解决问题提供系统工具。

在 TN 法中其主要的操作步骤有:第一步,提出问题,收集信息,确定影响因素及可能的对策;第二步,借助图论等几何构造分析方法对目标问题加以评价,确定出重要的因素及相应的对策,常用的方法有 ISM(解释结构建模)法、DEMATEL(决策试行与评价实验室)法等;第三步,使用恰当的支持方法,对决策问题的各对策进行科学的评价,确定出最佳对策。

因此,DEMATEL 法也随着 TN 法的流行而随之被开发出来。DEMATEL (decision making trial and evaluation laboratory)法,它的中文含意是决策试行与评价实验室,是由美国学者于 1971 年提出来的。它是进行因素分析与识别的一种有效的方法,这种方法充分利用专家的经验和知识来处理复杂的社会问题,尤其对那些要素关系不确定的系统更为有效。DEMATEL 方法主要使用图论理论,以构造图的矩阵演算为中心进行。DEMATEL 方法的主要操作步骤可概括如下:

① 分析系统各要素之间直接关系的有无以及关系的强弱度。用数字表示各要素之间的强弱关系,其中,强=3,中=2,弱=1。

② 将有向图表示成矩阵形式,称为直接影响矩阵,记为 X^d,直接影响阵中的元素即为相应要素之间关系的强弱。

③ 为分析要素之间的间接影响关系,需要求综合影响矩阵 T。首先,我们需要求直接影响矩阵 X^d 各元素之和并取最大值。然后,再将直接影响矩阵 X^d 各元素除以最大值,得到规范化影响矩阵 X。最后根据综合影响矩阵公式 $T = X(I-X)^{-1} = (t_{ij})$,由直接影响矩阵 X 求出综合影响矩阵 T。

④ 考察 T 中元素 t_{ij},计算出每个元素的影响度、被影响度以及中心度与原因度。t_{ij} 表示要素 i 对要素 j 所带来的直接影响及间接影响的程度,或要素 j 从要素 i 受到的综合影响的程度。

影响度:T 的每行元素之和称为该行对应元素对所有其他元素的综合影响值,称为影响度。

被影响度:T 的每列元素之和为该列对应元素受其他各元素的综合影响

值,称为被影响度。

中心度:每个元素的影响度与被影响度之和称为该元素的中心度,它表示了该元素在系统中的位置,所起作用大小。

原因度:影响度与被影响度之差称为该元素的原因度。原因要素:原因度>0 表明该元素对其他要素影响大,称为原因要素。结果要素:原因度<0 表明该元素受其他要素影响大,称为结果要素。故而便可得出各个要素间的具体相互影响关系。

(2) DEMATEL 方法的问题求解

根据上文所阐述的 DEMATEL 方法介绍,以及 6.1.2 节内容中所确立的我国生物质发电产业空间布局的影响指标,下面将具体采用 DEMATEL 方法,对提出的各个指标进行关联性分析,如图 6.1 所示。

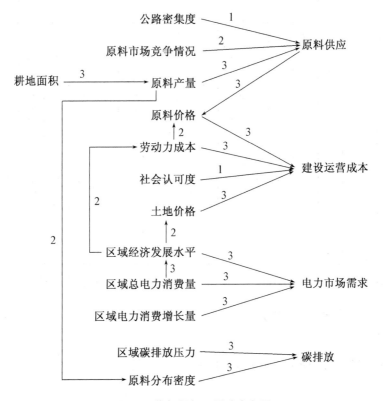

图 6.1　指标间相互影响有向图

图 6.1 中箭头指向表示各个指标间的影响方向,箭头上的数字表示影响关系的强弱,"3"表示强,"2"表示中,"1"表示弱。各个指标间的直接影响矩阵 X^d 如表 6.2 所示。

表 6.2　评价指标间直接影响矩阵 X^d

	1	2	3	4	5	6	7	8	9	10	11	12	13	14	15	16	17
1	0	0	0	0	0	0	0	0	3	0	0	0	0	0	0	0	0
2	0	0	0	0	0	0	0	0	0	0	0	0	0	0	0	0	0
3	0	0	0	0	0	0	0	0	0	0	0	0	0	0	0	0	0
4	0	0	0	0	0	0	0	0	0	0	0	0	0	0	0	0	0
5	0	0	0	0	0	0	0	3	0	0	0	0	0	0	0	0	0
6	1	0	0	0	0	0	0	0	0	0	0	0	0	0	0	0	0
7	2	0	0	0	0	0	0	0	0	0	0	0	0	0	0	0	0
8	3	0	0	0	0	0	0	0	0	0	0	0	0	0	0	0	2
9	0	3	0	0	0	0	0	0	0	0	0	0	0	0	0	0	0
10	0	3	0	0	0	0	0	0	2	0	0	0	0	0	0	0	0
11	0	1	0	0	0	0	0	0	0	0	0	0	0	0	0	0	0
12	0	3	0	0	0	0	0	0	0	0	0	0	0	0	0	0	0
13	0	0	3	0	0	0	0	0	0	2	0	2	0	0	0	0	0
14	0	0	3	0	0	0	0	0	0	0	0	0	3	0	0	0	0
15	0	0	3	0	0	0	0	0	0	0	0	0	0	0	0	0	0
16	0	0	0	3	0	0	0	0	0	0	0	0	0	0	0	0	0
17	0	0	0	3	0	0	0	0	0	0	0	0	0	0	0	0	0

根据直接影响矩阵(X^d)、规范化直接影响矩阵(G)的计算公式 $G = \dfrac{1}{\max\limits_{1 \leqslant i \leqslant n} \sum\limits_{j=1}^{n} a_{ij}} X^d$ 和综合影响矩阵(T)的计算公式 $T = G + G^2 + \cdots + G^n$ 计算出各个指标的综合影响矩阵,如表 6.3 所示。

表 6.3　候选评价指标间的综合影响矩阵

	1	2	3	4	5	6	7	8	9	10	11	12	13	14	15	16	17
1	0	9	0	0	0	0	0	0	3	0	0	0	0	0	0	0	0
2	0	0	0	0	0	0	0	0	0	0	0	0	0	0	0	0	0
3	0	0	0	0	0	0	0	0	0	0	0	0	0	0	0	0	0
1	0	9	0	0	0	0	0	0	3	0	0	0	0	0	0	0	0
4	0	0	0	0	0	0	0	0	0	0	0	0	0	0	0	0	0
5	9	81	0	18	0	0	0	0	3	27	0	0	0	0	0	0	6
6	1	9	0	0	0	0	0	0	3	0	0	0	0	0	0	0	0
7	2	18	0	0	0	0	0	0	6	0	0	0	0	0	0	0	0
8	3	27	0	6	0	0	0	0	9	0	0	0	0	0	0	0	2
9	0	3	0	0	0	0	0	0	0	2	0	0	0	0	0	0	0
10	0	9	0	0	0	0	0	0	2	0	0	0	0	0	0	0	0
11	0	1	0	0	0	0	0	0	0	0	0	0	0	0	0	0	0
12	0	3	0	0	0	0	0	0	0	0	0	0	0	0	0	0	0
13	0	24	3	0	0	0	0	0	4	2	0	2	0	0	0	0	0
14	0	72	12	0	0	0	0	0	12	6	0	6	3	0	0	0	0
15	0	0	3	0	0	0	0	0	0	0	0	0	0	0	0	0	0
16	0	0	0	3	0	0	0	0	0	0	0	0	0	0	0	0	0
17	0	0	0	3	0	0	0	0	0	0	0	0	0	0	0	0	0

根据指标间的综合影响矩阵计算各个指标的中心度和原因度,结果如表 6.4 所示。

表 6.4　候选评价指标原因度和中心度

指标编号	指标名称	原因度	中心度	指标编号	指标名称	原因度	中心度
1	原料供应	−3	27	10	劳动力成本	3	19
2	建设运营成本	−256	256	11	社会认可度	1	1
3	电力市场需求	−18	18	12	土地价格	−5	11
4	碳排放	−30	30	13	区域经济发展水平	32	38
5	耕地面积	144	144	14	区域总电力消费量	111	111
6	公路密集度	13	13	15	区域电力消费增长	3	3
7	原料市场竞争情况	26	26	16	区域碳排放压力	3	3
8	原料产量	44	50	17	原料分布密度	−5	11
9	原料价格	−63	69				

根据表 6.4 可知,原因度为负的指标包括原料供应、建设运营成本、电力市场需求、碳排放、原料价格、土地价格和原料分布密度。原因度为负表明该指标可能受其他几个指标影响或可通过其他几个指标解释,体现在评价指标体系中处于高一级指标层。而根据图 6.1 可知,原料价格和土地价格均对建设运营成本有直接影响,因此可以作为建设运营成本的“原因”指标,原料分布密度可以作为碳排放的“原因”指标。根据上述分析,从而将所有候选指标分为两个评价指标层级。

6.2 生物质直燃发电项目区位选择指标体系

6.2.1 生物质发电项目区位评价指标体系构建

根据生物质直燃发电项目区位选择的目标要求及项目自身的技术特点,在指标关联分析基础上,提取生物质秸秆原料供应、电力市场需求、建设运营成本和碳排放四个指标作为二级指标,选择它们各自的“原因”指标作为三级指标,构建生物质发电项目区位选择评价指标体系如图 6.2 所示。

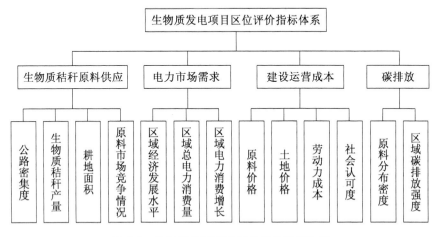

图 6.2 生物质发电项目区位评价指标体系

(1)生物质秸秆原料供应

生物质原料供应情况决定了生物质发电项目的实际产出和生产效率,原料供应越充足,项目的实际产出和生产效率越高。而生物质原料的供应主要取决于区域生物质秸秆产量、公路密集度、原料市场竞争度和耕地面积四个指标。贺仁飞(2013)估算了包括农林废弃物、畜禽粪便等在内的我国生物质能资源量,还对其时空演变格局以及分布规律进行了分析。

区域生物质秸秆产量指区域内部每年产生的农作物秸秆的总量,其中部分被农户作为家庭用能消耗掉,部分被露天丢弃或焚烧,还有一部分作为商用材料,用作编织草绳原料、作为菌菇培养基等。能够作为发电燃料的生物质秸秆量约占秸秆年产量的不到30%。区域秸秆产量充分反映了区域生物质发电秸秆原料的供应潜力。生物质秸秆总产量可通过各类农作物产品产量乘以其对应的谷草比后求和得到,具体计算公式如式(6.1)所示

$$Q_s = \sum_i Q_i \gamma_i \qquad \qquad 式(6.1)$$

其中,Q_s 为生物质秸秆总产量;

Q_i 为第 i 种农作物总产量;

γ_i 为第 i 种农作物对应的谷草比。

公路密集度表示区域内公路网的密集程度。它反映了区域内秸秆原料运输的便利性。区域路网建设越完善,公路密集度越大,秸秆原料在区域内运输越方便,生物质秸秆原料的供应能力也越强。我国市域范围内主要公路网由二级公路、三级公路、四级公路等组成。区域公路密集度的大小则主要取决于上述这些公路的密度,可通过统计年鉴中百平方公里内公路长度($10^{-2}\,km/km^2$)这一指标来计算。

原料市场竞争度指标是指区域内生物质秸秆原料的竞争强度,可通过计算区域内已有的生物质发电项目数量以及其他生物质原料消耗企业的数量或生物质秸秆年商业化利用需求总量来确定。区域内生物质秸秆市场竞争情况对生物质秸秆发电项目的原料供应具有十分重要的影响。区域内秸秆市场竞争越激烈,对秸秆原料的需求量越大,越容易引起生物质电厂的原料供应中断,造成设备的停机,降低产能利用效率。

耕地面积是区域内可用于进行农业耕种的土地面积,耕地面积主要通过影响区域内秸秆原料的产量来影响原料供应。

（2）电力市场需求

电力市场需求是影响生物质发电项目区位选择的重要因素。本书选择了区域经济发展水平、区域电力消费总量和区域电力消费增长三个指标作为电力市场需求的三级评价指标。

区域经济发展水平一定程度上反映了一个区域电力消费情况及其电力需求。根据现有研究，能源是除了劳动力和投资之外的一个重要的生产投入要素。与此同时，区域发展水平越高，居民生活耗能越大，因此电力需求也越大。

区域电力消费总量反映了一个地区实际生产生活过程中所需要的电力的最小值，是现阶段生物质发电项目电力产品的市场最小值。电力消费总量主要包括社会的工业用电量和全社会居民用电总量两个部分。指标的实际大小可通过查询区域统计年鉴等资料获得。

区域电力消费增长反映了一个地区实际电力消费的增长情况，是评价地区电力消费增长的重要指标之一。区域电力消费增长率越大，表示区域未来电力消费水平越高，也表明区域未来电力消费总量大的可能性越大。电力消费增长率指标也能通过查阅区域统计年鉴得到。

（3）建设运营成本

建设运营成本是生物质发电项目经济效益评价的重要指标，不同区位生物质发电项目的建设运营成本的差异主要在于土地价格、劳动力工资水平和生物质秸秆原料购买价格三个方面，同时区域内居民对生物质发电项目的认可度对项目的建设运营成本也具有一定的影响。因此选择上述四个指标作为建设运营成本的三级评价指标。

土地价格指标是影响生物质发电项目建设成本的重要指标。生物质发电项目占地面积大，需要购置的土地面积大。不同地区土地价格不同，从而引起生物质发电项目在不同区域建设的土地成本不同。因此在评价生物质发电项目在不同地区的建设运营成本过程中，需要充分考虑区域土地价格指标的影响。

劳动力成本是指生物质发电项目在运营过程中需要为所雇佣的管理人员、技术人员以及一般的临时作业员所支付的工资和福利等成本。一座装机规模为 24 MW 的生物质秸秆直燃发电项目所需的总的员工人数约为 110

人,相比其他类型的新能源发电项目而言,生物质发电项目的运营成本中劳动力成本占较大的比重。

秸秆原料价格是指区域内秸秆原料的田间收购价格,主要受劳动力成本和秸秆供应的影响。它显示了区域内农户愿意出售秸秆的价格水平。区域秸秆供应越充足,原料价格越低;区域劳动力水平越高,区域内的农户的秸秆出售愿望越低,需要为秸秆原料支付更高的价格才能刺激农户去收集和出售秸秆。而秸秆原料成本占生物质秸秆发电项目发电总成本的60%以上。因此,区域秸秆原料的价格对生物质发电项目的成本具有十分重大的影响。

社会认可度是区域内居民对生物质发电项目的接受程度,社会认可度低,生物质发电项目建设运营过程中则会遇到一些阻碍,从而增加一些额外成本。社会认可度越高,生物质发电项目在区域内建设运营越顺利,也表明农户出售秸秆的意愿越大,同时项目的一些管理成本越低。

(4) 碳排放

生物质发电项目一直以其减排效力而著称,曹国良等(2007)实验测得农田秸秆露天焚烧的排放因子中CO_2排放因子为$1\,400\sim1\,800\ g/kg$,而秸秆露天焚烧的排放量对全国总排放量的影响非常明显。秸秆集中焚烧发电后可极大地提高其碳排放强度。然而,秸秆原料收集储运的过程中需要消耗大量化石能源,从而会产生二氧化碳排放,A. Kumar(2014)运用生命周期技术分析了农林生物质电厂全生命周期过程中的能源消耗和排放问题。区位的选择对秸秆原料的收集储运具有极大的影响,因此在区位评价的过程中需要进一步考虑碳排放因素的影响。本书主要选择了区域碳排放强度和秸秆分布密度两个指标作为碳排放的三级评价指标。

区域碳排放强度反映了区域碳减排压力,根据可持续发展理论的要求,区域碳排放强度越大,区域对清洁能源项目的偏好程度越高,项目可能享受的政策优惠额度越大。

秸秆分布密度反映了生物质发电项目秸秆原料收集过程中产生的碳排放量。在一定程度上反映了项目在不同地区间建设运营过程中碳排放总量的差异。

6.2.2 指标权重确定

根据上述生物质发电项目区位选择评价指标的选择,本书建立了如图6.3所示的生物质发电项目区位评价指标权重体系。

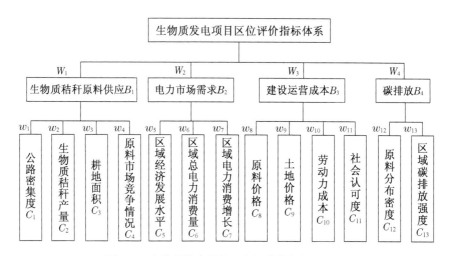

图 6.3 生物质发电项目区位评价指标权重体系

图 6.3 中,W_i 表示第 i 个一级指标(B_i)对应的权重,w_i 表示指标第 i 个二级指标(C_i)对应的权重。其满足下述关系:

$$W_1+W_2+W_3+W_4=1 \tag{6.2}$$

$$w_1+w_2+w_3+w_4+w_5+w_6+w_7+w_8+w_9+w_{10}+w_{11}+w_{12}+w_{13}=1$$
$$\tag{6.3}$$

评价指标权重的确定方法包括均权法、离差权法、最优权法、专家打分法等。均权法认为每个评价指标均有相等的重要性,即不同指标的权重相同。离差权法则以每一项指标实际样本观测值的标准差作为其权重。

主观上来讲,评价指标权重是评价主体偏好的体现。当项目评价主体是投资者时,经济效益指标的权重会大于其他几个指标的权重,这体现了投资者对经济效益的偏好和追求;若评价主体是政府部门或社会群体,则更偏好生物质发电技术的环境效益和社会效益,所以这两项指标的权重会较大。客观地说,评价指标权重是评价对象各属性综合水平的体现。因此,评价指标的权重的确定对于生物质发电技术的综合评价结果有着重大的影响。

生物质发电项目区位评价指标权重具有一定的压力—响应形式下的动态性特征。不同项目由于其承担的经济和环境压力不同,其对不同指标的偏好也不相同,若项目的建设主要以经济效益为目的,则其对原料供应、电力市场需求和建设运营成本三个指标的偏好程度越大,对碳排放指标的偏好要求较低;若项目的建设不仅以经济发展为目的,还注重项目的实际减排效果,则碳排放指标的权重应当不低于其他三个指标的权重。综上所述,生物质发电项目区位选择过程中,各个评价指标的权重具有不确定性。T. J. Stewart 分析了如何将多指标决策方法与情景分析技术相结合来分析决策过程中存在的不确定性问题。一般而言,评价指标越重要,权重越大,而考虑到生物质发电评价过程中的复杂性,应用情景分析法可以对生物质发电不同权重情景下评价结果的差异进行对比分析。

为了具体分析碳排放指标偏好不同带来的生物质发电项目区位选择结果的差异,本书设定了 3 个不同情景,每个情景下经济效益类指标权重与环境效益类指标权重分配比重不同,继而比较了不同水平的碳排放指标权重下生物质发电项目区位选择结果的差异。本书设定了如表 6.5 所示的 3 种情景。

表 6.5　评价指标权重设定方案

二级指标	B_1	B_2	B_3	B_4
情景 1	0.3	0.3	0.3	0.1
情景 2	0.25	0.25	0.25	0.25
情景 3	0.2	0.2	0.2	0.4

在情景 1 中,假设区域经济发展水平一般,环境压力在三种情境中最小,区域发展以经济发展为唯一目标。在此情景中,经济效益指标是区域决策者进行项目评价的最主要目标,其碳排放指标在决策过程中只占很少的地位。因此设定在该情景中经济效益指标权重之和占 90%,碳排放指标只占 10%。由于经济效益指标的各个二级指标和对应的三级指标的权重分配不是本书讨论的重点内容,因此采用等权分配的原则进行分配。

在情景 2 中,假设区域经济发展处于中游水平。区域发展仍将以经济发展为重心,但考虑到可持续发展等因素的影响,对于碳排放的重视程度需要提高。在此情景中,区域发展决策者在考虑经济效益和碳排放两个要素的影响时,仍然将经济效益作为项目评价和选择的一个关键因素,但同时也加大对项目碳排放因素的重视程度。因此设定在该情景中经济效益指标权重之和占75%,碳排放指标占25%。

在情景3中,区域经济发展处于最高的水平。区域对相关产业和项目具有足够的吸引力,但区域碳排放压力较大,在项目选择的过程中需要从战略发展的角度,以可持续发展为目标,进一步加大环境要素即碳排放的影响。在此情景中,区域发展决策者已经将碳排放要素作为项目评价和选择的关键性要素。因此设定在该情景中经济效益指标权重之和占60%,碳排放指标权重占40%,碳排放指标成为影响项目区位选择的重要影响因素。

6.3　评价方法

生物质秸秆发电项目区域适宜度评价具体过程包括:选择评价指标、建立区位因素选择集、数据采集、数据标准化和比较分析。区位因素选择集为选择生物质发电项目区位选择评价具体指标,再通过具体的数据采集(文献调查、隶属度函数、实地调研等)得到各个候选方案对应的各个指标值,再对这些指标值进行无量纲化处理。基于多属性决策的方法,得到可以直接进行比较分析的标准值后通过加权和的方法得到各候选方案的综合得分,通过综合得分的比较得到项目区位选择的最优结果。

6.3.1　区位因素选择集

因素集就是关于评价对象的各项影响因素的集合,即上一节整理的指标集合。通常用 U 来表示: $U=\{u_1,u_2,\cdots,u_n\}$。其中, $u_i(i=1,2,\cdots,n)$ 代表各项指标,这些指标通常具有模糊性,对于可以量化处理的指标,我们可以用隶属度为1来描述它。区位选择过程中所采用的因素集中的元素可以是精确的或者模糊的。但因素集本身是非模糊的,其元素与集合的关系要么是 $u_i \in U$,

要么是 $u_i \notin U$，因此，因素集本身是一个康托集合。

在本书中，生物质发电项目区位选择的因素集为{生物质秸秆产量，公路密集度，原料市场竞争度，电力消费总量，电力消费增长率，土地价格，劳动力成本，原料强度，碳排放强度，原料分布密度}。集合中的因素分别属于生物质发电项目区位评价的生物质原料供应、电力市场需求、建设运营成本和碳排放四个二级指标。

6.3.2　多属性分析

由多个相互联系、相互依存的评价指标，按照一定层次结构组合而成，具有特定评价功能的有机整体，称为多属性决策的指标体系。多属性决策分析主要用于研究多目标、多方案、多指标之间的比较问题。该问题的特点主要是：各指标间具有不可公度性，指标之间没有统一量纲，难以用同一标准进行评价；同时，指标之间可能存在一定的矛盾性，某一方案提高了这个指标，却可能损害另一指标。上述问题即为多属性决策方法研究的问题。目前对该问题所采用的研究方法主要有：加权和法、加权积法、Topsis 法等。这些方法都是通过对各个方案的多个属性（即指标）的分析，得到每个方案的实际结果。在本书中，生物质秸秆发电项目的区位选择需要考虑因素集中多个指标的影响。与此同时，还要考虑到项目区位选择过程中的不确定性问题。通过对各个方案多指标分析的结果进行处理后得到方案的综合得分情况，对指标进行处理的方法通常用加权求和法。对于项目选址过程中的不确定问题，本书引用了Theodor J. Stewart 等(2013)所建的综合情景分析与多属性决策分析技术的模型，假设了三种情景下各个指标的权重值，从而对各个方案进行对比分析得到项目最终的区位选择结果。

6.3.3　数据采集及其处理

（1）数据采集

数据采集方法包括实验记录、文献资料整理、实地调研、问卷调查等。根据图 6.1 中所设计的评价指标要求，本书所需要的数据包括生物质发电技术的实际运行参数、经济效果以及环境效果，针对这些数据要求，本书采用的数据采集方法包括文献资料整理、实地调研以及问卷调查和隶属度函数法等。其中隶属度函数法概念如下：

隶属度函数用于映射指标集关于模糊集的隶属度，在使用模糊综合评价法对选址方案进行评价时必须要先确定隶属度函数。隶属度函数不是一个特定函数，其确立需要通过大量实验，因此也具有一定的主观性。

本书采用模糊统计的方法建立相应的隶属度函数。模糊统计法类似于概率统计，即将统计中的各对象特征的相对频数视为各点的隶属度，然后根据统计结果求出隶属度函数。

该方法基本思想是假设一个可变集合 A_i 属于论域 U，即 $A_i \subseteq U (i=1, 2, \cdots, N)$。其中，$i$ 表示第 i 次试验，A_i 是第 i 次试验确定的集合，N 是试验的次数，且所有的 A_i 都对应于同一个模糊集 A。那么，确定元素 v_0 对 A 的隶属频率就是试验中 $v_0 \in A_i$ 的次数与总的试验次数的比值，公式如下：

v_0 对 A 的隶属频率＝$v_0 \in A_i$ 的次数/试验总次数 N

随着 N 的增大，隶属频率也会趋向稳定，当 N 足够大时，这个稳定值就可以代表 v_0 对 A 的隶属度。

此外，确定隶属度函数的方法还有典型函数法、例证法、三分法、增量法、多相模糊统计法和二元对比排序法等。

对于一些理论研究相对比较成熟的评价指标值，本书主要采用文献资料调查法，通过对现有研究结果的整理，采集相关数值。对于资源条件类的评价指标，本书也主要采用文献资料调查的方法，通过对相关统计资料的整理，获得对实际区域的资源条件数据。

（2）数据处理

评价指标的标准化也可称为规范化。由于评价指标体系中各指标均有不同的量纲，给综合评价带来了诸多困难，因此有必要将不同量纲的指标通过适当变换，转化为无量纲的标准化指标，这一过程即为评价指标的标准化。其一是为了解决指标之间不可公度的问题，其二是为了解决不同属性数值上相差悬殊的问题。

对于定性指标，由于其本身只能做定性的描述，因此其指标的标准化主要是指将其指标问题性质划分为不同的类别，分别赋予不同的数量值，常用的级别划分法有 5 分制和 10 分制两种。本书根据评价指标的实际需求,采用 5 分制方法对生物质发电技术成熟度指标进行赋值。在对整个评价指标体系进行数据处理时,可用标杆法,选择每一项最优结果组成的评价结果作为最优标杆,以最优标杆的每一项指标值对应为 1,从而计算不同的发电技术在每一项的不同得分情况,最后根据评价指标的权重计算得出每项发电技术的综合评价得分,从而进行生物质发电技术的评价和选择。

评价指标按照其实际意义和内涵,通常可分为效益型、成本型和区间型三类,对这三类指标的标准化,其要求不同,因此所采用的方法也不同。对于效益型指标,由于效益比较时效益越大其结果越好。因此,对于效益型指标,其指标无量纲化可采用式(6.4)进行。

$$\overline{u}_{ij} = \frac{u_{ij}}{\max_j u_{i.}} \qquad\qquad 式(6.4)$$

其中,

$\overline{u}_{ij}$ 为无量纲化后的第 j 个评价对象的第 i 个指标值;

u_{ij} 为初始的第 j 个对象的第 i 个指标值;

$\max_j u_{i.}$ 为所有评价对象的第 i 个指标值构成的集合中的最大值。

对于成本型指标,在成本比较时,其成本越小结果越好,因此其无量纲化处理可采用式(6.5)进行。

$$\overline{u}_{ij} = \frac{\max_j u_{i.} + \min_j u_{i.} - u_{ij}}{\max_j u_{i.}} \qquad\qquad 式(6.5)$$

其中,$\min_j u_{i.}$ 为所有评价对象的第 i 个指标值构成的集合中的最小值。

本书主要涉及的生物质发电项目指标为效益型指标和成本型指标两种,生物质原料供应、电力市场需求和建设运营成本均可视为经济效益类指标,而碳排放指标为环境效益类指标。所采用的指标的无量纲化方法也如式(6.4)和式(6.5)所示。利用这两种标准化方法能够避免指标值出现 0 的情况。

6.3.4　可行性分析

可行性分析是指在对生物质发电项目进行模型的选址后结合现实的情况特征,对选址是否可行进行评判以及修改的过程。其中包含:自然条件分析、技术条件分析、政策条件分析以及环境评价四个方面,具体内容如下文所示。

（1）自然条件分析

利用上述方法在对生物质发电项目进行选址时,可能最优的选址地点在湖泊、山脉、自然保护区等不可建设工厂的地区。由于自然、地理因素等条件,最优地址无法建设生物质电厂,此时应根据具体的情况,适当考虑周边地区是否适合建设生物质电厂,或者进一步分析其原料供应、经济成本等因素另选其他厂址。

（2）技术条件分析

不同的生物质发电厂具有不同的技术条件,尤其是其发电设备的采购与维护情况存在不同。在大多数设备不能自我进行维护且对设备的参数不是特别熟悉的情况下,如果根据上述的选址模型进行定址的区域距离维护基站比较远,可能需要对一些设备进行运输后才能维护,应当在考虑技术条件后,对所选厂址适当的进行调整。

（3）政策条件分析

政策条件分析是指选址不能与国家或者地方的法令、条例相冲突。例如:

① 依据国家发改委发布的《关于生物质发电项目建设管理的通知》,原则上每个县或 100 公里半径范围内不得重复布置生物质发电厂。因此如果使用模型求解的选址方案违反了这一原则,那么就需要放弃该方案重新决策。

② 选址结果不符合政府对该地区建设用地的规划,此时也应变更电厂的选址决策。如江苏省如东 25 MW 秸秆发电项目厂址原拟议选择在马塘镇马丰村规划建设用地内。在随后开展的项目征地工作过程中,因国家对江苏省的新增建设用地批准实行冻结,若按原推荐的马北村厂址进行建设用地报批,很难获得批准。鉴于以上各方面原因,项目的选址最终变更为现在的掘港镇境内的原鸣星建材有限责任公司场区内。

（4）环境评价

生物质发电项目在运营过程中也会产生一定的污染,主要包括废气、废水、废渣和噪声。这些污染对于当地环境和居民也有很大影响。因此,我们需要根据不同的生物质发电项目规模所造成的环境影响程度,来对周边的居民区的距离进行考察,消除对居民的生活与健康带来的负面影响。下面将具体从废气、废水、废渣和噪声四个方面对生物质发电项目的环境影响进行评价。

① 废气

根据相关参数的统计,生物质发电过程中 1 台 130 t/h 锅炉燃用秸秆,额定蒸发量时,燃料量约为 21.88 t/h,吸风机出口过剩空气系数为 1.5 时,期所产生的 SO_2 排放为 39.38 kg/h,干烟气排放总量为 129 437 Nm^3/h,采用除尘器后烟尘排放量为 1.303 kg/h,排放浓度满足国家排放标准,但电厂居民能直观感受到该污染。

② 废水

生物质电厂产生的废水主要有三种:化学酸碱水、生活污水和循环水排污水。三种污水的处理方式各不相同,化学酸碱水需要经过中和池中和其酸性或碱性,生活污水需要经过地埋式设备等去除其细菌等污染,循环水排污水则需要通过加药处理清除其悬浮物等。在污染防治措施完善的情况下,这一污染对居民影响不大。

③ 灰渣

1 台 130 t/h 锅炉的小时灰渣量为 0.867 3 t,日灰渣量为 19.080 6 t,年灰渣量为 4 770.15 t,灰渣对于农田有一定的增肥作用,因此灰渣可以销售给农户。在电厂贮灰仓设计合理的情况下,灰渣一般对电厂附近居民影响不大。

④ 噪音

生物质电厂产生的噪声主要源于各种转动机械和锅炉排汽等,锅炉排汽噪声值约为 130 dB(A),送、吸风机噪声值约为 90 dB(A),汽轮发电机组噪声值为 90～100 dB(A),给水泵噪声值为 80～100 dB(A)。噪音可以通过隔音罩、消音器等设施减弱,但无法消除。因此该污染对居民的影响很大。

综上所述,生物质电厂定址时主要会给居民带来噪音与废气的污染,所以应避免将生物质发电的厂址选择在居民居住区或靠近居民区以及学校、医院等的地点。虽然,靠近居民区从经济上来说能够给企业带来利润,但是,从项目的可持续性运营以及社会责任角度企业应避免此种情况的出现。

第七章　我国生物质发电产业空间布局的定址模型

本章在分析影响我国生物质发电产业空间布局的因素的基础上,进一步细化影响因素,从微观层面确定生物质发电企业最优选的位置。

7.1　几个影响因素的进一步分析

7.1.1　装机规模与原料需求量

生物质发电项目装机规模决定了生物质发电项目年生产能力。一个24 MW 生物质发电项目在满负荷运行状态下,若每年运行时长为 6 000 h,则项目年生产电力为 24×6 000 MWh。根据能量守恒定律,项目需要消耗的生物质秸秆原料总热量也要达到 24×6 000 MWh 以上,具体转换如式(7.1)所示。

$$D = \frac{M \cdot AH}{\mu q} \times 3.6 \times 10^3 \qquad \text{式(7.1)}$$

其中,

D 为项目年生物质秸秆原料需求量(吨);

M 为项目装机规模(MW);

AH 为生物质发电项目年满负荷运行小时数(h);

μ 为生物质发电项目热转化效率(%);

q 为生物质秸秆热值(J/kg)。

根据式(7.1)可知,生物质发电项目原料需求量由项目装机规模、项目年满负荷运行小时数、项目能量转化效率以及生物质秸秆原料的热值四个参数决定。由于生物质发电项目年满负荷运行小时数同时又与项目实际生物质秸秆原料供应情况有关,项目年秸秆供应量越大,原料供应越稳定,则项目年满负荷运行小时数越多,项目秸秆需求也越高。因此,生物质发电项目年满负荷运行小时数即项目产能利用率与生物质原料供应量是一种双向影响关系,其中最主要的因果关系为:生物质原料供应是否稳定为生物质发电项目产能利用率大小的主要原因。μ 为生物质发电项目能量转化效率,主要与项目所采用的具体发电技术相关,其大小主要受设备及技术的先进性的影响,生物质发电项目所采用的发电技术和设备水平越高,项目的能量转换效率也越高。q 为生物质秸秆热值,其具体大小由区域生物质秸秆的理化特性所决定,但不同区域间的变化对项目选址的结果影响也较小。综上所述,生物质发电项目年生物质秸秆原料需求总量主要由项目的装机规模决定。生物质发电项目发电过程中的单位秸秆需求量为 $1.2 \sim 2$ kg/kW·h。一个 24 MW 的生物质发电项目年运行 6 000 小时条件下,秸秆需求总量约为 23 万吨。

7.1.2　原料需求量与收购半径

生物质发电项目定址过程中,除了要考虑生物质发电项目原料需求量的影响外,还要考虑项目秸秆收购半径的影响。在特定区域范围内,生物质秸秆收购半径与原料需求量和秸秆的分布特点相关。同时还与区域内农业用地的分布和区域交通情况相关。假设生物质秸秆原料在区域内按照圆形特征均匀分布(见图 7.1),则生物质秸秆收购半径与项目原料需求量之间的关系如式(7.2)所示。

$$D = \rho \pi r^2 \qquad \qquad 式(7.2)$$

其中,

ρ 为生物质秸秆区域分布密度(kg/km²);

r 为生物质秸秆收购半径(km)。

根据式(7.2)可知,理论上来讲,在秸秆原料圆形分布的假设下,秸秆分布密度与以收购半径为半径的圆形的面积的乘积即为项目的秸秆原料需求量。在实际计算过程中,不仅要考虑生物质秸秆的实际分布特征,还要考虑秸秆收购半径的直线距离与实际运输距离之间的关系。通过秸秆收购半径的大小,分析秸秆原料收集运输过程中的能耗问题。

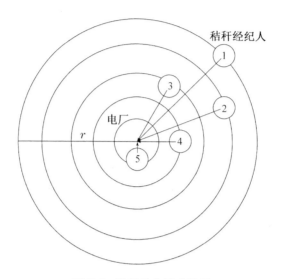

图 7.1　秸秆收集模式简图

7.1.3　收购半径与运输能耗

生物质秸秆在运输过程中会产生一定的化石能源消耗,该能源消耗与秸秆原料的收集半径相关,也与所使用的运输工具相关。

生物质秸秆收购半径越大,单位秸秆的运输能耗也越大。秸秆运输能耗与收购半径之间的关系可通过式(7.3)表示。

$$E_t = \omega\tau r \qquad\qquad 式(7.3)$$

其中,

E_t 为单位质量秸秆收集过程中化石能源消耗(kg/t);

ω 为单位质量秸秆运输单位距离的化石能源消耗(kg/(t·km));

τ 为曲折因子,反映实际运输路线距离与直线距离之间的偏差。

由式(7.3)可知,单位质量生物质秸秆原料运输能耗为秸秆运输距离和单位质量秸秆单位距离内运输能耗的乘积,而秸秆运输距离为秸秆的收购半径与区域内的曲折因子的乘积。因此,在区域曲折因子一定的条件下,生物质秸秆原料的运输能耗与其收购半径呈线性相关关系,其相关系数为区域曲折因子与单位质量秸秆原料在单位距离内运输能耗的乘积。

7.2 模型构造

7.2.1 基本模型构建

为了同时考虑生物质发电项目选址的经济效益和环境效益的优化问题，本书采用线性规划的方法建立了一个多目标线性规划模型。以生物质发电项目成本最低和碳排放量最少为目标，所建立的线性规划模型基于 Kocoloski 等(2011)所建立的混合线性规划(MIP)模型，同时引入碳排放目标作为生物质发电项目选址的优化目标之一。在原模型中，项目的运营成本(包括生物质和乙醇的运输成本、设施的投资和运营成本)是主要的规划目标，设备设施的规模是主要的约束条件。在本书中，生物质发电项目的规划选址主要集中在区域范围内。通过将一个大的区位划分为几个主要区域，而一个小的区域代表一个主要的秸秆原料供应单位，从而将生物质发电项目的定址问题转化为一个运输规划问题。

如图 7.2 所示，某生物质发电项目有三个候选厂址，该地区农作物生产主要集中在五个区域内，每个区域均为项目发电的原料收集中心，生物质原料的收集和运输主要包括原料在各个区域内的收集，该收集范围主要集中在 10 km 范围内，采用小型农业运输机械进行运输，区域间采用点对点运输方式，主要设备为 20～25 t 卡车。

假设 $y_j = \begin{cases} 0, \\ 1, \end{cases} (j=1,2,3\cdots)$，$y_j=0$ 时，项目未建设于 j 处；$y_j=1$ 时，项目建设在 j 处。$x_{ij}(i=1,2,3\cdots,j=1,2,3\cdots)$ 表示从原料供应区域 i 运往候选点 j 处的生物质原料量，若 $y_j=0$，则 $x_{.j}=0$。

本书的规划目标主要包括经济效益最优和碳排放量最少两个部分。

目标 1：生物质发电项目的经济效益最优

由于在某一确定区位内，生物质发电项目年发电量及上网电价为确定值，因此，生物质发电项目效益的最优即为项目生产成本的最低。

Mohammad(2014)对生物质气化发电项目经济评价过程中提出生物质发

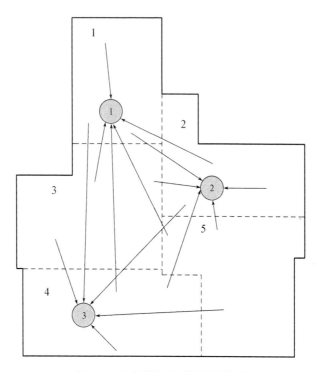

图 7.2　生物质发电项目选址模型

电项目成本主要包括项目初始投入、项目运营维护成本(主要包括原料成本、劳动力成本和能源成本三个部分)。Wright 等(2014)用项目的建设运营成本和燃料成本减去获得的经济扶持和供热收益作为发电的总成本,建立了生物质发电项目平均发电成本的计算模型。生物质发电成本中约 60% 为生物质燃料成本,包括燃料的购买成本和储运成本。陈丽欢等(2012)采用作业成本法,以秸秆电厂下属的秸秆收购中心为作业中心,对江苏、河南、河北等多个地区不同秸秆原料的物流成本进行了分析,计算得出水稻秸秆、小麦秸秆、玉米秸秆、棉花秸秆物流总成本分别为 226、228、217 和 192 元/吨。

Rogers 和 Brammer(2009)在分析生物质气化发电成本时,提出在生物质原料收购现场建立原料预处理点,将生物质原料进行气化处理后再集中运送到电厂发电。作者以每单位热力的生物质原料的运送成本为中介建立了电厂原料运送成本的计算模型。

根据 Ruiz 等(2013)研究,生物质发电原料从临时收购点运送到电厂的成本中 75% 为卡车的成本。卡车的成本包括卡车购买成本、运行和维护成本、燃料成本、司机工资等，与此同时，影响生物质原料运输成本的两个主要因素是运输的距离和运输的时间，其中运输距离主要影响其能源消耗，而运输的时长则对运输的成本具有关键的影响。

　　对于生物质发电项目全生命周期下的成本构成进行分析，首先要对目前生物质秸秆燃料收集的模式进行分析，目前秸秆收集的主要模式如下：

　　分散的农户→秸秆经纪人（电厂培养）→收购站/点（电厂负责建设和管理）→电厂仓库

　　该模式实际情形为，由电厂投资建设 t 个秸秆收购站。同时每个收购站下辖多个有固定场所的秸秆收购点，由电厂培养秸秆经纪人负责收购秸秆后集中送到秸秆收购点进行打包压缩再集中送往电厂周围的秸秆收购站，每个收购站每天负责收集的秸秆量为 $d=D/365\ t$。每个收购站负责承担 10～13 个经纪人所收集的秸秆燃料的数量。

　　（1）秸秆经纪人成本

　　由于我国实行的农业生产制度为联产承包责任制，农田被分割为分散的小块，且田间道路比较狭窄，不能通过大型的运输设备且我国农作物秸秆的分布比较分散。因此经纪人在进行秸秆的田间收集和运输过程中所使用的运输工具一般为农用拖拉机，每辆拖拉机每次最多能够装载秸秆总量约为 1 吨，设秸秆分散装车过程中的运输油耗为 q_f，每次运输的半径为 r_1（含散户田间收集行驶距离，$r_1 \leqslant 10\ \text{km}$），经纪人收集秸秆所使用的拖拉机的油耗（即每次运输秸秆油耗）约为 $2q_f r_1$。拖拉机所使用的燃料为柴油，设其价格为 p_d，单位秸秆经纪人收集和运输（一级运输）所产生的柴油成本 $c_{d1}=2p_d q_f r_1$，假设车辆的维护费（c_{td}）为运输费用的 15%，即 $c_{td}=15\%c_{d1}$。

　　经纪人田间收集秸秆的价格为 p_{s1}，每个收购站收购秸秆的价格为 p_{s2}，经纪人的利润率为 10%，则秸秆的一级收购成本为：$c_{c1}=p_{s1}+c_{d1}+c_{td}$。经纪人出售秸秆给收购站的价格为：$p_{s2}=(1+10\%)c_{c1}$。

　　（2）收购站运输成本

　　经纪人将秸秆集中送往收购站，收购站对秸秆进行破碎和打包等处理。收购站收购秸秆价格为 p_{s2}，经纪人收集秸秆的价格为 p_{s1}。从图 7.1 可知，秸秆由收购站运至电厂的平均距离为 $r_2 = r/2$，秸秆经打包后可采用5吨车辆进行集中运输，运输的能耗成本为 $c_{d2} = 2p_dq_er_2$；其中，经打包后的秸秆运输能耗为 q_e。单位秸秆由收购站运输至电厂的成本（二级运输成本）的计算公式为

$$c_{c2} = \frac{c_{d1}}{5}。$$

（3）电力生产成本

电力生产成本即电厂进行电力生产消耗的成本费用，包括电厂固定投资、人力成本、设备成本、财务、管理及其他成本费用和原料收集成本，主要涉及的计算项目包括：

① 人力成本。电厂一线工人数（包括收购站工人）N，平均工资为 S，则人力成本为 $c_e = 12NS$；

② 设备能耗成本。电厂秸秆进料系统如图7.3所示。

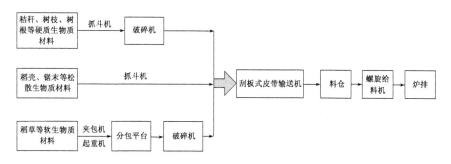

图7.3　电厂秸秆进料系统模式图

涉及设备包括叉车、抓斗机、破碎机、夹包机、起重机、分包平台、刮板式皮带输送机和螺旋给料机，其中非电能消耗的机械为叉车、抓斗机、起重机。

设备运行所需要的能耗参数如表7.1所示。

表7.1　电厂秸秆处理设备秸秆能耗参数表

作业单元	作业设备	作业效率（t/h）	单位能耗（L/h）	秸秆处理能耗（L/年）
破碎	切碎机	3	5.65	5.65 * D/3
转运	秸秆专用机	30	15.37	15.37 * D/30
装车	秸秆专用机	30	14.86	14.86 * D/30

其中电力消耗计入电厂自耗电量，则电厂运营期间设备主要能源消耗费

用为：

$$c_f = p_d \times (5.65 \times D/3 + 15.37 \times D/30 + 14.86 \times D/30)$$

③ 财务费用。企业从银行贷款，10 年期以上的银行年利息是 6.12%，从投产以后的 10 年内按本息等额还清债务。每年还本付息为：

$$C_i = [I(60\% - 30\%)(1 + 2 \times 6.12\%) + I \times 40\% \times (1 + 6.12\%)] \times$$
$$[6.12\% \times (1 + 6.12\%)^{10}]/(1 + 6.12)^{10} - 1]$$

④ 管理费用及其他。生物质发电项目的管理费用及其他占项目生产总成本的 10%。

⑤ 固定资产折旧。按照设备折旧年限为 15 年，余额为 5%，计算得固定资产折旧值为资产总额的 6.4%。

综上所述，电厂运营总成本计算公式汇总后如表 7.2 所示。

表 7.2　生物质秸秆发电厂运营成本计算公式汇总

项目		计算式
原料成本 C_F	秸秆收集总成本	$p_d \times (q_f + q_e) \times R/2 + 1.1 \times [p_{s1} + 1.5 p_d \times (q_f + q_e) \times r_1]$
	电厂设备能耗成本	$p_d \times (5.65 \times D/3 + 15.37 \times D/30 + 14.86 \times D/30)$
人力成本 C_e		$12NS$
财务费用 C_i		$[I(60\% - 30\%)(1 + 2 \times 6.12\%) + I \times 40\% \times (1 + 6.12\%)] \times [6.12\% \times (1 + 6.12\%)^{10}]/(1 + 6.12)^{10} - 1]$
固定资产折旧 C_{de}		$6.4\% I$
管理费用及其他 $C_{O\&M}$		$10\% TC$
总成本 TC		$C_F + C_e + C_i + C_{de} + C_{O\&M}$

根据表 7.2 对秸秆电厂生产成本的计算，考虑到电厂的初始投资成本和享受的政策优惠因素，对生物质发电成本计算公式进行简化后，可得生物质发电项目总成本为：

$$TC = C_{investment} + C_{O\&M} + C_F + C_i + C_{de} + C_e - R_{incentive} \qquad 式(7.4)$$

式(7.4)中 TC 表示生物质发电项目总成本；$C_{investment}$ 表示项目初始投资成

本；$C_{O\&M}$ 为项目运营维护成本；C_F 为原料成本；$R_{incentive}$ 为项目所享受的政策优惠。在一个确定的区位范围内，上述四个参数中 $C_{investment}$、$C_{O\&M}$、$R_{incentive}$、C_{de}、C_e、C_i 在各个小的区域之间差异较小。C_F 主要包括原料的购买价格、原料加工成本和原料运输成本三个部分，而原料的购买价格与加工成本与项目的所选区位的经济环境和技术条件等相关，与项目具体建设位置的选择关系较少。因此，在选址决策过程中，生物质发电项目成本最低的目标即为其运输成本最低。

生物质发电项目原料运输成本包括原料在区域内运输成本和区域间运输成本两个部分。原料在区域内运输过程中，其主要成本计算公式如式（7.5）所示。

$$C_{t,i} = \lambda \sum_j x_{ij} \qquad \text{式（7.5）}$$

其中，λ 为原料在区域内收集的成本系数（元/吨）。生物质原料在区域间运输成本可通过式（7.6）计算获得。

$$C_{t,ij} = \alpha_{ij} \times x_{ij} \qquad \text{式（7.6）}$$

其中，α_{ij} 为从 i 区域运输一单位重量的生物质原料到电厂的费用（元/吨）。目标 1 用公式表示如式（7.7）所示。

$$\text{Objective 1：min} z_1 = \sum_i \sum_j \lambda x_{ij} + \sum_i \sum_j \alpha_{ij} x_{ij} \qquad \text{式（7.7）}$$

目标 2：生物质发电项目的碳排放量最少

生物质发电项目以其低排放甚至是零排放而著称，在实际运营过程中，生物质原料的运输、预处理和加工都会产生一定量的化石能源消耗，从而产生一定的二氧化碳排放。曹国良等（2007）实验测得农田秸秆露天焚烧的排放因子中 CO_2 排放因子为 1 400～1 800 g/kg，而秸秆露天焚烧的排放量对全国总排放量的影响非常明显。何珍等（2008）利用简化的全生命周期模型，将秸秆发电分为生物质种植生长、生物质收集运输和生物质转化利用三个阶段，通过分析各阶段活动与系统外部环境的联系计算系统的碳排放量。研究指出，25 MW 秸秆直燃发电过程中碳排放为：稻秸 377.1 kg/t、玉米秸 395.8 kg/t、麦秸 389.9 kg/t，秸秆运输过程中燃烧柴油的碳排放为：稻秸 0.143 5 kgC/(t•km)、玉米秸 0.127 0 kgC/(t•km)、麦秸 0.340 3 kgC/(t•km)。

100 kg 水稻秸秆在直燃发电过程中向环境释放 CO_2 164.24 kg，其中秸秆运输过程中每 10 km 消耗柴油 0.07 L，排放包括 1.7 g CO 和 0.03 kg CO_2，秸秆直燃发电过程中的 CO_2 排放为 136.77 kg（冯超和马晓茜，2008）。李颖和李静（2012）采用 CDM 方法学的 ACM0006 计算方法进行了研究，并针对实际案例对生物质发电项目的碳排放总量进行了核算。Thakur 等（2014）在对林业生物质发电项目全生命周期内碳排放进行了分析，并列举了项目所设计的相关设备的能耗情况。

生物质发电项目全生命周期过程中的碳排放主要来自化石能源的消耗所产生的排放，化石能源的消耗主要发生在生物质原料的运输过程中，主要消耗为设备的消耗，包括运输设备和部分原料处理设备，其计算公式如式（7.8）所示。

$$TE = E_p + E_t \qquad 式(7.8)$$

其中，

E_p 为原料处理过程消耗的化石能源，主要与项目年所需的生物质资源总量及生物质原料的特性相关；

E_t 为原料运输过程中消耗的化石能源，主要与生物质原料运输距离相关。

根据生物质原料运输过程中的化石能源消耗与相应种类的化石能源的碳排放系数即能求得生物质原料运输过程中产生的碳排放总量。因此，目标 2 如式（7.9）所示。

$$Objective2: \min z_1 = \sum_i \sum_j \eta x_{ij} + \sum_i \sum_j \beta_{ij} x_{ij} \qquad 式(7.9)$$

其中，

η 为生物质原料区域内收集过程中的碳排放系数；

β_{ij} 为生物质原料在区域间运输过程中的碳排放系数。

模型所需满足的约束条件包括：

（1）各个区域运送的生物质原料总量与项目年生产所需的原料总量一致，如式（7.10）所示。

$$\sum_i x_{ij} = D \times y_j \qquad 式(7.10)$$

其中，D 为生物质发电项目年生物质原料需求量，与项目建设规模相关。若电厂年收集的秸秆燃料总量超过了电厂年实际所需的燃料总量，则超出的部分秸秆燃料并不能有效地进行电力生产，从而造成成本的浪费和多余的碳排放，因此，各个区域运送至电厂的秸秆燃料的总量应与项目年电力生产所需要的燃料总量一致。

（2）各个区域所输出的生物质原料总量不得高于区域生物质原料实际可获得量，如式（7.11）所示。

$$\sum_j x_{ij} \leqslant Q_{ci} \qquad \text{式(7.11)}$$

其中，Q_{ci} 为区域 i 内生物质原料可获得量，可用区域生物质原料总产量乘以区域生物质能源化利用率获得。由于生物质秸秆还能用在其他行业，如作为菌菇的培养基、草绳制作的原材料、造纸，因此生物质秸秆的实际可获得量远小于其理论产量。根据 Zhang 等（2013）研究，目前江苏省生物质秸秆实际可获得量约是秸秆产量的 3%。因此，在考虑生物质发电项目实际定址时，还必须要考虑各个区域秸秆原料的实际可获得量约束。

（3）项目只能在三个候选位置选择一个作为实际的建设位置且必须选择一个，如 7.12 所示。

$$\sum_j y_j = 1 \qquad \text{式(7.12)}$$

7.2.2　成本偏好下的模型

在经济欠发达地区，区域发展以经济发展为重，但同时也要考虑到环境效益的影响。对于地区政府而言，经济发展压力比碳排放量控制压力更大。在项目的评价和审核过程中，必须首先关注项目的经济效益，其次才是项目的碳排放情况。因此在生物质发电项目定址的过程中，成本目标是项目规划的主要目标，而碳排放目标是项目规划的次要目标。利用权重分配的方法来表示，则在成本偏好条件下，生物质发电项目选址规划目标以成本最优目标为主。因此，成本优化目标的权重大于碳排放最低目标，建立规划模型如式（7.13）所示。

$$\min \quad w = \varphi z_1 + (1-\varphi)z_2$$

$$z_1 = \sum_i \sum_j \lambda x_{ij} + \sum_i \sum_j \alpha_{ij} x_{ij}$$

$$z_2 = \sum_i \sum_j \eta x_{ij} + \sum_i \sum_j \beta_{ij} x_{ij}$$

$$\sum_i x_{ij} = D \times y_i \qquad\qquad 式(7.13)$$

$$\sum_j x_{ij} \leqslant Q_{ci}$$

$$\sum_j y_j = 1$$

$$\varphi > 0.5$$

在式(7.13)中,φ 表示成本最优目标在生物质发电项目定址模型中所占的比重,并且 $\varphi > 0.5$,表示模型以成本优化目标为主要目标,φ 越大,成本优化偏好越大。

7.2.3　碳排放偏好下的模型

对于经济发展到一定水平或碳排放压力较大的区域,区域发展首先以环境保护和可持续发展为重,而不能单纯以经济发展为核心。对于地区政府而言,则必须加大对项目的碳排放量的控制。在对新规划项目的评价和审核过程中,需要加大对环境评估的重视程度。项目规划的碳排放最优的目标不能作为项目的最主要的规划目标,而碳排放最少目标的影响应大于成本优化目标的影响。利用权重分配的方法来表示,则在碳排放偏好条件下,生物质发电项目选址规划目标以碳排放总量最少目标为主。因此,成本优化目标的权重小于碳排放最低目标,从而建立相应的生物质发电项目定址规划模型如式(7.14)所示。

$$\min \quad w = \varphi z_1 + (1-\varphi)z_2$$

$$z_1 = \sum_i \sum_j \lambda x_{ij} + \sum_i \sum_j \alpha_{ij} x_{ij}$$

$$z_2 = \sum_i \sum_j \eta x_{ij} + \sum_i \sum_j \beta_{ij} x_{ij}$$

$$\sum_i x_{ij} = D \times y_i \qquad\qquad 式(7.14)$$

$$\sum_j x_{ij} \leqslant Q_{ci}$$

$$\sum_j y_j = 1$$

$$\varphi < 0.5$$

在式(7.14)中,φ 表示成本最优目标在生物质发电项目定址模型中所占的比重,并且 $0 < \varphi < 0.5$,表示模型以碳排放优化目标为主要目标,φ 越小,碳排放优化偏好越大。

7.3 生物质秸秆发电项目定址的现实条件约束

生物质发电项目在候选厂址的筛选过程中必须要满足一定的现实约束条件。包括项目的场地不能占用农田、厂址需要靠近水源、厂址所在地需要有道路连接到区域主要干道上等。具体条件包括:

(1) 满足城市整体规划、环境卫生专业规划以及国家现行有关标准的规定,与周围环境相协调。

首先,依据国家发改委发布的《关于生物质发电项目建设管理的通知》,原则上每个县或 100 公里半径范围内不得重复布置生物质发电厂。因此如果使用模型求解的选址方案违反了这一原则,那么就需要放弃该方案重新决策。其次,如果选址结果不符合政府对该地区建设用地的规划,此时也应变更电厂的选址决策。如江苏省如东 25 MW 秸秆发电项目厂址原拟议选择在马塘镇马丰村规划建设用地内。在随后开展的项目征地工作过程中,由于受江苏省"铁本"事件的影响,国家对江苏省的新增建设用地批准实行冻结,若按原推荐的马北村厂址进行建设用地报批,很难获得批准。鉴于以上各方面原因,项目的选址最终变更为现在的掘港镇境内的原鸣星建材有限责任公司场区内。

(2) 市政设施较为齐全,充分利用已有的市政基础设施,减少工程投资费用。

以运输设施为例,生物质电厂运输包括外部运输和内部运输两个部分。外部运输为原材料的运入、灰渣的运出;内部运输为生产车间和综合仓库之间的倒运。一个 30 MW 电厂每年运入燃料量约为 27.9×10^4 t,年运出灰渣量约为 0.6×10^4 t。厂外运输可以采用汽车运输和水路运输相结合的方式;厂内运输采用叉车和装载机完成。此外,电厂购进的设备也可以由铁路运输的方式运到电厂附近,然后由公路运输。因此,比较分析各项定制方案时应着重考虑电厂所在位置的公路建设情况,适当考虑铁路等其他运输设施。

(3) 选择在生态资源、地面水系、机场、文化遗址、风景区等敏感目标少的区域。

由于生物质秸秆发电项目会有一定量的烟尘、废水和噪音产生,因此在上述这些敏感目标多的区域建设生物质秸秆发电项目容易引起社会的强烈反感,从而阻碍项目的建设和运营。

(4) 有足够的用地面积,动迁少,尽可能少占或不占耕地,征地费用低。

由于秸秆等生物质原料低密度的特性,其存储需要占用大量用地。一个 30 MW 的生物质发电项目一般需要 8 公顷的土地建设锅炉房、燃料库等建筑设施。电厂申请土地建设厂房时产生购买土地的费用,还有补偿当前土地使用者损失的费用。如果建厂地址中有少量居民,电厂需要支付其拆迁费用;如果该地区当前有大量耕地,电厂除支付农民迁移费用外,还要向政府支付比一般建设用地更高的费用。

(5) 有可靠的电力供应,尽量靠近并网变电所,以减少接入系统投资和建设用地。

(6) 水源充足,选址应靠近河流等自然水源。

按照 1 台 25 MW 抽汽凝汽式供热机组和 1 台 130 t/h 锅炉设计,采用带自然通风冷却塔的闭式循环供水系统的一个生物质发电项目需要消耗大量水。夏季最大补给水量为 160.76 m^3/h,冬季补给水量为 130.86 m^3/h,按年运行 6 000 h 计算,全年补给水量为 88.981×104 m³。其中最大小时生活用水量为 7.9m³,日用水量为 20.16 m³,应由当地自来水公司供水;化学水处理、锅炉补给水及循环水补充水,取自附近地表水。因此,附近有无地表水保证可靠供应的水源也是对比定址方案的一项指标。

（7）工程地质较好,无地下文物和可开采的矿藏,地质上能满足发电厂厂房设施对地基的要求,在考虑一般抗震措施后可避免地震的影响。

我国将建设用地(建造物所在地的土层)分为四类,生物质电厂在定址时需要考虑所在地的土层特征,达到Ⅲ类场地土的场地才适合建设电厂。此外,场地是否利于建筑物抗震和地下水文特征对混凝土有无腐蚀对定址决策也很重要。粉土和砂土在地震烈度高于 8 度时就会发生液化,呈酸性或碱性的地下水都可能对混凝土造成腐蚀。

（8）厂址不在低凹位置,以免受洪水灾害。

第八章　我国生物质发电产业空间布局的案例分析

确定中国生物质发电产业发展的区域布局,可以使产业总体规划更趋于合理,并能够给相关部门审批生物质发电项目提供指导。但对于计划将要建设生物质电厂的市县,具体地址的选择成为产业发展的重要问题,因为不同的地址直接关系到生物质发电项目的建设投资成本、电厂建成后的运营成本以及生物质燃料的可获得数量。生物质发电项目建设投资成本在同一市县范围内差距不大,不同生物质电厂的利润高低主要取决于其发电运营成本。本章选取具有显著代表性的秸秆直燃发电项目,分析其发电成本的构成和具体案例的选择。

8.1　问题背景

江苏省是中国经济大省,同时也是能源消耗大省,然而江苏省能源生产占全国能源生产总量的比重极少。据计算,江苏省 2001—2008 年规模以上工业企业煤炭和原油产量占全国的比重不断下降,到 2008 年,分别为 0.89% 和 0.97%。与此同时,江苏省每年的电力缺口也在 300 亿千瓦时左右。综上所述,江苏省每年存在着较大的电力需求缺口,并且其化石能源供应也远不能满足相应的能源消耗需求,江苏省目前急需寻找适合在江苏省发展的新型可持续性能源生产和供应途径。

江苏省生物质秸秆资源产量丰富。2013 年,江苏省耕地面积总量约为 1.6 亿亩,全省粮食总产量约为 1349 亿千克,年生物质秸秆总产量约为 3.5 亿吨。这些生物质秸秆资源可作为江苏省重要的能源资源进行开发利用。其中生物质秸秆发电技术是最佳的利用形式之一。

生物质秸秆发电是一种较为稳定同时能够实现较大规模生产的发电技术。秸秆发电不仅能解决因秸秆就地焚烧造成的浪费与污染问题,而且能促进经济发展,增加就业机会,解决一定就业压力,增加农民的收入。近几年,江苏省制定了相关的中长期发展规划,鼓励各种所有制经济主体参与到秸秆发电的开发利用中去,推动技术的进步,市场的建立和发展,对秸秆发电起到了极大的促进作用,同时也相继出台了一系列相关的法律、法规和政策发展低碳经济,以此能改善能源结构,增加能源供应,保护环境,实现生态、经济、社会的可持续发展。

2006年江苏省秸秆直燃发电产业开始起步,同年5月份中节能宿迁秸秆发电项目开始启动,2007年投产8台机组(含烧煤炉改掺烧秸秆项目),合计容量124 MW。2008年投产5台机组,合计容量79 MW。截至2013年,江苏省已有13家秸秆发电企业,累计装机规模为380 MW。年秸秆需求总量达到300万吨左右。

为了促进生物质秸秆发电项目在江苏省内的发展。江苏省政府和各级地方政府相继出台了一系列激励和保障政策。包括《江苏省发展循环经济专项资金暂行管理办法》《江苏省"十一五"生物产业发展规划纲要》和《江苏省资源综合利用认定实施细则》等,此外,自2006年以来,江苏各市、县政府在禁止焚烧农作物秸秆方面进行了具体的研究并下发了配套文件,在禁止焚烧农作物秸秆、支持秸秆发电项目上给予积极的支持。我国农作物秸秆长期以来没有得到充分有效的利用,随着各个地区农民生活水平的提高,农村家庭能源消费结构的变化,导致秸秆大量剩余,其中相当一部分被丢弃或露天焚烧,不仅造成资源的极大浪费,还严重污染了环境,对人民群众的生产和生活造成了严重的影响。秸秆的禁烧和综合利用,可以从根本上解决因秸秆露天焚烧或乱堆乱放、腐烂变质而带来的环境污染,提高空气质量,保护生态环境;可以实现秸秆转化升值,延长生物质秸秆的产业链,并且增加农民收入,对实现环境保护、社会效益、经济效益的高度统一具有极其重要的现实意义。

以项目所在地为例,各地下发的文件发文号如下:

淮安楚州——《关于农作物秸秆严禁焚烧实施全量收集发电的工作意见》

（楚政发[2006]193 号）；

盐城射阳——《关于严禁焚烧农作物秸秆实施全量收集发电工作的意见》
（射政发[2007]12 号）；

南通如东——《关于切实做好秸秆禁烧和综合利用工作的通知》（东政发
[2007]31 号）；

宿迁市——《关于秸秆禁烧与综合利用的实施意见》（宿政发[2008]55 号）；

连云港东海——《关于做好全县农作物秸秆禁烧与综合利用工作的通知》
（东委发[2008]47 号）；

淮安洪泽——《关于严禁露天焚烧秸秆的通告》（洪政发[2008]64 号）；

扬州宝应——《关于做好夏季秸秆禁烧和综合利用工作的通知》（宝政发
[2008]55 号）；

上述政策措施为生物质秸秆发电项目的燃料供应提供了保证，为江苏省
秸秆发电项目的发展提供了一个良好的政策环境。综上所述，江苏省是一个
能源需求大省，而江苏省的能源供应与它的能源需求不能实现均衡。同时，江
苏省具有丰富的生物质秸秆资源，可通过秸秆的能源化利用提高江苏省全省
的能源供应能力，这也为生物质发电项目在江苏省的发展提供了契机。

假设某发电企业打算在江苏省内投资建设一个生物质秸秆发电项目，项
目装机规模为 25MW。根据江苏省秸秆资源的种类和特性，预计项目年秸秆
原料需求总量约为 27 万吨。本书将以此为案例，分析项目的规划选址过程。
为了表现本书所构建的生物质发电项目选址模型与已有模型之间的差异性，
本书选择了赵琳（2012）所构建的生物质发电选址模型和 Kocoloski 等（2011）
所建的模型来与本书的模型进行比较。

8.2　数据来源

8.2.1　项目区位选择

江苏省按照苏南、苏中和苏北的结构划分，其秸秆产量最高的三个市分别
为 A、B、C，本书选取这三个城市作为区位选择的三个候选方案。在上述评价

指标体系的基础上,通过数据搜集,得到这三个行政市的相关指标因素的具体数值如表8.1所示。从秸秆资源的产量上看,A市产量远低于另外两个区位,但从秸秆的分布密度来看,C市秸秆分布密度最小,收集难度较高。公路密度反映了三市的秸秆收集运输的便利程度,公路密度越大,秸秆资源收集运输越方便。秸秆资源可利用率反映了地区秸秆资源市场竞争情况,地区秸秆资源竞争越激烈,该地区秸秆资源的可利用率越低,反之亦然。由于生物质秸秆发电项目在秸秆收集和发电的过程中主要涉及的人力资源种类大多数为农业职工,因此本书用农业职工的平均工资水平来表示地区劳动力成本水平。地区万元GDP能耗反映了一个地区的能耗压力,而目前江苏省能源消费仍然以化石能源消费为主,因此该指标也能反映地区的碳排放压力,区域万元GDP能耗越大,其万元GDP碳排放量也越大,对应的地区碳排放压力越大。年用电量和年用电量增长率两个指标反映了三市电力需求情况,这两个指标值越大,地区电力需求越大,并且电力需求的增长潜力也越大。利用5分制量表对三市的社会认可度指标进行打分。

表8.1 A、B、C三市生物质发电项目区位选择相关数据

编号	数据指标名称	A市	B市	C市
5	耕地面积(万亩)	493.35	700	1 254.07
6	公路密度(公里/百平方公里)	168.12	223.9	111
7	秸秆资源可利用率(%)	0.33	0.45	0.44
8	秸秆产量(万吨)	150	470	680
9	秸秆初始收购价格(元/吨)	300	295	280
10	农业职工平均年薪(元)	32 824	25 352	27 114
11	社会认可度	3	7	7
12	工业用地价格(万元/亩)	16	15.3	14
13	区域年GDP总量(亿元)	8 286	5 118	3 522
14	年用电量(亿 kW·h)	424.96	301.79	225.31
15	年用电增长率(%)	8.13	10.43	17.55
16	万元产值能耗(吨标煤)	0.726	0.504 7	0.518
17	秸秆分布密度(吨/亩)	0.62	0.67	0.55

数据来源:张钦.2010.江苏省秸秆发电的现状及对策分析;江苏省能源研究会.2009.江苏

省农作物秸秆发电不同技术路线案例研究与后评估;南京市统计快报 2013;南通市统计快报 2013;盐城市统计快报 2013;江苏省统计年鉴 2013;南京市统计年鉴 2013;盐城市统计年鉴 2013。

利用式(6.4)和式(6.5)数据无量纲化方法对表 8.1 中数据进行处理。以秸秆产量指标为例,其为效益型指标,指标得分越大方案越优,因此指标数据的无量纲化处理采用公式 $\overline{u}_{8j} = \dfrac{u_{8j}}{\max\limits_{j} u_{8.}}$,其中 $\max\limits_{j} u_{8.}$ 为 680(万吨)。因此 $\overline{u}_{81} = \dfrac{u_{81}}{\max\limits_{j} u_{8.}} = 0.221, \overline{u}_{82} = 0.691, \overline{u}_{83} = 1$。土地成本为成本型指标,指标的无量纲化处理基于公式 $\overline{u}_{12j} = \dfrac{\max\limits_{j} u_{12.} + \min\limits_{j} u_{12.} - u_{12j}}{\max\limits_{j} u_{12.}}$,计算可知 $\overline{u}_{121} = 0.875$,$\overline{u}_{122} = 0.918, \overline{u}_{123} = 1$。表 8.2 为对案例所获得数据进行标准化后的结果汇总。

表 8.2 候选区位评价指标标准化得分

二级指标	三级指标	A 市	B 市	C 市
生物质秸秆原料供应	秸秆产量	0.221	0.691	1
	耕地面积	0.39	0.558	1
	公路密集度	0.75	1	0.50
	原料市场竞争度	0.733	1	0.978
电力市场需求	区域经济发展水平	1	0.618	0.425
	电力消费总量	1	0.71	0.53
	电力消费增长率	0.46	0.59	1
建设运营成本	土地成本	0.875	0.918	1
	劳动力成本	0.772	1	0.946
	原料价格	0.93	0.95	1
	社会认可度	0.429	1	1
碳排放	碳排放压力	1	0.695	0.713
	原料分布密度	0.93	1	0.82

根据表 8.2 中数据,仅以原料供应或建设运营成本为单一指标分析,生物质发电项目最佳区位选择在 C 市;仅以电力市场需求和碳排放指标进行分

析,生物质发电项目最佳区位在 A 市。与 C 市相比,A 市对清洁能源发电项目建设需求更高,但是 A 市的原料供应和成本并不适合项目的建设和运营;项目在 A 市能带来的社会效益比在 C 市高。结合本书所采用的情景分析方法,在第五章所设定的三种决策情景之下,计算可得各个地区的综合评价结果(见表 8.3)。

表 8.3　不同情景下候选区域综合评价结果

	A 市	B 市	C 市
情景 1	0.725	0.810 325	0.828 95
情景 2	0.765	0.816 521	0.818 542
情景 3	0.805	0.822 717	0.808 133

在情景 1 中,三市评价结果差异明显,C 市优于 B 市,且 B 市优于 A 市,项目区位选择最优结果为 C 市,次优结果为 B 市,最差为 A 市。以经济效益为出发点,项目区位选择应最先考虑 C 市,其次为 B 市,而 A 市不宜作为项目建设地点。在情景 2 中,B、C 两个区域的综合评价结果明显优于 A 市,但 B 市和 C 市之间的差异并不明显,即在考虑碳排放情况下,B 和 C 均为项目建设最优区位。在情景 3 中,B 市明显优于 C 市,最次为 A 市。在综合考虑碳排放效益和经济效益基础上,项目区位选择最优考虑 B 市,其次是 C 市,A 市勉强可以作为项目候选区位。C 市因其资源丰富、土地成本和劳动力成本均较低,且市场需求增长较快成为项目最经济候选区位。考虑碳排放因素的影响时,B 市逐渐取代 C 市成为最佳区位选择,主要是因为其原料分布密度较高,在原料收集过程中消耗的化石能源较少,从而在秸秆收集过程中产生的碳排放较少,并且 B 市秸秆资源量较充足、相关成本并不高,项目具有一定的经济效益;与此同时,A 市因为其迫切的碳减排需求也逐渐成为项目可能的候选区位。

利用赵琳(2012)所构建的生物质发电项目区域适宜度评价模型,A、B、C 三个区域的指标得分情况如表 8.3 所示。

表 8.4　对比模型区域适宜度评价指标结果汇总

二级指标	三级指标	A 市	B 市	C 市
秸秆原料供应	耕地总面积	0.29	0.56	1
	秸秆产量	0.22	0.69	1
	公路密集度	0.75	1	0.50
	秸秆发电比例	0.733	1	0.978
电力市场需求	地区生产总值	1	0.63	0.43
	地区用电量	1	0.71	0.53
	用电量增长率	0.46	0.59	1
建设运营成本	土地成本	0.875	0.915	1
	劳动力成本	0.77	1	0.94
	机会成本	1	1	0.82
	秸秆密集度	0.93	1	0.82
碳排放	空气质量	1	0.695	0.713
	焚烧习惯	0.6	0.8	1

在对比指标体系中,焚烧习惯主要使用区域内火点的数量来进行分析,由于不同区域政策力度的不同,因此火点数量也不能完全有效地反映一个区域燃烧习惯引起的碳排放情况。上述指标体系在指标的选择和指标间的关联性分析中均存在需要改进的地方。

根据赵琳(2012)所给出的指标权重值,计算得 A、B、C 三个地点的最终得分分别为 0.673 1、0.813、0.776 2,项目最终选择在 B 处建厂。与本书所建模型计算结果相比,该模型所选指标需要改进,同时,该模型并没有考虑生物质发电项目评价指标权重分配过程中的不确定性问题,不能反映在不同需求情况下的项目选址结果。

8.2.2　项目定址决策

经过区位选择分析,采用情景 3 所对应的区位选择结果。某电力集团计划在 B 市(南通市)投资建设一个 25 MW 生物质秸秆直燃发电项目,项目年秸秆需求量约为 27 万吨。B 市下辖崇川区、港闸区、通州、海安、如东、启东、如皋和海门八个地区,全市面积约为8 544平方千米。B市年生物质秸秆产量约为470万吨,各个区域农作物生产情况如表8.5所示,如东、如皋和海安分别为农作物秸秆产量最多的前三个区域。为了有效节省生物质原料区域间运输的成本,同时考虑到生物质发电项目选址的实际条件约束,在此三个区域中分别选定一个生物质发电项目的候选地址 y_1、y_2、y_3。三个区域生物质原料总产量约为322.4万吨。根据Zhang等(2013),到2012年,生物质原料的能源化利用率有望达到26%。考虑到相关竞争因素,本书假设实际的生物质原料能源化利用率约为10%,则此三个区域生物质发电原料可获得量预计能达到32万吨,其中如东约为12.9万吨,如皋约为10.2万吨,海安约为9万吨。

表8.5 B市部分区域农作物种植面积及产量

区域名称	粮食作物种植面积(千公顷)	粮食作物产量(万吨)	棉花种植面积(千公顷)	棉花产量(吨)	生物质秸秆产量(万吨)
市辖区	92.2	59.53	6.78	7 535	84.6
海安	79.19	64.43	0.14	171	90.4
如皋	110.53	72.81	0.21	200	102.2
如东	131.87	90.8	12.55	17 281	129.8
海门	40.97	17.83	11.43	12 859	26.8
启东	70.85	24.09	14.73	16 349	36.2
合计	525.61	329.49	45.84	54 395	470

考虑到不同区位之间并没有严格的物理阻挡,因此生物质秸秆发电项目在秸秆原料收集过程中有可能会实现跨区位的秸秆收集。由于所选的候选点所在区域中有两个区域邻近其他市域,因此可能会从其他市域范围内的子区域进行秸秆的收集和运输。本书选取距离三个候选点较近的两个相关区域作为原料供应区域,包括邻近海安的东台市和紧靠如皋的泰兴市,其中泰兴市粮食产量70.37万吨,东台市95.08万吨,由于泰兴和东台市在自然环境上和所选的三个候选点相似,因此其农作物对应的谷草比也相同。泰兴和东台两个区域的秸秆产量分别为98万吨和133万吨。

假设生物质原料在区域内收集所采用的运输设备主要为10 t以下的卡

车,在区域间运输的设备主要为 $20\sim25$ t 卡车。则在区域内收集过程中,原料的收集成本约为 $1\sim1.5$ 元/(t·km);在区域间运输过程中,原料的运输成本为 1 元/(t·km)。在区域内收集过程中,化石能源的消耗量约为 $0.15\sim0.18$ L/(t·km),对应的碳排放量约为 $0.2\sim0.24$ kgC/(t·km)(Zhang 等,2013;何珍等,2008);生物质原料在区域间运输过程中,化石能源消耗量约为 0.02 L/(t·km),对应的碳排放量约为 0.03 kgC/(t·km)(Rentizelas 等,2009)。对表 8.5 中数据进行汇总,得到案例模型构建所包含的参数如表 8.6 所示。

表 8.6　各供应区域至各个候选点的相关参数

	候选点 y_1			候选点 y_2			候选点 y_3		
	运输距离(km)	成本参数(元/t)	碳排放参数(kgC/t)	运输距离(km)	成本参数(元/t)	碳排放参数(kgC/t)	运输距离(km)	成本参数(元/t)	碳排放参数(kgC/t)
东台	35	35	1.05	80	80	2.4	100	100	3
海安	0	0	0	45	45	1.35	75	75	2.25
如皋	45	45	1.35	0	0	0	55	55	1.65
如东	75	75	2.25	55	55	1.65	0	0	0
泰兴	55	55	1.65	40	40	1.2	90	90	2.7
市辖区	85	85	2.55	50	50	1.5	20	20	0.6
海门	111	111	3.33	75	75	2.25	50	50	1.5

注:成本参数和碳排放系数包括在区域内收集部分和在区域间运输部分。

根据上述分析构建案例模型(式 8.1)。

$$\min \quad w = 0.5z_1 + 0.5z_2$$

$$z_1 = 15\sum_i \sum_j x_{ij} + \sum_i \sum_j \alpha_{ij} x_{ij}$$

$$z_2 = 2.4\sum_i \sum_j x_{ij} + \sum_i \sum_j \beta_{ij} x_{ij}$$

（式8.1）

$$\sum_i x_{ij} = 27 \times y_i$$

$$\sum_j x_{ij} \leqslant Q_{c\ i}$$

$$\sum_j y_j = 1$$

其中，$\alpha = \begin{bmatrix} 35 & 80 & 100 \\ 0 & 45 & 75 \\ 45 & 0 & 55 \\ 75 & 55 & 0 \\ 55 & 40 & 90 \\ 85 & 50 & 20 \\ 111 & 75 & 50 \end{bmatrix}$，$\beta = \begin{bmatrix} 1.05 & 2.4 & 3 \\ 0 & 1.35 & 2.25 \\ 1.35 & 0 & 1.65 \\ 2.25 & 1.65 & 0 \\ 1.65 & 1.2 & 2.7 \\ 2.55 & 1.5 & 0.6 \\ 3.33 & 2.25 & 1.5 \end{bmatrix}$，

$Q_c = \begin{bmatrix} 133 & 90.4 & 102.2 & 129.8 & 98 & 84.6 & 26.8 \end{bmatrix}^{\mathrm{T}}$。

根据所建立的规划模型计算求得最终结果如表8.7所示，其中项目运输总成本最优约为873.5万元，生物质秸秆到厂价格最优约为200元/t；总的碳排放量最少约为788.55 t。项目最优的建设地点为y_3，即在如东境内所选的位置进行生物质发电项目的建设。

表8.7　各原料供应区域供应至各个候选点的生物质资源量　（单位：万吨）

	候选点 $y_1 = 0$	候选点 $y_2 = 0$	候选点 $y_3 = 1$
东台	0	0	0
海安	0	0	0
如皋	0	0	3.1
如东	0	0	12.9
泰兴	0	0	0
市辖区	0	0	8.4
海门	0	0	2.6

为了比较本书所建立的定址模型与传统模型的区别，本书选择了Kocoloski 等(2011)所建的优化定址模型对案例进行分析从而与本书的模型结果比较。根据前者所建的模型，项目的定址决策主要考虑经济效益的影响，根据该模型在本案例中的计算结果，项目最终建设点也是在候选点3处。该结果表明了本书结果与传统结果之间存在一定的一致性，即本书所建立的模型具有准确性。而Kocoloski 等(2011)的模型并未考虑生物质发电项目全生命周期碳排放量的影响，本书由于对项目全生命周期内的碳排放总量的计算并未完全细化，其计算方法还能进行更加深入的研究。在建立了科学的生物质发电项目全生命周期碳计量方法的基础上，本书所采用的考虑了项目全生命周期内碳排放量影响的生物质发电项目定址模型具有更加科学合理的优点。

根据计算结果可知，如东是生物质原料产量最丰富的地区，也是项目最终选择的建设地点。说明生物质原料在区域内收集的成本及碳排放量对总成本的影响明显大于区域间运输造成的影响。同时也说明了生物质发电是资源导向型技术，项目的选址应充分考虑资源供应的条件进行。

8.3　结论与讨论

8.3.1　结论

通过表8.3和8.7中的项目区位选择和定址分析，在考虑了碳排放因素的条件下，该25 MW生物质发电项目最佳的区位选择是南通市，而最佳的定址点为如东县。如东县是南通市内生物质资源产量最大的县，进一步说明生物质发电项目是资源导向型发电项目，项目的实际定址结果更趋向于资源产量较大的区域。通过与传统选址模型结果的比较，本书所构建的模型在案例分析和实际的应用过程中计算结果比较准确，并且考虑的因素更加全面。针对所构建的生物质秸秆发电项目区位选择和定址模型的特点，本书还给出了项目区位选择结果对碳排放指标权重的敏感性分析和项目定址对秸秆价格的敏感性分析。通过总结这两个影响因素对项目选址决策的影响程度，进一步论证了在生物质发电项目选址研究过程中考虑碳排放因素的重要性。

8.3.2 敏感性分析

上述模型计算结果表明了生物质发电项目最优的区位选择和定址地点。为了找出各个影响因素对模型计算结果的影响程度,本书根据案例计算的结果给出了相关指标的敏感性分析。

(1) 碳排放指标权重敏感性分析

在生物质发电项目区位选择过程中,各个指标权重的分配对项目区位选择的结果具有十分重要的影响。本书通过设计指标权重的变化来研究其对项目区位选择结果的影响,指标权重的敏感性分析如表8.8所示。

表 8.8 生物质发电项目区位选择结果对碳排放指标权重敏感性分析

碳排放指标权重	0.1	0.2	0.3	0.4	0.5
区位选择结果排序	C>B>A			B>C>A	

根据表8.8可知,由于生物质发电项目在C处所获得的碳排放效益低于在A处和在B处所获得的碳排放效益。因此,当项目区位选择只考虑经济效益时,项目最佳区位选择是在C处;当碳排放指标的权重大于0.3时,项目最佳区位选择是在B处,但由于在C处项目具有较好的经济效益,因此C处较优于A处。

(2) 项目定址结果对秸秆价格的敏感性分析

不同区域秸秆价格的不同对生物质发电项目定址模型的计算结果具有较大的影响,本书在计算过程中,为了简化模型的计算条件,提出了区域间生物质秸秆价格无差异的假设。而在实际的过程中,由于市辖区的经济水平要远高于其他区域,因此市辖区内的秸秆价格应高于其他地区,否则无法带动当地农户出售秸秆的积极性。为了考量市辖区秸秆价格对生物质发电项目在所选区位内定址结果的影响,本书做了如表8.9所示的敏感性分析。

表 8.9 生物质秸秆发电项目定址对市辖区秸秆价格的敏感性分析

市辖区与其他县区秸秆价格差（元/t）	10	15	20	25	26	30
定址结果	候选点 3				候选点 1	

由表 8.9 可知，当市辖区秸秆价格与其他县区秸秆价格的差额不超过 25 元/t 时，项目定址的最优结果为候选点 3；当市辖区价格与其他县区价格差额超过 26 元/t 时，项目定址的最优结果为候选点 1。根据秸杆价格的敏感性分析结论，候选点 3 从市辖区购进的生物质秸秆燃料的成本上升，从而影响了项目定址在候选点 3 处时的经济效益，从而影响了项目最终定址的结果。

第九章　生物质发电产业支持政策

9.1　中国生物质发电政策的演变

9.1.1　建国初期的生物质能利用政策(1949—1978年)

建国初期的生物质利用政策并非鼓励生物质能源发电,而是以改善农村能源利用为目的提出的,主要鼓励农村居民应用沼气能源,并着力在秸秆气化等基础生物质能源的利用方面进行支持。20世纪60年代,农村的能源获取问题便受到了政府部门的高度关注,沼气、小水电和地方煤矿的利用成为政策重点支持对象。1965年党中央、国务院发布了《关于解决农村烧柴问题的指示》,并在20世纪60年代末到70年代初掀起了发展沼气建设热潮,全国共建设约600余万户。

1975年初国家纪委、农林部、中科院联合召开全国沼气利用推广经验交流会,沼气能源在农村得到了较为广泛的推广和利用。1977年农林部筹备成立了沼气办公室并于20世纪70年代末期又一次掀起了发展沼气热潮,部分省份在短短几年时间累计建设700多万户,但很短时间内多数沼气池就停止使用,未能持久运行,1983年底全国沼气利用存量仅为400余万户(《全国农村沼气服务体系建设方案(试行)》)。

由于建国初期,中国能源开发及利用能力较弱,科技水平制约着中国有效开发和利用相关自然资源。同时,受到当时优先保障工业发展和城市需要,农村能源政策主要围绕农村实体的资源禀赋进行设计,因此农村地区的政策选择长期引导相关消费依靠可再生的薪柴、秸秆等。1979年农村能源调查显示,农村的生活、生产用能主要靠薪柴和秸秆,全国有40%的农户全年缺烧3

个月以上(朱四海,2007)。

9.1.2　能源需求增长下的生物质能利用政策(1979—1999 年)

随着改革开放的逐步深入,中国能源需求急速增长,中国政府非常重视能源产业的发展。在生物质能源利用政策方面,开始由"改善农村能源"向"开发生物质能源"转变。1979 年 3 月,国家科委新能源专业组生物质能分组于杭州召开了第一次工作座谈会。1979 年 9 月,国务院批转《关于当前农村沼气建设中几个问题的报告》并指出沼气是一种可更新的生物能源,具有可分散生产并就地使用及成本低等优点,是扩大农村能源,解决大量农户能源获取与利用的一项重大举措。

随着能源消费的快速增长,"六五"计划第一次开始提出要大力抓好能源节约,也由此激发了政府和科技人员对生物质气化技术的重视。在此基础上,"七五"和"八五"期间,以"一池三改"为内容的户用沼气工程和大中型沼气能源工程在农村得到了大力推广,这一举措对于解决农村的生活用能,取代农村传统的柴煤灶产生了较大作用。至 1985 年底,生物质能小型气化发电技术是国家"七五"重点攻关项目;1MW 生物质能循环流化床气化发电系统是国家"九五"重点攻关项目;大型生物质能气化发电产业化关键技术被列为国家科技部"十五"重点攻关项目,其中生物质能气化发电优化系统及其示范工程是 863 计划的重大课题。

从 1993 年起,中国由石油净出口国转变为净进口国。随着可持续发展理念在中国的不断实践与发展,可再生能源发展逐步成为能源政策的基础,并力图建立以可再生能源为基础的可持续发展能源系统。

由此中国能源政策开始推进能源供给的多样化。中国生物质发电政策的支持目标也由研究开发为主转向实际生产应用为主。早在"八五"计划期间,生物燃油资源与转换技术便已经开始研究与开发,主要包括采用传统技术用粮食和油料作物生产醇类和油类产品,但只限于食品与轻工产业。

在"九五"规划期间,原国家计委公布并实施把制取燃料作为交通能源产业建设的重要部署。从"九五"计划开始,连续在三个五年规划中,生物质能源的开发和利用均被列入重点发展的名单,纳入中国能源发展战略。

在政策支持下,生物质气化技术、生物质燃料压缩成型技术、生物质热裂解液化技术、甜高粱茎秆制取乙醇技术、利用植物油生产柴油技术、纤维素废弃物制取乙醇技术等科技研发取得了阶段性成果,一些研究成果已经进入试点阶段,少数成果进入示范推广阶段。不难发现,这一时期生物质能源政策开始大力加强生物能源利用技术的开发,并且能源重心开始转向可再生能源。由于能源需求的不断增长,传统化石能源的大量消耗和供给不充分使中国的能源安全受到威胁,最初为了解决农村能源供给问题的生物质能由于其可持续性受到政府部门高度重视,生物质能源成为弥补石油短缺相关资源的重要组成部分。在此阶段,生物质能的开发和利用存在明显的过渡性,其政策目标不再局限于为农村提供有效的能源供给,而是逐渐成为国家能源系统建设的重要组成部分,技术创新能力在此阶段得到了较好的培养,同时成果转化也同样受到了政府部门的高度关注。1979—1999 年中国主要生物质利用主要政策如图 9.1 所示。

9.1.3 全球气候变化下的生物质能支持政策(2000—至今)

为了应对由于温室气体排放(主要是 CO_2)所导致的全球气候变暖问题,在 1997 年 12 月的《联合国气候变化框架公约》缔约方第三次会议上,通过了旨在抑制发达国家碳排放的《京都议定书》,议定书于 2005 年 2 月 16 日开始生效。各国在面对全球环境污染、气候变化的压力下,纷纷签订了《京都议定书》,从而开启了国际社会共同应对气候变化的联合行动。中国,在面对能源需求不断增长和全球气候变化的双重背景下,也义不容辞地加入到了节能减排的任务中去。从 21 世纪开始,中国可再生能源开始得到大力的推广,中国生物质利用政策也发生了重大的转变。

Leemans 等人的研究表明,生物质能在生产和利用过程中同传统的化石能源,如石油、天然气、煤炭相比,可以有效减少二氧化碳的净排放量。并且,生物质能的原料可来自农、林、工业残余物,不仅可以减少残余物本身由于处理不当而带来的污染,还能够变废为宝替代传统能源,减轻传统能源的供应压力,减少碳排量。因此,扩大生物质能的利用,成为发展可再生能源的重要路径(Gough 和 Upham,2011)。生物燃料乙醇的试点,开启了中国生物质能产业

年份与政策名称	生物质利用政策内容
1979 年四部委《关于当前农村沼气建设中几个问题的报告》	将沼气建设纳入各级计划
1980 年中共中央、国务院《关于大力开展植树造林的指示》	在烧柴困难的地区,大办沼气和积极发展薪炭林
1982 年"六五"计划	能源开发及节能技术
1983 年中央 1 号文件	沼气、薪柴林能源开发带有紧迫性,必须抓紧
1983 年计委《关于加快农村改灶节柴工作的报告》	解决农村能源问题必须开发与节约并重
1983 年中共中央、国务院《关于深入扎实地开展绿化运动的指示》	把发展薪炭林作为燃料困难地区植树造林的首要任务
1984 年农牧渔业部《关于进一步发展沼气的报告》	发展沼气是解决农村能源,充分利用农业资源,减轻环境污染的一项重要措施
1986 年"七五"计划	积极推广省柴、节煤炉灶,稳步发展农户用沼气池,大力营造薪炭林
1986 年国务院《国家能源技术政策要点》	农村能源正式列入国家技术政策
1986 年国务院《节约能源管理暂行条例》	积极推广省柴节煤灶
1990 年国务院《关于积极发展环境保护产业的若干意见》	沼气、太阳能成为环保产业
1994 年国务院《中国 21 世纪议程》	新能源和可再生能源是未来能源系统的基础
1994 年经贸委《关于加强资源节约综合利用工作的意见》	示范生物质能开发利用技术,研究制定生物质能发电并网政策
1995 年四部委《1996—2010 年新能源和可再生能源发展纲要》	增大可再生能源在能源结构中的比例
1996 年《国民经济和社会发展"九五"计划和 2010 年远景目标纲要》	因地制宜,大力发展生物质能
1997 年计委《新能源基本建设项目管理的暂行规定》	鼓励新能源及其技术的开发应用
1999 年计委、科技部《关于进一步支持可再生能源发展有关问题的通知》	在安排财政性资金建设项目和国家科技攻关项目时,积极支持可再生能源发电项目

图 9.1　1979—1999 年中国生物质利用主要政策

的发展。随后,一系列发展生物质能源的法律法规和政策也接踵而至。

2005 年,随着《中华人民共和国可再生能源法》的颁布实施和"十一五"期间能源发展战略的制定,中国生物质能源的开发和利用也随之进入了新时期。在随后的几年间,中国政府相继发布《关于发展生物能源和生物化工财税扶持政策的实施意见》(2006)、《国家林业局关于做好林业生物质能源工作的通知》(2007)、《环境保护部、国家发展和改革委员会、国家能源局关于进一步加强生物质发电项目环境影响评价管理工作的通知》(2008)、《国家发展改革委关于完善农林生物质发电价格政策的通知》(2010)等重要政策性文件,对生物质能源的开发和利用进行了规范和指引。此外,政策制定逐渐向产业发展的细节渗透,对于企业层面项目的批复与复函也逐渐增多。

至此,生物质能源发电政策开始增多,自 2006 年以来,有多部规划均提到生物质发电的发展战略要求或目标。"十二五"期间,还颁布了生物质能的专项发展和科技规划。2006 年 1 月,国家发改委在《可再生能源发电有关管理规定》提出,如果需要国家政策和资金支持的发电项目向国家发改委申报。关于生物质发电企业所得税的优惠政策如图 9.2 所示。

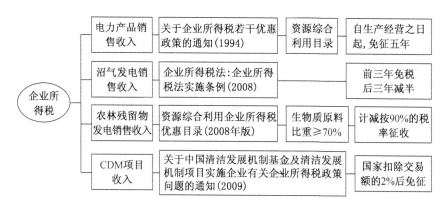

图 9.2 关于生物质发电企业所得税的优惠政策

2010 年以来,生物质能源发电上升到国家能源战略规划,"十二五"期间,中国政府发布《国家能源局关于印发生物质能发展"十二五"规划的通知》,其中指出开发利用生物质能,是发展循环经济的重要内容,是促进农村发展和农民增收的重要措施,是培育和发展战略性新兴产业的重要任务。而在"十三五"阶段,中国政府将生物质能定义为重要的可再生能源。开发利用生物质能,是能源生产和消费革命的重要内容,是改善环境质量、发展循环经济的重要任务。中国生物质发电发展的战略目标如表 9.1 所示。不难看出,生物质能的开发和利用已经不再局限于改善农村能源的获取与使用,已经发展成中国能源系统的重要组成部分,政策的支持也从零散的提及逐渐演变成系统化的体系支持(见图 9.3)。

表 9.1　中国生物质发电发展的战略目标

规划名称	战略目标
可再生能源中长期发展规划	到 2010 年,生物质发电总装机容量 550 万 kW,其中农林生物质发电(包括蔗渣发电)总装机容量 400 万 kW 到 2020 年,生物质发电总装机容量 3 000 万 kW,其中农林生物质发电(包括蔗渣发电)总装机容量 2 400 万 kW
可再生能源发展"十一五"规划	生物质发电总装机容量 550 万 kW,其中:农业生物质发电 300 万 kW;林业生物质发电 100 万 kW;沼气工程发电 100 万 kW;垃圾发电 50 万 kW
生物产业发展"十一五"规划	开展农林废弃物和速生能源植物直燃,以及气化发电示范工程,建立年处理 10 万吨级以上生物质的气化固化示范发电厂
可再生能源发展"十二五"规划	生物质发电装机容量 1 300 万 kW,年发电量 780 亿 kW·h,其中:农林生物质发电利用规模 800 万 kW,沼气发电 200 万 kW,垃圾发电 300 万 kW
生物质能源科技发展"十二五"重点专项规划	研制高效燃烧、新型低焦油气化发电设备;研究锅炉防腐、混燃计量检测、热解与气化多联产系统技术;建立直燃和混燃发电示范、气化发电与热电联供系统
全国能源林建设规划（2011—2020)	到 2020 年,培育 2 亿亩高产优质能源林基地,满足每年 600 多万吨生物柴油和装机容量 1 500 多万 kW 的发电原料需求
全国林业生物质能源发展规划（2011—2020)	到 2020 年,能源林面积达到 2 000 万公顷,每年转化的林业生物质能可替代 2 025 万吨标煤的化石能源,占可再生能源的比例达到 3%
"十二五"国家战略性新兴产业发展规划	到 2015 年,生物质能发电装机达到 1 300 万 kW 到 2020 年,生物质能发电装机达到 3 000 万 kW
"十二五"节能环保产业发展规划	研发渗滤液处理技术与装备,示范推广大型焚烧发电及烟气净化系统、中小型焚烧炉高效处理技术、大型填埋场沼气回收及发电技术和装备,大力推广生活垃圾预处理技术装备

年份与政策名称	生物质利用政策内容
2001 年"十五"规划	发展沼气、节能灶等新能源和新型节能技术
2003 年农业部《农村沼气建设国债项目管理办法》	农户沼气建设中央投资补助标准
2005 年《中华人民共和国可再生能源法》	鼓励清洁、高效地开发利用生物燃料,鼓励发展能源作物
2006 年"十一五"规划	加快发展生物质能,支持发展秸秆、垃圾焚烧和垃圾填埋发电,建设一批秸秆和林木质电站,扩大生物质固体成型燃料、燃料乙醇和生物柴油生产能力
2006 年发改委《可再生能源发电价格和费用分摊管理试行办法》	生物质发电项目上网电价实行政府定价,由国务院价格主管部门分地区制定标杆电价
2007 年发改委《生物产业发展"十一五"规划》	加快培育我国生物能源产业
2007 年国务院《可再生能源中长期发展规划》	重点发展生物质发电、沼气、生物质固体成型燃料和生物液体燃料
2008 年环境保护部、国家发展和改革委员会、国家能源局《关于进一步加强生物质发电项目环境影响评价管理工作的通知》	建设生物质发电项目应充分结合当地特点和优势,合理规划和布局,防止盲目布点
2010 年国家发展改革委《关于完善农林生物质发电价格政策的通知》	对农林生物质发电项目实行标杆上网电价政策。
2012 年国家能源局关于印发《生物质能发展"十二五"规划》的通知	加强生物质能综合利用,提高生物质能利用效率,更好地发挥资源、经济、社会和生态综合效益,促进生物质能产业健康发展
2013 年国家林业局关于印发《全国林业生物质能源发展规划(2011—2020 年)》的通知	培育壮大一批实力较强的企业,建成一批产业化示范基地,建成能源林 1 678 万公顷
2014 年国家发展和改革委员会办公厅《关于加强和规范生物质发电项目管理有关要求的通知》	为加强和规范生物质发电项目管理,促进生物质发电可持续健康发展
2016 年国家能源局关于印发《生物质能发展"十三五"规划》的通知	推进生物质能分布式开发利用,扩大市场规模,完善产业体系,加快生物质能专业化多元化产业化发展步伐

图 9.3　2000—至今年中国生物质能源支持主要政策

9.1.4 中国生物质发电支持政策的演变特征

（1）政策目标从解决农村能源消费问题到完善国家能源系统部署

最初的生物质能源支持政策主要是以解决中国农村能源短缺问题为目标，便于农村居民就近取材，围绕农村实体的资源禀赋进行设计和支持（Yozui等，1984）。这一目标主要源于中国建国初期能源供给能力有限，并且在工业化过程中资源有所倾斜，而生物质能源的获取又可以依托于农村所处的地理区域就地取材，因此初期的生物质能源政策主要着眼于解决农村的能源获取问题。

但随着中国整体能源消费的激增，生物质能源不再局限于解决农村的能源问题，中国能源政策开始推进能源供给的多样化，生物质利用政策的更是积极鼓励实际生产应用（见图 9.4）。随着环境问题的日益凸显，生物质能源在新形势下得到了更为广泛的关注，而在政策支持层面，"十二五"期间指出开发利用生物质能，是发展循环经济的重要内容，是促进农村发展和农民增收的重要措施，是培育和发展战略性新兴产业的重要任务，"十三五"期间，中国政府

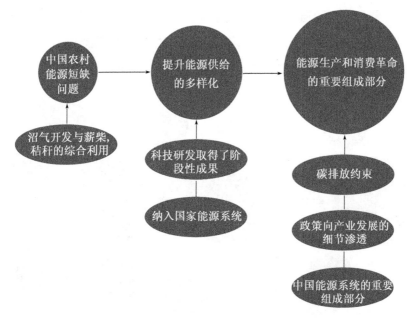

图 9.4 政策目标的演进特征

更赋予生物质能源更高的使命,将开发利用生物质能,作为能源生产和消费革命的重要内容,是改善环境质量、发展循环经济的重要任务。总体而言,生物质能的研发与利用在国家层面得到了广泛的认可,其正逐步成为中国能源供给的重要组成部分。

(2)从零散的政策提及到全方位的政策支持

最初的生物质能源支持政策非常有限,仅仅出现于政府部门关于农村能源综合利用的建议或规划中。并且支持力度也十分微弱,在这一过程中,生物质能源的发展基本上是微观层面的积极参与,而政府部门则主要扮演观察者和监督人的角色,并未成为产业发展的重要参与者。

但由于生物质能源是一种可更新的生物能源,具有可分散生产并就地使用及成本低等优点,同时又是扩大农村能源,解决大量农户能源获取与利用的可靠路径(Klass,1998;Kelly-Yong,2007)。因此,在能源消费激增与供给能力有限的背景下,生物质能源的支持政策显著增加,国家层面的战略部署多次提及生物质能源的重要地位,并且在多个五年计划中对其高度评价并做出发展规划(见图9.5)。

随着能源环境问题的日益突出,生物质能源作为可再生能源受到中国政府的高度关注,资金支持也在近几年以补贴或税收返还等形式惠及用户及生产企业,不仅如此,在"十二五"之后,生物质能源便不再局限于农村能源的主

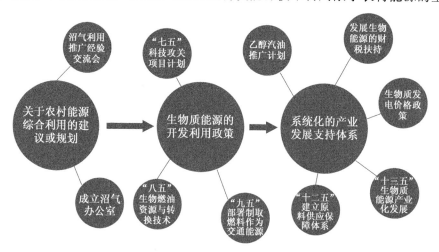

图9.5 零散政策到全方位的政策支持

要来源,而成为中国能源系统的重要组成部分,支持政策也更演变为对价格、成本、项目审核、项目运营、科技研发等多角度、多层面、全方位的政策体系。

9.2　典型生物质能利用大国的政策及其特征

9.2.1　美国生物质能源发电政策及其特征

美国的生物质发电产业的迅猛发展主要得益于:联邦政府、州政府的政策,以及国家立法,构建了良好的社会发展软环境。

早在 20 世纪七十年代,美国为修订能源部区域生物质能源计划,就建立了第一个实习区域。随后,又不断地开发新的绿色电力项目。美国能源部为了增强国家能源安全,提高生物质的效能转换率,改善环境,促进工农业进步,创造就业机会,减少生物质的发电成本,早在 1991 年便提出了生物质发电计划。

为了摆脱对国外能源依赖,能够独立地依靠本国能源进行国家建设,保证本国能源的安全,美国提高了对绿色能源技术的重视程度,加大了对该技术的人力、物力和财力投入。在 2006 年,美国总统的布什首次提出了"先进能源计划"作为国情咨文的内容(Shaffer 等,2006)。而如今,生物质能发电已经成为美国社会中工业生产用电的重要选择。美国在生物质产业的税收政策上也给予其极大的优惠:对生物质发电的企业,给予减免 1.8 ¢/kW·h 的税收优惠,此外,联邦政府还对位于偏远农村地区的生物质发电给予 1.5 ¢/kW·h 的减免政策。

一系列相关政策、法规的出台,让美国生物质能源发电产业的健康发展得到了充分的保障(Mccormick,2008)。如 2000 年的《生物质研究开发法案》,2002 年的《农田安全和农村地区发展法案》,都对美国生物质产业的发展起到了极大的促进作用。2000 年所颁布的法案目的在于使美国农业部与能源部相互协作,共同设立一个相关的研发平台。通过为生物质能研发活动提供统一的评判标准,来保证生物质计划的顺利进行。该法案不仅仅催生了两个有关生物质能的国家层面的机构:生物质项目管理办公室和生物质技术咨询委员会,还以法律的手段保证了生物质能的研发得到财政、金融等方面的支持。而 2002 年的法案也就是布什签署的新农业法,鼓励通过政府采购、资金直接投入和对可再生能源项目贷款等方式支持生物质能发电企业的发展,并鼓励农民适用新能源,完善相关教育计划。

2002 年 12 月美国政府公布了生物质计划的实施方案的技术路线图。2005 年 8 月由总统正式签署了《国家能源政策法案》,该法案是对《生物质研究开发法案》和《能源税法案》的修订。其中主要包含了关于生物质产业的税收优惠、对生物能产品生产和消费补贴、技术研发支持及贷款担保,以及配额限定联邦政府购买(配额制)等一系列强制性举措等诸多促进措施。

《能源自主和安全法案》在 2007 年 12 月出台,在 2002 年 12 月份的法案基础上做出了更为严格的规定。同时,在美国不仅仅是联邦政府,还有很大一部分地区的政府也开始通过税收优惠政策、贷款优惠政策等财政手段来促进生物质能产品的研发、生产与使用。根据相关部门统计,已有十四个州建立了可再生能源效益基金,十八个州和华盛顿特区在电力供应上实行可再生能源配额制。

目前,美国已有 36 个州政府通过《可再生能源配比标准》,顾名思义,该标准指在电力产业输送的电能中,必须有相应比例的可再生能源电能(Hess 等,2016)。同时,随着新能源产业的不断发展,此标准逐年递增。而对于每个州新能源电力强制比例标准的制定,是根据每个州的经济发展水平、能源供应的多元性和环境因素来综合决定。其特征主要表现在两个方面:

(1)通过积极的财税政策,促进生物质产业的发展。财税政策主要包括政府财政补贴与政府风险共担机制。直接的财政补贴可以直接增加生物质企业的利润。其中,奥巴马政府在 2011 年就推出 5.1 亿美元的财政补贴计划。而风险共担机制通过为生物质能源企业的贷款提供担保,解决了生物质企业的资金需求(Rickerson 和 Grace,2007)。在财政刺激政策的刺激下,大量的传统能源企业以及新兴的新能源企业都纷纷进入生物质能源领域。

(2)提高生物质原料的供应保障。美国联邦政府于 2008 年颁布了《农场法案》,并且提出了《生物质作物援助计划》(BCAP)。为了使得生物质原料能够充分供应,该法案提出了对上游企业或农场主直接进行补贴,从而促进生物质产业的稳定发展。因此,在美国农业部下属的农场服务局向从事符合规定的有关生物质原料收获、储藏和运输的业务,提供高达 45＄/kt 的财政补贴。

9.2.2 丹麦生物质能源发电政策及其特征

丹麦是生物质发电产业的传统强国。也正是生物质产业的大力发展造就了丹麦的绿色传奇神话。早在 1976 年,丹麦政府便开展了由能源署直接主管的可再生能源研发资助计划。该计划列明了所有的特定补贴的新能源项目,生物质发电项目即是特定补贴可再生能源项目中重要的扶持部分。从而使得生物质发电项目吸引了大量的投资者,促进了专业人员对生物质发电技术进行深入的研发。其中,超临界技术就诞生于此次计划之中。在步入 21 世纪之后,丹麦为了进一步巩固其可再生能源的优异竞争力,不仅进一步地从国家角度颁布支持新能源发展的法规和政策,同时还加强了对生物质能发电等可再生能源研发项目的投入幅度。

2005 年 6 月丹麦政府公布了从宏观角度对国家未来能源战略规划做的长期部署《2025 能源战略》。从国家层面宏观的角度对未来二十年能源结构的调整和电力设施的跟进配套制定了全面的政策措施。这凝结了国家全体的共聚力,推动了丹麦所迫切需要的革命性变化,而这样的政策力度也是全球罕有的。2006 年,丹麦能源研究咨询委员会进一步发布了《丹麦能源技术开发、研究和展示战略》,明确了能源技术研发是国家特别重要的发展方向,并提出鼓励民间企业与研究机构开展多种形式的合作。

丹麦能源协会、丹麦战略研究理事会对生物质发电项目提供大量的援助,同时,丹麦能源署也发布《能源研究项目计划》,通过拨款的方式直接为能源研究提供高达数千万克朗的资金支持。

丹麦政府立法保障生物质发电上网和电价补贴。丹麦通过立法的方式促进社会节约能源,提高用能效率,并取得了很好的效果。如在 20 世纪七十年代末颁布的《供热法案》和《供电法案》、八十年代末颁布的《住房节能法案》和《可再生能源利用法案》,更主要的是,在世纪交接之时颁布的《能源节约法》,该方案提出二十五年内能耗水平不变的目标,并在以下三个方面构建节能用能维度:一、减少建筑业和工业能源消耗;二、推广节能家电在生活中的广泛使用;三、提升公民节能意识(来尧静,2010)。

2008年丹麦颁布了《可再生能源促进法》,建立了财产损害赔偿制度,参股机制,绿色机制和担保机制,成立了丹麦国家电网公司管理办公室,该办公室规定电网公司强制性地接入生物质发电系统,并优先调度生物质发电,政府保证其最低上网价格,并要求每个发电运营商都有一定比例的生物质发电量。为了帮助生物质发电公司摆脱上网电力成本高于行业平均水平的现状,丹麦实施了固定电价系统,对生物质发电企业提供4.1欧分/度的上网电价,并给予10年的保证期(Kwon和Østergaard,2013)。丹麦的可再生能源项目可获得高达30%的初始投资补贴;与此同时,对于生物质发电设备制造业,政府也相应地给予设备价格补贴。

此外,丹麦自1993年以来对工业二氧化碳排放征税,以补贴节能技术和可再生能源的研究。对于科学机构或个人在新能源领域转让其成果的收入,丹麦免征营业税或所得税,其特征主要表现在如下两个方面:

(1)立法上对生物质发电上网及电价补贴上给予保障,如《供电法案》和《供热法案》,以及《可再生能源利用法案》和《住房节能法案》等法案的制定和修正均从法律层面保障生物能源发电产业的顺利发展。

(2)政府在财政收入方面给予生物质发电企业优惠待遇,确保整个产业从投资运营到市场终端的健康发展。

9.2.3 德国生物质能源发电政策及其特征

德国是一个生物质发电历史悠久的国家,近年来,德国生物质发电产业的发展速度非常之快。以生物质直燃发电中三种主要的燃烧发电方法为例,德国2005年沼气、固体生物质和液体生物质、沼气发电企业的发电量翻了一番,总功率从年初的420 MW跃升至790 MW。

德国固体生物质热电设备的功率也从2004年的475兆瓦增加到2005年的690兆瓦,增长率为45.26%。液体生物质发电也是德国生物质发电领域重要一部分,过去十年间投产了约100个液体生物质能源电站。据估计,到2020年,生物质发电将占德国总电力供应的十分之一,到2050年预计将达到五分之一(König,2011)。

由于远离海洋的地理位置,德国先天缺乏石油资源,必须依赖进口原油。德国从国家战略的角度制定了能源发展计划,为生物质能源的发展提供了增长空间。德国生物质能源的法律法规经过多年的修订和完善,现已形成了比较完善的法律支持体系。

在法律保障方面,德国也是世界生物质能源法律的先驱,德国一直秉持法律支持是促进新能源发展的根本保障的理念,自 20 世纪 80 年代开始建立并逐渐完善促进生物质发电的法律,至今德国从生物质能源的利用和技术研发,到资金支持等都形成完整的方案体系(Rösch 等,2010)。1991 年的《电力供应法》规定,通过复兴与开发银行向投资生物质能源的企业提供相当于设备投资成本四分之三的优惠贷款,这是德国生物质发电的重要里程碑。2000 年的《可再生能源法》是德国自身能源可持续发展的重大突破,也为未来可再生能源立法的发展指明了方向。该法律明确了目的和范围,并为生物质发电行业的资金提供了更全面的支持法规。它不仅为生物质发电提供法律保护,还提出通过价格政策保证投资者获得合理的回报。也就是说,根据各生物质发电项目的实际成本,建立生物质发电的固定电价,让电力公司也有资格参与支付费用的确定。这成为电力部门取消官方控制的一项重大革新措施(Lauber 等,2006)。

2004 年颁布的《可再生能源法优先权》是在《可再生能源法》的基础上进行的修订和补充,该法案补充了生物质发电的补贴措施。该法律的另一个主要贡献是进一步鼓励公司尝试新技术用于生物质发电。例如,如果发电厂使用能源植物作为原材料,除了上网电价的基本补偿外,还可以获得额外的补贴;又如,让全国分担电网运营商购买生物质电力的成本,以各种方式降低新能源勘探道路上社会生产参与者的成本,为可持续能源的发展铺平道路。

除法律保障外,各种长期有效的补贴和优惠形式也是德国生物质发电政策环境的一个主要特征。例如,为了促进生物质发电项目的融资,德国联邦政府于 1999 年制定了市场激励计划,为生产或采购新型生物质发电设备的公司提供长达 20 年的补贴;除了采购新设备外,使用生物材料和技术创新发电的公司也可以获得政府补贴。为了鼓励多采用能源植物发电,德国政府以每千瓦电力 2～6 欧分的水平补贴使用能源植物作为原材料的企业,德国每年对能源电厂公司的补贴就达一百万欧元。就税收而言,德国政府征收的生态税每年都有一部分投入在促进生物质发电产业的发展上。与此同时,德国生物质发电技术的研究和开发得到了德国政府的长期资金支持,其特征主要表现在如下两个方面:

(1)通过立法促进社会资本向生物质能源产业流动,形成社会资金的良性循环,如颁布《关于农业领域的生物动力燃料资助规定》和《关于再生能源使用的资助规定》以及《复兴信贷银行降低二氧化碳排放量的投资规划》和《关于农业投资的促进方案》等法案。

(2)长期有效的补贴和优惠以确保物质发电项目的资金来源及技术进步,如在《可再生能源法》的基础上的修订和补充形成的《优先利用可再生能源法》制定了生物质发电补贴措施,并且鼓励技术创新和实现市场化应用。

9.2.4 中外生物质能源政策差异性分析

(1)法律法规方面的比较

从立法时间来看,中国对生物质能源的法律规定一直落后于发达国家,中国于 1997 年通过了《中华人民共和国节约能源法》,该法旨在促进节约能源,但不涉及具体促进生物质能发展的相关规定;在美国,1970 年颁布了《清洁空气法》来促进生物质能发电。从内容上看,虽然中国颁布了《中华人民共和国节约能源法》《中华人民共和国可再生能源法》《中华人民共和国循环经济促进法》等法律,然而,这些法律主要针对所有可再生能源的共性,真正针对生物质能源产业的法律规定较少,而且法规只给出了发展方向缺乏明确的实施细则。国外主要通过法律约束的形式强制规划生物质能源的发展目标,比如加拿大的《环境保护法案 C-33》规定:2010 年和 2012 年,汽油和柴油中可再生能源的混合比分别达到 5% 和 2%(Sorda 等,2010)。

(2)财税政策方面的比较

自 2001 年以来,中国对生物质能源税收的支持主要体现在生物质发电公司的税收减免和投资信贷上。就退税和减税而言,美国于 1978 年通过了减少消费税的法案,并于 2005 年提出为能源公司减税 146 亿元。通过强制性法律规定澄清税收减免,以确保税收激励措施的实施。值得一提的是,发达国家已经引入了"碳税"概念,以减少对可再生能源的征税,增加对化石能源的征税。例如,意大利通过提高对化石燃料能源项目的碳税征收税率,降低对生物质能项目的碳税征收税率来促进生物质能源项目的发展。

（3）补贴政策方面的比较

中国的补贴主要包括发展专项资金、电价补贴和生物质材料补贴。2006年,中国的专项资金由中央预算安排;美国在 2011 年启动了 5.1 亿美元的特别补贴,用于发展第二代生物质能源产业。电价补贴主要是政府设定基准电价和补贴生物质发电。考虑到生物质能源对粮食安全的负外部性,中国自2013 年以来逐步减少对生物质能生物质的补贴,生物质原料生产补贴主要集中在对非粮食原料的补贴。除了电价补贴和生物质资料补贴外,国外补贴更加注重生物质能源企业的发展,为企业提供贷款担保和投资补贴。例如,美国通过政府风险分担机制为生物质能企业项目提供贷款担保,而意大利和芬兰则为生物质利用项目提供 30%～40% 的投资成本补贴,以降低生产者成本。

9.3　国际生物质能支持政策对中国的启示

9.3.1　中国生物质发电支持政策的实施及其效果

（1）财税补贴

① 财政补贴

根据 2006 年至 2010 年 9 月生物质发电上网电价补贴表数据,可知并网装机容量每年发电量约为 3 097.49 kW·h/kW（见表 9.2）。另外,地方政府还给予生物质发电项目作为招商引资项目的一些税收优惠或财政补贴,比如地价出让土地。

表 9.2 生物质发电上网电价、接网工程等补贴情况统计（2006—2010 年 9 月）

补贴内容＼时间	2006	2007.1—2007.9	2007.10—2008.6	2008.7—2008.12	2009.1—2009.6	2009.7—2009.12	2010.1—2010.9
电价补贴							
并网装机容量(MW)	168	309.5	696.21	963.21	1 208.81	1 661.912	2 134.58
上网电量(万 kW·h)	20 863.62	75 015.3	180 424.2	177 545.3	286 700	356 984	661 184.5
电价补贴(万元)	4 948.64	23 743.4	56 867.87	37 996.30	60 255.57	74 659.69	160 995.5
单位上网电量补贴(元/kW·h)	0.24	0.32	0.32	0.21	0.21	0.21	0.24
单位装机容量补贴(万元/MW)	29.47	76.72	81.68	39.45	49.85	44.92	75.42
接网工程补贴							
装机容量(MW)	0	166	538.54	589.58	868.88	1 268.52	1 619.83
接网补贴(万元)	0	325.01	1 161.84	1 095.44	1 898.95	2 474.52	5 036.73
单位装机容量补贴(万元/MW)	0	1.96	2.16	1.86	2.19	1.95	3.11

资料来源:根据国家发改委的"可再生能源电价附加配额交易方案"等相关文件整理。

② 税收优惠

以一个装机容量 25 MW、投资 2.5 亿元的秸秆直燃电厂或混燃厂(农林残留物所占原料比重不低于 80%)为例,假设其年上网电量 1.4 亿 kW·h、电价 0.75 元/kW·h,那么年产值是 1.069 亿元,销项税为 1.069 亿元×17%＝1 816.88 万元;若按进项税额抵扣销项税额,假设购置生物质发电设施的支出约占总投资的 85%,即 2.125 亿元,其设备进项税是 2.125 亿元×17%＝3 612.5 万元,如果 10 年内抵扣完,则每年增值税抵扣 361.25 万元;此外,电厂每年采购秸秆耗资 3 756.5 万元,秸秆进项税税率为 13%,进项税额为 3 756.5 万元×13%＝488.345 万元。因此,每年该电厂应缴纳增值税为 1 816.88－361.25－488.35＝967.275 万元,按照财政部国家税务总局《关于调整完善资源综合利用产品及劳务增值税政策的通知》,电厂享受增值税即征即退 100% 的政策,因此电厂每年享受增值税优惠约 967.275 万元。

同样以该 25MW 秸秆直燃项目为例,征收企业所得税收入部分为 1.069

亿元×90％＝9 621万元,同时,该电厂年总成本5 744万元,还贷资金为1 083.3万元,此外,尽管国家没有明确规定生物质发电企业的所得税税率,但据《国外商投资企业和外国企业所得税法实施细则》第七十三条第一款第一项第3目规定,生物质发电企业可以申请以减按15％的税率缴纳企业所得税,该发电企业应缴纳所得税额为(9 621－5 744－1 083.3)×15％＝419.055万元。

(2)科技投入

从2006年以来,国家支持生物质发电科研经费至少有1.8亿元,其中:973项目6 454万元,国家自然科学基金项目2 609万元,中小企业创新基金项目6 510万元(见表9.3),国家科技支撑计划项目1 713万元。另外,国家火炬计划立项项目、国家重点新产品计划立项项目和国家重大科技成果转化项目都有资助。

表9.3　国家资助生物质发电科研项目的统计

年度	973计划		国家自然科学基金		中小企业创新基金	
	项目数	金额(万元)	项目数	金额(万元)	项目数	金额(万元)
2006			4	125	4	150
2007	1	1 495	5	124	5	260
2008			4	94	11	505
2009	1	3 158	8	547	23	1 145
2010			8	269.5	25	1 835
2011			12	1 073	20	1 295
2012	1	1 801	12	376.5	22	1 320
合计	3	6 454	53	2 609	110	6 510

(3)装机容量

截至2010年底,中国已审批的生物质发电项目装机容量已达到了550万kW,而已并网发电的生物质发电企业装机规模只有213.46万kW,远未达到550万kW的目标,而根据《可再生能源发展“十二五”规划》,2010年中国各类生物质发电装机达到550万kW。这是因为其中有一批项目核准后未动工或者项目建成后未能并网。例如,江苏省利森秸秆发电有限公司于2006年8月经政府核准,而直至 2010 年底尚未动工。

(4) 设备制造企业

生物质发电设备包括锅炉、汽轮机、进料系统、打包机、破碎机,其中汽轮机技术已经很成熟。

① 锅炉

中国主要生物质锅炉包括炉排炉和循环流化床锅炉两种类型,炉排炉生物质燃烧技术主要是在丹麦 BWE 基础上进行改进,基本沿用其水冷振动炉排技术,较早的垃圾锅炉焚烧技术来自加拿大。循环流化床锅炉主要采用国内自主研发技术,其中,中国节能(宿迁)秸秆直燃发电项目锅炉是中国第一个具有自主知识产权的生物质流化床锅炉(CFB)。

在全国 A 级锅炉制造企业中,有 28 家能够生产生物质燃料锅炉,秸秆类锅炉的最大出力 130 t/h,其余垃圾类的锅炉的最大出力 440 t/h。华西能源工业股份有限公司、南通锅炉厂、无锡华光锅炉厂、杭州锅炉厂等企业占有国内较大的生物质锅炉市场份额,部分产品还销往国外。

② 上料系统

上料系统包括取料机、输料机、配料机、给料机(张民和袁洁,2009)。从国外进口的上料系统大多来自丹麦、英国,它们并不适合中国企业多种原料的实际情况,需要改造才能运行。由于缺少经验,即使是国内产的上料系统,也常常是一边生产一边改进。专门生产上料系统的企业不是很多,主要有江苏朝阳液压机械集团、浙江中科兴环能设备有限公司。

③ 破碎与打包设备

中国秸秆收获机械的研发起步晚,大约在 2000 年从德国 CLAAS 公司、美国 CNH 公司、美国 JOHNDEERE 公司引入小方捆打捆机开始,陆续研发了小圆捆打捆机以及二次压缩机等产品。破碎技术根据原料种类不同而变化,玉米、稻草、麦秆等秸秆类多采用铡草机设备;木质类原料多采用削片机处理。秸秆破碎、打包技术在中国已经比较成熟,可以满足生物质电厂生产需求,只是密度控制方面有待改善,因为密度过大会导致锅炉结焦。中国破碎和打包设备制造企业的数量较少,企业规模偏小。

（5）专利和技术

由于生物质发电技术涉及很多领域，限于篇幅，只以生物质发电最主要的设备——锅炉为例来说明在中国申请的技术专情况，按照申请日（2006—2011年）总结（见图 9.6）。

《国际专利分类表》（IPC）是目前唯一国际通用的专利文献分类和检索工具，IPC 分类号能够准确和细致地反映各个技术领域。在生物质燃烧锅炉领域的 IPC 分类号（不是所有的该分类号下的专利都与生物质发电相关）主要包括以下几种。

F23G5/00：专门适用于焚烧废物或低品位燃料的方法或设备，例如焚化炉；

F23G5/02：包括预处理的焚化炉；

F23G5/027：热解或气化；

F23G5/033：粉碎或压碎；

F23G5/04：干燥；

F23G7/20：处理田间或花园废物的。

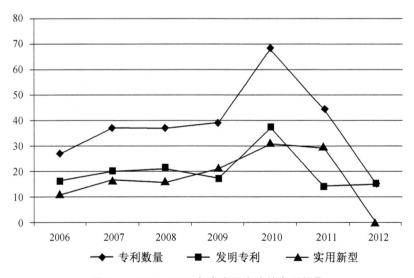

图 9.6　2006—2012 年在中国申请的专利数量

数据来源：中国知识产权网（CNIPR）数据库，2012 年数据是 1～8 月的申请量

总体来说,在中国申请的生物质燃烧锅炉技术专利数量呈逐年增加的趋势,而且排名前十名的申请人或机构都是中国的,但是其总体数量仍然不多,且大部分都是关于垃圾焚化炉的专利。

9.3.2 中国生物质发电支持政策的不足

(1) 政策的价格调节效果微弱

目前生物质还不是真正的商品,没有稳定的价格体系,不确定因素较多,价格波动也大。以江苏地区为例,2008 年,泰兴麦秸秆收割时收购价为 220～240 元/吨,往后每个月的收购价格都在提高,当年 12 月到次年 5 月收购价格提高到每吨 340 元;淮安生物质发电公司 2007—2009 年秸秆到厂价格分别是:190、250(稻秸秆)和 280(麦秸秆)、310 元/吨(张钦和周德群,2010);2011年,江苏无锡地区的秸秆收购价格高达 450～480 元/吨。其他地方的价格也是逐年增长,比如四川双流地区秸秆到厂价格从 2003 年的 100 元/吨涨到2011 年的 380 元/吨。

秸秆到厂价格为 338.55 元/吨中,运输成本约占 12.8%(Zhang 等2012)。在有些地方,运输成本所占到厂价格的比重更高,大约是 22.3%。当燃料收集半径由 30 km 扩大到 50 km 时,秸秆发电厂年利润率下降 20%～30%(刘钢和黄明皎,2011)。许多电厂收集半径远超过 50 km,如国信如东秸秆直燃发电项目平均收购半径为 100 km,最大收购半径为 200 km,收集范围遍及江苏、山东、安徽、浙江等省;国能射阳秸秆直燃发电项目亦是如此。

(2) 政策激励难以调动消费者积极性

为了确保生物质能源产业的稳步发展,中国政府出台了一系列法律法规、补贴政策和税收优惠政策,良好的宏观政策环境逐渐形成,但在促进消费群体的成长方面的政策明显不足。

生物质能源发展政策导向弱化了需求侧的刺激,而以供给为主,没有培育起能源消费结构调整的市场支撑力量和稳定的市场需求,导致生物质能消费市场空间狭小和拓展速度慢。而中国缺乏专门扶持消费生物质能源的政策,造成生物质能的供给缺乏激励机制。生物质能产业发展面临着诸多不确定性,如供给的不稳定性、需求的不确定性、价格不确定性、技术不确定性、产量不确定等,该产业属于高风险产业,而可以有效克服市场风险的激励政策效果并不明显(邢熙等,2009)。

(3) 政策对生物质能源产业创新能力培育效果有限

中国在生物质发电技术上处于追赶状态,需加大资金投入,加强生物质发电设备的研发工作,尤其是锅炉设备的研发,实施进口替代战略。目前中国锅炉设备主要靠国外进口,其中锅炉设备占总投资的 25%,而锅炉这项关键设备在中国尚无成熟设备供应商,需要从国外进口,建设成本高,在生物质发电技术上受制于人。锅炉设备的优劣直接影响生物质电厂的热效率,进而影响发电效率。生产同等数量的电力,优质的设备可以减少燃料的数量,提高电厂的经济效益。

近年来,中国非常重视可再生能源领域发展。不断加强对可再生能源领域投入,相对于欧美国家,中国近年对可再生能源的领域的投入更多。然而,中国生物质能源技术创新仍难以满足市场需要,发电成本仍无法与传统能源进行竞争。因此提高研发速度和质量是改善生物质能源发展现状的关键路径,实施如何更好地激励微观主体进行创新研发的政策更是刻不容缓。

9.3.3　中国生物质发电支持政策的建议

(1) 建立健全的生物质发电燃料供应体系

大力加强秸秆资源的田间收集和管理,共同采用自动化程度较高的大型秸秆收割机和秸秆采摘捆扎机进行综合处理,它可以有效提高秸秆资源的收集效率,降低收集成本。在没有条件的地区,生物质发电公司或生物质燃料收购企业也可以提供秸秆包装机械,以集中包装和处置所获得的秸秆资源。

农民、农民经纪人、农村专业合作组织和生物质发电厂都共同参与燃料收储过程,各利益相关方签署秸秆生产和供应合同,既可以确保各方的合法权益,又可以确保生物质燃料销售市场的各环节透明的信息环境,可以为生物质发电厂提供稳定的燃料来源。此外,生物质发电厂还可以与农民签订免费收割合同,秸秆收购价格将单独协商。储存中心和场地应具有良好的防火、防雨、防潮和干燥设施,避免因管理不当造成的浪费和秸秆资源的损失。此外,生物质燃料储存中心还可以购买燃料处理设备,并根据生物质发电厂燃料的利用标准进行一定的预处理。

在生物质发电初期实现规模化和工业化的过程中,考虑到生物质燃料采购公司的盈利能力可能较弱,政府可以采取相应的扶持政策。例如,政府可以补贴从农民购买的秸秆数量或对生物质能源收购企业提供适当的税收减免。这不仅有利于农民销售秸秆,也为生物质发电厂持续供应燃料提供了有力保障。

(2)完善产业发展布局,实现上下游协调发展

资源调查的最终目标是保证生物质发电项目在基于市场的运作下,生物质发电企业能够以可接受的价格获得足够的资源量。因此,需要考虑资源储备和潜力、农民收入水平、其他用途的资源需求、当地经济发展、气候和交通等。目前,我国已经对生物质资源禀赋进行了初步调查,普遍掌握了各种生物质发电所需资源的可用储量和开发潜力,但是,尚未制定资源分配和利用的细节。开发不同生物质发电的潜在水平,并在最合适的区域应用最合适的技术形式还需进一步发展探索。

中国生物质发电的技术结构和区域分布结构应在自下而上的资源调查的基础上进行,应在深入调查的基础上实现根据其特点发展。此外,我们应该从国际视角指导中国生物质发电产业的布局,应更加突出生物质发电技术的核心作用,强调减排效果以及能源使用方法的安全和可持续性。增加原料供应是解决生物质发电原料成本过高问题,引导生物质发电企业在适宜场所发展的可行思路之一。在主要粮棉生产区发展秸秆直燃发电;促进甘蔗主要种植区和糖加工集中区发展甘蔗直燃发电;在重点林区和林产品加工区,结合林业生态建设,利用林业残余和林产品加工残渣,发展林业生物质直燃发电;在"三北"地区,结合防沙治沙,建设灌木种植基地,发展灌木直接燃烧发电。城市作为非农业产业和非农业人口集聚的较大聚落,能源消耗较大且产生较多可利用的生物质能原材料,因此,应鼓励中东部地区和人口密集且土地资源紧张的城市建设生活垃圾焚烧发电项目;在西部地区,将引导垃圾填埋沼气发电项目的开发和建设。无论采用何种方法,都应结合城市生态环境保护,选择合适的生活垃圾和能源利用方式,实现区域产业与社会经济的协调发展。

制定产业发展目标,分阶段实施发展计划。产业发展目标的制定是一项

复杂的系统工程,它是基于对中国生物质资源总储量、生物质资源储量和结构、不同生物质发电技术发展水平和发电经济性的综合调查制定的;它是通过与国外发达国家的比较和对国际能源整体发展趋势的分析和通过科学严谨的多学科论证制定出来。总体工业发展目标的制定应符合中国生物质发电产业发展的实际情况,具有一定的强制性和统领作用,可以明确中国生物质发电产业的发展方向和发展目标。工业发展的总目标不仅应该是规模和数量的简单目标,而且应该是实现目标的手段,即对于不同形式的生物质发电,应制定一系列配套政策措施或机制,以确保工业发展目标的顺利实现。工业总发展目标应该是一个完整的系统,通过多种实施方法促进生物质发电产业的发展。

《可再生能源中长期发展规划》明确指出截至2020年,生物质发电累计装机容量将分别达到3 000万千瓦,该行业整体规模将分别达到1 500亿元和3 100亿元。通过与2014年至2020年中国生物质发电和工业发展的预计产能进行比较,可以看出中国生物质发电产业的发展速度正在逐步放缓。政府应该提供指导和支持政策,以确保2020年工业发展目标的顺利实现。

电力工业的上下游依赖性很高,具有与生产和消费同步的特点。在价值链的构建中,有必要合理分配上、中、下游的风险和收益,以实现风险和收益的等价。目前,生物质发电等新能源电力行业的上游(设备生产)盈余,中游(电力生产)效率低下,下游(电网输配电)存在问题,这表明行业内的上下游价值链没有形成协同作用,导致价值链出现一定程度的扭曲。因此,有必要进一步理顺行业的上、中、下游之间的关系。产业规划的制定应考虑上中下游为一体,有效整合产业资源,政策的制定应考虑到上中下游的合理布局,实现协调发展。

(3)加强对生物质能源技术发展的有效激励

目前,中国缺乏生物质发电领域的专业技术人才,国内大学的相关专业设置不是针对性的。中国可以采用高层次人才引进、外国委托培训和国际学术交流等形式逐渐缩短我国与国外技术上的差距。加强与国外权威大学和研究机构的交流与合作,在生物质发电领域开展有针对性的研究;并且有针对性地训练专业技术人员,为中国生物质发电产业的快速持续发展培养和提供强有力的人才支持。

技术开发在整个行业生命周期中发挥着至关重要的作用。在工业生产时期不仅需要投资,而且在不同的工业周期中需要持续投资,高技术新兴产业的投资比例往往需要大于一般工业。因此,我们应该增加生物质发电产业在不同发展阶段的研发投入。

加强技术引进,创新孵化和人才培养。在工业发展的早期阶段,R&D活动主要针对生物质发电技术的突破,包括生物质材料的收集和预处理以及燃烧设备的研究和转化,这一阶段的研发具有种子效应。目前,我国生物质发电的核心设备和技术环节缺乏自主知识产权,许多关键设备需要依赖进口,这不可避免地增加了设备的制造成本。政府应建立生物质发电技术实验室,鼓励相关研究机构开展有针对性的研究,增加相应学科,引进国际人才,培养当地研究团队。政府应加大对研发的财政投入,为企业自主创新活动提供减免税等扶持政策。

鼓励发电公司在运营过程中不断技术升级。在工业发展的成长阶段,R&D具有增长效应。从生物质发电行业的学习曲线可以看出,R&D投资对于工业活动成本下降是一个长期过程。投资不是立竿见影的,因此需要制定特殊政策来支持和鼓励企业开展的持续的R&D活动;同时,建议对企业技术升级投资提供一定的税收减免。

(4)加强对生物质能源技术发展的有效激励

生物质能开发和利用的根基在于技术的进步与革新,无论是何种支持政策都应着眼于以技术进步为导向,市场配置为手段的政策体制。中国的生物质发电起步较晚,仍处于工业发展的初级阶段。生物质发电的装机容量在中国的总装机容量中相对较小,仅占可再生能源装机容量的0.5%。目前,中国生物质发电产业的发展环境尚不完善,政府需要进一步支持生物质电价。

2006年1月,国家发展和改革委员会发布《可再生能源发电价格与成本分担管理试行办法》,当地生物质发电价格由两部分组成:2005年各省脱硫燃煤机组的上网电价和生物质发电补贴电价。补贴价格自项目启动之日起补贴15年,补贴价格为0.25元/千瓦时。由于各省脱硫燃煤机组的上网电价不同,上网电价较低的省份的生物质发电价格也较低。2010年7月和8月,国家发展和改革委员会和国家能源局先后发布了《关于完善农林生物质发电价格政策的通知》和《关于生物质发电项目建设管理的通知》。对生物质发电项目上网价格进一步规定：对于尚未通过招标确定新建的农林生物质发电项目，将统一实施 0.75 元/千瓦时的基准上网电价。这大大提高了一些生物质发电厂的效率，但一些发电厂仍处于亏损状态，还需进一步制定适用的电价标准。中国可以借鉴德国的经验，根据生物质发电的装机容量和发电的具体形式制定不同的电价标准。

确定不同形式的生物质发电的财政和税收优先政策。中国的生物质发电包括混合燃烧发电、直接燃烧发电、废物发电、沼气发电和气化发电五种形式。五种形式发展阶段不尽相同，应根据实际情况制定有针对性的财税政策。财政政策应主要采取直接投资和财政补贴，重点是在产业发展初期支持关键设备的技术研发和电价补贴。税收政策主要是在工业生产条件下实施增值税和所得税优惠政策。

增加对金融技术研发资金的投入。目前，中国生物质发电的关键核心技术没有自主知识产权，锅炉炉排等核心设备和部件主要依靠国外进口，技术是制约我国生物质发电产业发展的主要原因之一。中国生物质发电产业的技术研发能力相对较弱，研究实力主要分散在一些高等院校和科研机构。因此，中国应建立全国统一和创新的技术研发平台，以吸引高等院校、科研机构、民间组织和海外机构参与，不断投入技术研发，努力提高中国的自主研发能力。

丰富税收优惠政策。目前，我国生物质发电领域的税收优惠政策主要针对发电企业，可以进一步考虑采取有效措施，增加对发电企业的税收优惠。企业运营中使用的生物质发电专用设备，允许从当年的应纳税收中扣除设备价格。此外，参与生物质发电行业投资和消费的个人或家庭可以获得相应的税收优惠，例如，生物质发电行业的个人投资者免除部分个人所得税，或者向使用生物质发电的个人或家庭提供个人所得税优惠。

附　录

河北省生物质能发电厂项目	
1	广宗县新能生物质热电有限公司生物质发电项目
2	元氏县槐阳热电化工有限责任公司元氏县生物质发电项目
3	承德泰达新能源发电有限公司平泉生物质发电工程
4	中国大唐集团新能源股份有限公司大唐南皮1×30兆瓦生物质发电工程
5	中电故城县生物质能发电项目
6	河北安仁实业集团有限公司生物质发电改造项目
7	石家庄秸电锅炉工程设备有限公司石家庄市无极县生物质发电项目
8	河北诺亚能源有限公司献县生物质发电供热项目
9	文安县天华密度板有限公司2×6MW生物质发电项目
河南省生物质能发电厂项目	
1	新密市昌源集团电力有限公司生物质能发电项目2012
2	长葛市恒光热电有限责任公司生物质能发电工程
山西省生物质能发电厂项目 备注：据2008.6.30太原晚报记载山西拟建14家生物质能发电厂	
1	静乐县发电厂2×6MW生物质热电联产项目
2	定襄县吉隆能源有限公司定襄县2×15MW生物质发电项目
3	太原水塔绿色能源有限公司2×15MW生物质热电联产项目
4	山西江河生物质能发电有限公司1×25MW生物质发电项目
辽宁省生物质能发电厂项目	
1	国能昌图生物发电有限公司
2	黑山县国能黑山生物发电有限公司
3	辽宁台安威华生物发电有限公司2×18MW生物质能发电项目

	吉林省生物质能发电厂项目
1	益海嘉里(吉林)3MW 生物质能发电项目
2	主岭松源生化有限公司木糖醇项目燃烧木糖醇渣等生物质配套热电站工程
3	国能榆树生物发电工程
4	德惠秸秆电厂项目
	湖北省生物质能发电厂项目
1	国电长源荆州热电有限公司生物质气化—再燃发电项目
2	安能热电集团随州生物质发电工程项目
3	来凤凯迪生物质能发电厂工程(2×12 MW)
4	天门凯迪生物质能发电厂工程(1×25 MW)
5	武汉绿科能源有限公司 25 MW 生物质发电改造工程
6	赤壁凯迪生物质能发电厂 110 kV 接入工程
7	湖北汉新发电有限公司生物质气化—再燃发电项目
8	阳新凯迪生物质能发电厂工程(1×30 MW)
9	麻城市亚太生物质发电厂工程(2×12 MW)
10	国电长源荆州热电有限公司生物质气化—再燃发电项目
11	随州随县生物质发电厂 110 kV 上网线路工程
12	安能热电集团仙桃生物质发电工程项目
13	安能热电集团钟祥(2×15 MW)生物质发电工程项目
14	安能热电集团仙桃(2×15 MW)生物质发电工程项目
15	安能热电集团钟祥(2×15 MW)生物质发电工程项目
16	安能热电集团大悟(2×15 MW)生物质发电工程项目
17	谷城凯迪生物质发电厂工程(1×30 MW)
18	安能热电集团屈家岭(2×15 MW)生物质发电工程项目
19	洪湖理昂 20 MW 生物质发电厂项目
20	松滋凯迪生物质能发电厂工程(1×30 MW)
21	江陵凯迪生物质能发电厂工程(1×30 MW)
22	谷城凯迪生物质能发电厂工程(1×25 MW)

江苏省生物质能发电厂项目	
1	盐城创能秸秆发电有限公司 2×15 MW 生物质能发电工程
2	南通光合生物质能发电有限公司 2×15 MW 秸秆发电项目
3	泗洪生物质能发电项目环境影响报告书
4	沛县来发生物质能发电有限公司 24 MW 生物质能发电机组项目
5	江苏正兆生物质能发电盱眙项目
浙江省生物质能发电厂项目	
1	开化恒瑞电力有限公司开化生物质能发电工程
安徽省生物质能发电厂项目	
1	霍山凯迪生物质能发电厂工程(1＊30 MW)
2	金寨凯迪生物质能发电厂工程
3	五河凯迪生物质能发电厂工程一期工程(2×12 MW)
4	光大新能源(含山)有限公司生物质能发电工程
5	光大新能源(砀山)有限公司生物质能发电项目
6	桐城凯迪生物质能发电工程(2×12 MW)
7	五河凯迪生物质能发电工程(4×12 MW)
8	望江凯迪生物质能发电工程(4×12 MW)
9	凤阳县神光生物质能发电工程项目
10	华电宿州生物质能发电有限公司宿州生物质能发电工程
江西省生物质能发电厂项目	
1	武汉凯迪能源开发公司鄱阳生物质能电厂
2	万载生物质能发电
3	吉安凯迪生物质能发电
4	金佳谷物生物质能发电
山东省生物质能发电厂项目	
1	昌乐盛世热电有限责任公司焚烧造纸废渣及污泥处理生物质能发电项目
2	沂水长青生物质能发电厂
3	梁山县生物质能发电项目

山东省生物质能发电厂项目	
4	鱼台长青环保能源有限公司生物质能发电工程
5	淄博浩源生物质能热电有限公司生物质能发电工程
6	山东日昇生物质能热电有限公司生物质能发电工程
7	五莲县阳光热电有限公司日照市北经济开发区生物质能发电项目
8	日照君青能源科技材料有限公司生物质能发电示范项目
9	高密市周家屯生物质能发电项目
10	成武县生物质能发电项目
11	中电环宇(山东)生物质能发电有限公司生物质能发电工程 1×15 MW
12	梁山前能生物质能发电项目
13	中电宁津县生物质能发电项目
14	鱼台鲁裕 10 MW 生物质能发电项目
15	汇丰生物质能发电项目
16	单县秸秆生物质能发电项目
黑龙江省生物质能发电厂项目	
1	黑龙江省万成热点长生物质能热点联产项目
2	农垦金谷生物质发电
3	农垦远达生物质发电
4	66 千伏龙江清河泉米业有限公司吉祥分公司生物质能热电厂
5	嫩江凯迪 1×30 MW 生物质发电新建工程
6	牡丹江农垦鑫能热电有限公司生物质能发电二期工程
7	明水生物质电厂送出输变电工程
8	黑龙江省望奎县的国能望奎生物质能发电项目

参考文献

陈柳钦.中国生物质发电问题探讨[J].水电与新能源,2012(03):1-6.

曹国良,张小曳,王亚强等.中国区域农田秸秆露天焚烧排放量的估算[J].科学通报,2007,52(15):1826-1831.

曹念.城市生活垃圾处理设施水平和城市经济发展的关系研究[D].北京交通大学,2014.

曾绍伦,任玉珑.可再生能源发电竞价上网研究[J].四川理工学院学报(自然科学版),2006,19(5):9-12.

常世荣.2009-11-21.国内最大的生物质发电厂将在涿鹿并网.河北经济日报.

陈聪,李薇,李延峰等.生物质发电厂优化选址建模及决策研究[J].农业工程学报,2011,27(1):255-230.

陈娟.湖北省农村生物质能源产业布局与发展研究[D].华中农业大学,2012.

陈丽欢,李毅念,丁为民等.基于作业成本法的秸秆直燃发电物流成本分析[J].农业工程学报.2012,28(4):199-203.

陈柳钦.中国生物质发电问题探讨[J].决策咨询,2012(05):1-7.

陈铭,李红燕,王铁宁.模糊综合评判中非线性隶属函数的确定[J].数学的实践与认识,2006,36(9):124-128.

丛璐,徐有宁,韩作斌.生物质能及应用技术[J].沈阳工程学院学报(自然科学版),2009,5(01):9-13+23.

戴玉才,杨洪云,李倩,张文珺.关于可再生能源政策组合的初步分析[J].农业工程技术:新能源产业,2009(4):1-6.

单松,张军.内蒙古农作物秸秆生物质热电产业发展优势探讨[J].北方环境,2013,25(01):143-146.

丁国新.秦皇岛垃圾发电厂经营环境与策略研究[D].华北电力大学,2011.

董爱芹.浅谈中国乡镇的生物质能发电[J].中外企业家,2011(02):37-38.

董畅,张曦.我国可再生能源配额制政策的实施对生物质发电产生的影响[J].
    能源研究与管理,2015(04):1-2+9.

董聪,李薇,李延峰等.生物质发电厂规划选址模型的建立及应用[J].太阳能
    学报,2012,33(10):1732-1737.

范丽艳,张瑜.我国生物质发电行业存在的问题及对策[J].华北电力大学学报
    (社会科学版),2010(01):11-13.

冯超,马晓茜.秸秆直燃发电的生命周期评价[J].太阳能学报,2008,29(6):
    711-715.

高立,梅应丹.我国生物质发电产业的现状及存在问题[J].生态经济,2011
    (08):123-127.

葛少英.生物质发电项目的可行性分析[D].华北电力大学(北京),2009.

辜勇,高东旭.重心法在油库选址问题中的应用[J].物流科技,2007(2):
    108-111.

郭菊娥,薛冬,陈建华,席酉民.秸秆发电项目的政府优惠政策选择[J].西安交
    通大学学报(社会科学版),2008,28(2):14-18.

郭晓敏.风力、光伏及生物质发电的生命周期CO_2排放核算[D].北京:清华大
    学.2011.

国家发改委,国家电监会.关于2010年1—9月可再生能源电价补贴和配额交
    易方案的通知.2011.

国家发改委.关于生物质发电项目建设管理的通知.2010.

杭春燕.2007-08-21.国内最大秸秆气化电厂何以停产?新华日报.

何珍,吴创之,阴秀丽.秸秆生物质发电系统的碳循环分析[J].太阳能学报,
    2008,29(6):705-710.

贺仁飞.中国生物质能的地区分布及开发利用评价[D].兰州:兰州大学.
    2013.

胡婕,贾冰,许雪记.江苏省生物质发电产业现状问题及解决对策研究[J].可
    再生能源,2015,33(2):283-288.

胡艳英,王述洋.构建生物质发电项目模糊综合评价体系的研究[J].农业机械学报,2010,41(9):90-95.

贾小黎.丁航.秸秆直接燃烧供热发电项目上网电价初步测算[J].可再生能源,2006,125(1):50-55.

江苏省能源研究会.江苏省农作物秸秆发电不同技术路线案例研究与后评估.2009.

鞠新民.特种养殖五注意[J].北京农业,2010(34):50.

来尧静,沈玥.丹麦低碳发展经验及其借鉴[J].湖南科技大学学报(社会科学版),2010,13(6):100-103.

李攻.2010-8-3.生物质发电亏损严重,重复建设套取补贴.第一财经日报.

李金颖,田俊丽,张春莲.基于主成分分析法的生物质发电项目效益评价研究[J].能源技术经济,2012,24(2):33-37.

李景明.浅析我国生物质能政策框架的现状与发展[J].农业科技管理,2008,27(4):11-14.

李梁杰.生物质发电项目可持续性评价研究[D].北京:北京化工大学.2010

李松.促进我国新能源发展的财税政策研究[D].首都经济贸易大学,2014.

李晓明.2008-3-7.九三学社中央建议立足"三农"发展生物质能源:先农业需求,再化石能源替代.科学时报.

李晓明.2010-5-24.一座生物质电厂的账本:究竟划算不划算?科学时报.

李颖,李静.生物质发电项目碳排放计算方法应用研究[J].能源环境保护,2012,26(1):5-8.

李志军.我国生物质直燃发电的现状、问题及政策建议[J].技术经济,2008(09):34-37+81.

梁奎.上吸式生物质空气气化及焦油低减技术研究[D].哈尔滨工业大学,2008.

梁盛,肖子力.2010-3-27.广东湛江开建亚洲最大生物质能发电项目.中国新闻网.http://www.chinanews.com/ny/news/2010/03-27/2193288.shtml

梁水莹,李滨,梁克林.广西非粮生物质发电发展现状与技术需求[J].广西电力,2016,39(02):41-45.

廖晓东.我国生物质能产业与技术未来发展趋势与对策研究[J].决策咨询,2015(01):37-42.

林琳,赵黛青,李莉.基于生命周期评价的生物质发电系统环境影响分析[J].太阳能学报,2008,29(5):618-623.

林伟刚,宋文立.丹麦生物质发电的现状和研究发展趋势[J].燃料化学学报,2005,33(6):650-655.

林永明,潘峰,王正峰.生物质发电燃烧方式与炉型选择[J].广西电力,2009,(1):5-8.

刘刚,沈镭.中国生物质能源的定量评价及其地理分布[J].自然科学学报,2007,22(1):9-19.

刘钢,黄明皎.秸秆发电厂燃料收集半径与装机规模[J].电力建设,2011,32(03):72-75.

刘华东.2010-3-29.盐城5年内每县建成秸秆发电厂.盐城晚报.

刘军娜,王长瑞,杨琨,张雯,熊健.基于RTDS的同步相量测量装置动态数模试验方法研究[J].华北电力技术,2014(09):9-13.

刘胜强,毛显强,邢有凯.中国新能源发电生命周期温室气体减排潜力比较和分析[J].气候变化研究进展,2012,8(1):48-53.

刘伟军,雷廷宙,韩刚,白炜.中国生物质发电政策法规分析及发展策略探讨[J].太阳能产业论坛,2007,(11):8-10.

刘志彬,任爱胜,高春雨,付伟铮,陈晨.中国农业生物质资源发电潜力评估[J].中国农业资源与区划,2014,35(04):133-140.

刘志彬.中国生物质发电潜力评估与产业发展研究[D].中国农业科学院,2015.

鲁晓春,詹荷生.关于配送中心重心法选址的研究[J].北京交通大学学报,2000,24(6):108-110.

罗宝华,张彩虹,牛志蕾.基于ISM的沙区生物质发电产业影响因素分析[J].林业经济问题,2016,36(02):162-168.

罗玉和,丁力行.基于能值理论的生物质发电系统评价[J].中国电机工程学报,2009,29(32):112-117.

马哲,马中,翟俊,杨斯娟.中国农林生物质发电产业发展区域适宜性分析[J].
　　江苏农业科学,2014,42(04):290-294.

孟尚雄.选址理论体系初探[J].中国流通经济,2011,(4):94-99.

米泉龄,王瑞婷,张雪静.生物质能的开发与利用[J].林产工业,2010,37(04):
　　51-53.

纳丽萍,马航海.我国生物质能源产业的SWOT分析与对策[J].西北民族大
　　学学报(自然科学版),2015,36(01):71-75.

倪维斗.2010-6-27.从秸秆直燃发电谈能源系统优化问题.科学时报.

齐天宇,张希良,欧训民等.我国生物质直燃发电区域成本及发展潜力分析
　　[J].可再生能源,2011,29(2):115-124.

石建军.我国可再生能源探讨[J].铜陵学院学报,2006,4(4):31-34

石伟楠.农作物秸秆资源综合利用探析[J].农技服务,2017,34(22):139.

石元春.2010-6-07.当前不宜否定秸秆直燃发电.科学时报.

舒珺.生物质能发电技术应用现状及发展前景[J].山东工业技术,2017(22):
　　167.

宋开慧,周景月,张培栋,等.中国省域生物质发电潜力评价及规划目标配额分
　　析[J].中国科技论坛,2016(1):124-129.

宋艳萍.生物质发电技术经济分析[D].郑州:河南农业大学.2010.

孙凤莲,王雅鹏.我国与欧盟发展生物质能的比较与启示[J].经济纵横,2007,
　　5(5):52-54.

孙伟.生物质燃料收集方式分析与比较[J].林业科技情报,2009(41):68-69.

孙秀红.2010-7-11.生物质发电企业几乎全部亏损.经济导报.

孙宜彬,庆祯.UFLP问题的一种改进松弛对偶算法[J].山东师范大学学报,
　　2006,21(3):32-35.

谭凌,高峻峻,王迎军.基于库存成本优化的配送中心选址问题研究[J].系统
　　工程学报,2004,19(1):59-65.

唐朝贤.生物质发电项目投资风险分析与决策研究[D].长沙:中南大学.
　　2011.

汪新民,丁会.生物质发电环境影响评价要点分析[J].绿色科技,2015(2):
210-211.

王华.2011-11-19.粤电湛江生物质发电项目拥有 2 台 5 万千瓦生物质发电
机组.中国新闻网.http://www.chinanews.com/df/2011/11-19/
3471985.shtml.

王俊杰.秸秆发电前景广阔[J].北京农业,2010(34):50.

王欧.中国生物质能源开发利用现状及发展政策与未来趋势[J].中国农村经
济,2007(7):10-13.

王书生,赵浩君.可再生能源发展的税收激励政策探析[J].华北电力大学学报
(社会科学版),2007(2):20-22.

吴创之,周肇秋,马隆龙等.生物质发电技术分析比较[J].可再生能源,2008,
26(3):34-37.

吴杰,顾孟迪.可再生能源支持政策的国际比较及启示[J].经济纵横,2006,8
(11).48-50.

吴俊恩.我国生物质能源发电产业发展状况分析[J].石河子科技,2017(04):
33-34.

吴越人.生物质发电的春天[J].上海经济,2010(12):29-32.

武国庆.我国农作物秸秆能源化利用产业现状与展望[J].生物产业技术,2015
(02):7-15.

邢熙,郑风田,崔海兴.中国林木生物质能源:现状、障碍及前景[J].林业经济,
2009(03):6-12.

闫庆友,陶杰.中国生物质发电产业效率评价[J].运筹与管理,2015,24(01):
173-178+208.

杨柏成,吕铁彪,刘国喜.玉米秸秆气化原料供应量与供应成本分析[J].农村
能源,1998,(4):20-21.

杨茂盛,李霞.改进重心法在物流配送中心选址中的应用[J].物流技术.2007,
26(6):60-62.

姚书杰,蒙丹.云南省生物质能源产业发展问题研究[J].生态经济评论,2013
(00):74-82.

于春燕,孟军.基于 AHP 和模糊评判的生物质秸秆发电的效益评价[J].中国农学通报,2010,26(4):323－327

于荣,朱喜安.我国经济增长的碳排放约束机制探微[J].统计与决策,2009(13):99－101.

翟明岭,张旭,程飞,等.生物质发电中农户秸秆供应成本敏感性分析[J].动力工程学报,2016,36(7):569－574.

张兰.中国林木生物质发电原料供应与产业化研究[D].北京:北京林业大学.2010.

张粒子,李才华,罗鑫.促进我国可再生能源电力发展的政策框架研究[J].中国电力,2006,39(4):86－90.

张民,袁洁.国能威县生物发电公司 130t/h 生物质发电锅炉给料系统改造[J].科技信息,2009,(05):725－727.

张培远.国内外秸秆发电的比较研究[D].郑州:河南农业大学.2007.

张钦,周德群.江苏省秸秆发电的现状分析及对策[J].中国软科学,2010(10):104－111.

张铁柱,李曙秋.生物质发电项目技术经济分析[J].沈阳工程学院学报,2013,9(1):11－13.

张维胜.国外生物质能可再生能源发展态势分析[A].山西省人大财经委、山西省发改委、山西省国际电力公司、山西省沼气协会、山西省能源研究会.可再生能源开发利用研讨会论文集[C].山西省人大财经委、山西省发改委、山西省国际电力公司、山西省沼气协会、山西省能源研究会:山西能源与节能杂志社,2008:5.

张兴然,徐相波.浅谈生物质能发电[J].科技信息,2011(24):168.

章玲,方建鑫,周鹏.新能源发电绩效评价研究综述——基于多指标评价方法[J].技术经济与管理研究,2014(1):3－8.

赵琳.秸秆电厂规划选址方法研究[D].北京:华北电力大学.2012.

赵巧良.生物质发电发展现状及前景[J].农村电气化,2018(03):60－63.

赵新刚,刘平阔.中国生物质发电产业发展动力因子研究[J].技术经济,2012,31(08):87－95.

赵英豪. 山东省生物质资源评价与产业发展对策分析[D]. 山东大学,2013.

赵振宇,闫红,令文君. 我国生物质发电产业 SWOT 分析[J]. 可再生能源, 2012,30(01):127-132.

钟歆怡. 我国生物质能发电行业的法律制度研究[D]. 天津大学,2014.

周德群. 从节能减排的高度综合治理秸秆露天焚烧问题. 国家社科基金成果要报,2010(31).

周新军. 国内外碳排放约束机制及减排政策[J]. 当代经济管理,2013,35(5): 35-39.

朱四海. 中国农村能源政策:回顾与展望[J]. 农业经济问题,2007,(09):20-25.

朱万斌. 2010-6-7. 秸秆发电账本的另一种算法. 科学时报.

Afgan N. H. , Carvalho M. G. Multi-criteria assessment of new and renewable energy power plants [J]. Energy, 2002, 27(8):739-755.

Afgan N. H. , Carvalho M. G. , et al. Energy system assessment with sustainability indicators [J]. Energy Policy, 2000, 28(9):603-612.

Akash B. A. , Mamlook R. , Mohsen M. S. Multi-criteria selection of electric power plants using analytical hierarchy process [J]. Electric Power Systems Research, 1999, 52(1):29-35.

Albareda-Sambola M. , Diaz J. A. , Fernandez E. A compact model and tight bounds for a combinedlocation-routing problem [J]. Computers & Operations Research, 2005, 32(3):407-428.

Algieri A. , Morrone P. Techno-economic analysis of biomass-fired ORC systems for single-family combined heat and power (CHP) applications [C]. 68th Conference of the Italian Thermal Machines Engineering Association, ATI2013. Energy Procedia, 2014(45):1285-1294.

Andersen M S. An introductory note on the environmental economics of the circular economy[J]. Sustainability Science, 2007, 2(1):133-140.

Arndt H W. "Market failure" and underdevelopment [J]. World Development, 1988, 16(2):219-229.

Arostegui M. A. , Kadipasaoglu S. N. , Khumawala B. M. An empirical comparison of tabu search, simulated annealing, and genetic algorithms for facilities location problems [J]. International Journal of Production Economics, 2006, 103(2): 742 – 754.

Asadullah M. Barriers of commercial power generation using biomass gasification gas: a review [J]. Renewable and Sustainable Energy Reviews, 2014(29): 201 – 215.

Baldacci R. , Hadjiconstantinou E. , Maniezzo V. A new method for solving capacitated location problems based on a set partitioning approach [J]. Computers and Operations Research, 2002, 29(4): 365 – 386.

Barceló J. , Casanovas J. A heuristic lagrangean algorithm for the capacitated plant location problem [J]. European Journal of Operational Research, 1984, 15(2): 212 – 226.

Barcelo J. , Fernandez E. , Jörnsten K. O. Computational results from a mew Lagrangean relaxation algorithm for the capacitated plant location problem [J]. European Journal of Oprational Research, 1991, 53(1): 38 – 45.

Basu P. , Butler J. , Leon M. A. Biomass co-firing options on the emission reduction and electricity generation costs in coal-fired power plants [J]. Renewable Energy, 2011, 36(1): 282 – 288.

Baumol W J, Baumol W J, Oates W E, et al. The theory of environmental policy[M]. Cambridge university press, 1988.

Baumol W J. Macroeconomics of unbalanced growth: the anatomy of urban crisis[J]. The American economic review, 1967, 57(3): 415 – 426.

Begic F. , Afgan N. H. Sustainability assessment tool for the decision making in selection of energy system—Bosnian case [J]. Energy, 2007, 32 (10): 1979 – 1985.

Beheshtifar S. , Mohammad S. M. , Veldan Z. Using fuzzy logic in gis environment for site selection of gas power plant [J]. Journal of civil and surveying engineering (journal of faculty of engineering), 2010, 44 (4): 583 – 595.

Birat J P. Life-cycle assessment, resource efficiency and recycling [J]. Metallurgical Research & Technology, 2015, 112(2): 206.

Bojić S., Datkov D., Brcanov D., et al. Locatopm allocation of solid biomass power plants: Case study of Vojvodina [J]. Renewable and Sustainable Energy Reviews, 2013(26): 769 – 775.

Bouchard S., Landry M., Gagnon Y. Methodology for thelarge scale assessment of the technical power potential of forest biomass: Application to the province of New Brunswick, Canada [J]. Biomass & Bioenergy, 2013(54): 1 – 17.

Brown B J, Hanson M E, Liverman D M, et al. Global sustainability: toward definition[J]. Environmental management, 1987, 11(6): 713 – 719.

Buchholz T., Rametsteiner E., et al. Multi Criteria Analysis for bio-energy systems assessments [J]. Energy Policy, 2009, 37(2): 484 – 495.

Campbell A. M., Lowe T. J., Zhang L. The p-hub center allocation problem [J]. European Journal of Operational Research, 2007, 176(2): 819 – 835.

Canos M. J., Ivorra C., Liem V. Exact algorithm for the fuzzy p-median problem [J]. European Journal of Operational Research, 1999, 116(1): 80 – 86.

Caputo A C, Palumbo M, Pelagagge P M, et al. Economics of biomass energy utilization in combustion and gasification plants: effects of logistic variables[J]. Biomass and Bioenergy, 2005, 28(1): 35 – 51.

Chatzimouratidis A. I., Pilavachi P. A. Technological, economic and sustainability evaluation of power plants using the Analytic Hierarchy Process [J]. Energy Policy, 2009, 37(3): 778 – 787.

Cherubini F, Peters G P, Berntsen T, et al. CO_2 emissions from biomass combustion for bioenergy: atmospheric decay and contribution to global warming[J]. Gcb Bioenergy, 2011, 3(5): 413 – 426.

Cornuejols G. , Sridharan R. , Thizy J. M. A comparison of heuristics and relaxiations for the capacitated plant location problem [J]. European Journal of Operational Research, 1991, 50(3): 280 – 297.

Cundiff J. S. , Dias N. , Sherali H. D. A linear programming approach for designinga herbaceous biomass delivery system [J]. Bioresource Technology, 1997, 59(1): 47 – 55.

Dahlman C J. The problem of externality[J]. The journal of law and economics, 1979, 22(1): 141 – 162.

Darskin M. S. A maximum expected covering location problem: Formulation, properties, and heuristic solution [J]. Transportation Science, 1983, 17(1): 48 – 70.

Delivand M. K. , Barz M. , Gheewala S. H. Logistics cost analysis of rice straw for biomass power generation in Thailand [J]. Energy, 2011, 36 (3):1435 – 1441.

Desrosiers J. , Laporte G. , Sauve M. et al. Vechle routing with full loads. Computers & Operations Research, 1988, 15(3): 219 – 226.

Diakoulaki D. , Karangelis F. Multi-criteria decision analysis and cost-benefit analysis of alternative scenarios for the power generation sector in Greece [J]. Renewable and Sustainable Energy Reviews, 2007, 11 (4): 716 – 727.

Doukas H. C. , Andreas B. M. , et al. Multi-criteria decision aid for the formulation of sustainable technological energy priorities using linguistic variables [J]. European Journal of Operational Research, 2007, 182 (2): 844 – 855.

Downing P B, White L J. Innovation in pollution control[J]. Journal of environmental economics and management, 1986, 13(1): 18 – 29.

Efroymson M. A. , Ray T. L. A branch-and-bound algorithm for plant location [J]. Operations Research, 1996, 14(5): 361 – 368.

Erlenkotter D. A dual-based procedure for uncapacitated facility location [J]. Operations Research, 1978, 26(1): 992 – 1009.

Evans A, Strezov V, Evans T J. Sustainability considerations for electricity generation from biomass [J]. Renewable and sustainable energy reviews, 2010, 14(5): 1419 – 1427.

Evans A. , Strezov V. , et al. Assessment of sustainability indicators for renewable energy technologies [J]. Renewable and Sustainable Energy Reviews, 2009, 13(5):1082 – 1088.

Freppaz, D. , et al. Optimizing forest biomass exploitation for energy supply at a regional level [J]. Biomass and Bioenergy, 2004, 26(1): 15 – 25.

Fthenakis V. , Kim H. C. Land use and electricity generation: A life-cycle analysis [J]. Renewable and Sustainable Energy Reviews, 2009, 13 (6~7):1465 – 1474.

Gan J, Smith C T. A comparative analysis of woody biomass and coal for electricity generation under various CO_2 emission reductions and taxes [J]. Biomass and Bioenergy, 2006, 30(4): 296 – 303.

Georgopoulou E. , Lalas D. , et al. A Multi-criteria Decision Aid approach for energy planning problems: The case of renewable energy option [J]. European Journal of Operational Research, 1997, 103(1): 38 – 54.

Georgopoulou E. , Saradis Y. , et al. Design and implementation of a group DSS for sustaining renewable energies exploitation [J]. European Journal of Operational Research, 1998, 109(2): 483 – 500.

Gladwin T N, Kennelly J J, Krause T S. Shifting paradigms for sustainable development: Implications for management theory and research[J]. Academy of management Review, 1995, 20(4): 874 – 907.

Gough C, Upham P. Biomass energy with carbon capture and storage (BECCS or Bio-CCS)[J]. Greenhouse Gases Science & Technology, 2011, 1(4):324 – 334.

Goumas M. , Lygerou V. An extension of the PROMETHEE method for decision making in fuzzy environment: Ranking of alternative energy exploitation projects [J]. European Journal of Operational Research, 2000, 123(3): 606 – 613.

Greistorfer P. , Rego C. A simple filter-and-fan approach to the facility location problem [J]. Computers & Operations Research, 2006, 33 (9): 2590 – 2601.

Grobelny J. The fuzzy approach to facilities layout problems [J]. Fuzzt Sets and Systems, 1987, 23(2): 175 – 190.

Gungor Z. , Arikan F. A fuzzy outranking method in energy policy planning [J]. Fuzzy Sets and Systems, 2000, 114(1): 115 – 122.

Guo Z. , Hodges D. Woody Biomass Policies and Location Decisions of the Bioenergy Industry in the Southern United States [C]. in Proceedings of the 2010 Southern Forest Economics Workshop: 59 – 69.

Hakimi S. L. Optium Locations of switching centers and the absolute centers and medians of a graph [J]. Operations Research, 1964, 12(1): 450 – 459.

Haralambopoulos D. A. , Polatidis H. Renewable energy projects: structuring a multi-criteria group decision-making framework [J]. Renewable Energy, 2003, 28(6): 961 – 973.

Henao F. , Cherni J. A. , et al. A multi-criteria approach to sustainable energy supply for the rural poor [J]. European Journal of Operational Research, 2012, 218(3): 801 – 809.

Hess D J, Mai Q D, Brown K P. Red states, green laws: Ideology and renewable energy legislation in the United States[J]. Energy Research & Social Science, 2016(11): 19 – 28.

Hoffmann B. S. , Szklo A. , Schaeffer R. An evaluation of the techno-economic potential ofco-firing coal with woody biomass in thermal power plants in the south of Brazil [J]. Biomass & Bioenergy, 2012

(45): 295 - 302.

Höhn J. , Lehtonen E. , Rasi S. , et al. A Geographical Information System (GIS) based methodology for determination of potential biomass and sites for biogas plants in southern Finland [J]. Applied Energy, 2014 (113): 1 - 10.

Hotelling H. Stability in competition [J]. Economic Journal, 1929, 39(1): 41 - 57.

Huang Y. , Mcllveen-Wright D. R. , Rezvani S. , et al. Comparative techno-economic analysis of biomass fuelled combined heat and power for commercial buildings [J]. Applied Energy. 2013(112): 518 - 525.

Hughes E. Biomass cofiring: economics, policy and opportunities [J]. Biomass and Bioenergy, 2000, 19(6): 457 - 465.

International Energy Agency (IEA). World Energy Outlook 2013—Chapter 6: Renewable Energy Outlook. 2013.

International Energy Agency (IEA). World Energy Outlook 2018. 2018.

International Institute for Management Development (IMD). World competitiveness yearbook 2014; 2014.

Jaffe, A B, et al. Environmental regulation and the competitiveness of US manufacturing: what does the evidence tell us? [J]. Journal of Economic literature, 1995, 33 (1): 132 - 163.

Jaffee A B, Stavins R N. Dynamic Incentives of Environmental Regulations: The Effects of Alternative Instruments on Technology Diffusion, 29 J [J]. Envtl. Econ. & Mgmt. S - 43, S - 44, 1995.

Jean-Francois V. B. , Temmerman M. , Schenkel Y. Three level procurement of forest residues for power plant [J]. Biomass and Bioenergy, 2003, 24(4~5): 401 - 409.

Jeppesen, T. , Folmer H. The confusing relationship between environmental policy and location behaviour of firms: A methodological review of selected case studies [J]. The Annals of Regional Science,

2001, 35(4): 523 - 546.

Jiang, D, Zhuang D, Fu J, et al. Bioenergy potential from crop residues in China: Availability and distribution [J]. Renewable & Sustainable Energy Reviews, 2012, 16(3):1377 - 1382.

Jiuchen W, Lin D, Yishui T, et al. Analysis of the development status and trends of biomass energy industry in China [J]. Transactions of the Chinese Society of Agricultural Engineering, 2007, 2007(9).

Jovanovic M. , Afgan N. , et al. Sustainable development of the Belgrade energy system [J]. Energy, 2009, 34(5):532 - 539.

Kablan M. M. Decision support for energy conversion promotion: an analytic hierarchy process approach [J]. Energy Policy, 2004, 32(10): 1151 - 1158.

Kariv O. , Hakimi S. An Algorithmic Approach to Network Location Problems 2: The p-Medians [J]. SIAM Journal on Applied Mathematics, 1979, 37(3): 539 - 560.

Kaundinya D P, Balachandra P, Ravindranath N H, et al. A GIS (geographical information system)-based spatial data mining approach for optimal location and capacity planning of distributed biomass power generation facilities: A case study of Tumkur district, India [J]. Energy, 2013, 52: 77 - 88.

Kaya T. , Kahraman C. Multi-criteria renewable energy planning using an integrated fuzzy VIKOR & AHP methodology: The case of Istanbul [J]. Energy, 2010, 35(6): 2517 - 2527.

Kelly-Yong T L, Lee K T, Mohamed A R, et al. Potential of hydrogen from oil palm biomass as a source of renewable energy worldwide [J]. Energy Policy, 2007, 35(11):5692 - 5701.

Klass D L. Biomass for renewable energy, fuels, andchemicals. [J]. 1998, 29(12):1028 - 1037.

Klose A. A Lagrangean relax-and-cut approach for the two-stage capacitated facility location problem [J]. European Journal of Operational Research, 2000, 126(2): 408 – 421.

Klose A., Gortz S. A branch-and-price algorithm for the capacitated facility location problem [J]. European Journal of Operational Research, 2007, 179(3): 1109 – 1125.

Kneese A V, Schultz C L. Pollution, prices and public policy (The Brookings Institute, Washington, DC)[J]. Clean Energy Systems and Experiences, 1975, 178.

Kocoloski M., Griffin W. M., Matthews H. S. Impacts of facility size and location decisions on ethanol production cost [J]. Energy Policy, 2011, 39(1):45 – 76.

Kongsamut P, Rebelo S, Xie D. Beyond balanced growth[J]. The Review of Economic Studies, 2001, 68(4): 869 – 882.

König A. Cost efficient utilisation of biomass in the German energy system in the context of energy and environmental policies[J]. Energy Policy, 2011, 39(2):628 – 636.

Krukanont P, Prasertsan S. Geographical distribution of biomass and potential sites of rubber wood fired power plants in Southern Thailand [J]. Biomass and bioenergy, 2004, 26(1): 47 – 59.

Kumar A, Kumar N, Baredar P, et al. A review on biomass energy resources, potential, conversionand policy in India[J]. Renewable and Sustainable Energy Reviews, 2015, 45: 530 – 539.

Kwon P S, Østergaard P A. Priority order in using biomass resources-Energy systems analyses of future scenarios for Denmark[J]. Energy, 2013, 63(1):86 – 94.

Lauber, Volkmar | Mez, Lutz. Renewable Electricity Policy in Germany, 1974 to2005. [J]. Bulletin of Science Technology & Society, 2006, 26(2):105 – 120.

Leduc S., Schwab D., Dotzauer E., et al. Optimal location of wood gasification plants for methanol production with heat recovery [J]. International Journal of Energy Research, 2008, 32: 1080 – 1091.

Lee U. , Balu E. , Chung J. N. An expenrimental evaluation of an integrated biomass gasification and power generation system for distributed power applications [J]. Applied Energy, 2013(101): 699 – 708.

Leemans R, Amstel A V, Battjes C, et al. The land cover and carbon cycle consequences of large-scale utilizations of biomass as an energy source [J]. Global Environmental Change, 1996, 6(4):335 – 357.

Lehr U. , Nitsch J. , et al. Renewable energy and employment in Germany [J]. Energy Policy, 2008, 36(1):108 – 117.

Levinson A. Environmental regulations and manufacturers' location choices: Evidence from the Census of Manufactures [J]. Journal of Public Economics, 1996, 62(1~2): 5 – 29.

Lewandowski M. Designing the business models for circular economy— Towards the conceptual framework[J]. Sustainability, 2016, 8(1): 43.

Li Y. Feed processing techniques of stalks of agricultural crops [M]. Beijing: China Light Industry Press; 2006.

Lieder M, Rashid A. Towards circular economy implementation: a comprehensive review in context of manufacturing industry[J]. Journal of Cleaner production, 2016, 115: 36 – 51.

Lim J S, Manan Z A, Alwi S R W, et al. A review on utilisation of biomass from rice industry as a source of renewable energy[J]. Renewable and sustainable energy reviews, 2012, 16(5): 3084 – 3094.

Lin B, He J. Is biomass power a good choice for governments inChina? [J]. Renewable and Sustainable Energy Reviews, 2017, 73: 1218 – 1230.

Liposcaka M. , Afgan N. H. , et al. Sustainability assessment of cogeneration sector development in Croatia [J]. Energy, 2006, 31(13): 2276 – 2284.

List J. A. , Co C. Y. The effects of environmental regulations on foreign direct investment [J]. Journal of Environmental Economics and

Management, 2000, 40(1): 1 – 20.

Liu H. T. , Polenske K. R. , Xi Y. M. , Guo J. E. Comprehensive evaluation of effects of straw-based electricity generation: A Chinese case [J]. Energy Policy, 2010, 38 (10): 6153 – 6160.

Liu J. C. , Wang S. J. , Wei Q. S. , et al. Present situation, problems and solutions of China's biomass power generation industry [J]. Energy Policy, 2014(70): 144 – 151.

Løken E. Use of multi-criteria decision analysis methods for energy planning problems [J]. Renewable and Sustainable Energy Reviews, 2007, 11 (7): 1584 – 1595.

Løken E. , Botterud A. , Holen A. Use of the equivalent attribute technique in multi-criteria planning of local energy systems [J]. European Journal of Operational Research, 2009, 197(3): 1075 – 1083.

Luckow P, Wise M A, Dooley J J, et al. Large-scale utilization of biomass energy and carbon dioxide capture and storage in the transport and electricity sectors under stringent CO_2 concentration limit scenarios[J]. International Journal of Greenhouse Gas Control, 2010, 4(5): 865 – 877.

Lynd,LR , Elamder R. T. , Wyman C. E. Likely features and costs of mature biomass ethanol technology. Applied Biochemistry and Biotechnology, 1996, 57 – 58(1): 741 – 761.

Madlener R. How to Maintain Competition and Diversity? A socio-ecological-economic assessment of bioenergy options with a focus on CHP. Socio-economic aspects of bioenergy systems: Challenges and opportunities, 2001.

Malerba F. Public policy and industrial dynamics: an evolutionary perspective[J]. European Commission, 1996.

Mamlook R. , Akash B. A. , et al. A neuro-fuzzy program approach for evaluating electric power generation systems [J]. Energy, 2001, 26

（6）：619 – 632.

Maraver D. , Sin A. , Sebastián F. , et al. Environmental assessment of CCHP（combined cooling heating and power）systems based on biomass combustion in comparison to conventional generation［J］. Energy, 2013, 57:17 – 23.

Marianov V. , Revelle C. The queuing Probabilistic location set covering prolem and some extensions［J］. Socio-Economic Planning Sciences, 1994, 28(3)：167 – 178.

Mccormick K. An Overview of Distributed Energy in the EU and USA: Business Intelligence and Policy Instruments［J］. 2008.

Mcllveen-Wright D. R. , Huang Y. , Rezvani S. , et al. A technical and economic analysis of three large scale biomass combustion plants in the UK［J］. Applied Energy, 2013, 112：396 – 404.

Mitchell C. Development of decision support systems for bioenergy applications［J］. Biomass and Bioenergy, 2000, 18(4)：265 – 278.

Mohammad A. Biomass gasification gas cleaning for downstream applications: A comparative critical review［J］. Renewable and Sustainable Energy Reviews, 2014(40)：118 – 132.

Mohsen M. S. , Akash B. A. Evaluation of domestic solar water heating system in Jordan using analytic hierarchy process［J］. Energy Conversation and management, 1997, 38(18)：1815 – 1822.

Moiseyev A, Solberg B, Kallio A M I. The impact of subsidies and carbon pricing on the wood biomass use for energy in the EU［J］. Energy, 2014, 76：161 – 167.

Möllersten K, Yan J, Moreira J R. Potential market niches for biomass energy with CO_2 capture and storage—Opportunities for energy supply with negative CO_2 emissions［J］. Biomass and Bioenergy, 2003, 25(3)：273 – 285.

Moreno B. , Jesus L. A. The effect of renewable energy on employment. The case of Asturias（Spain）［J］. Renewable and Sustainable Energy Reviews, 2008, 12(3): 732 – 751.

Murray A, Skene K, Haynes K. The circular economy: An interdisciplinary exploration of the concept and application in a global context［J］. Journal of Business Ethics, 2017, 140(3): 369 – 380.

Nagel J. Determination of an economic energy supply structure based on biomass using a mixed-integer linear optimization model ［J］. Ecological Engineering, 2000, 16(s1): 91 – 102.

Nasiri F. , Zaccour G. An exploratory game-theoretic analysis of biomass electricity generation supply chain ［J］. Energy Policy, 2009, 37(11): 4514 – 4522.

Ness D. Sustainable urban infrastructure in China: Towards a Factor 10 improvement in resource productivity through integrated infrastructure systems［J］. The International Journal of Sustainable Development & World Ecology, 2008, 15(4): 288 – 301.

Ngai L R, Pissarides C A. Structural change in a multisector model of growth［J］. American economic review, 2007, 97(1): 429 – 443.

Nilsson D. SHAM—a simulation model for designing straw fuel delivery systems. Part 1: model description ［J］. Biomass and Bioenergy, 1999, 16(1): 25 – 38.

OECD. Technology and the economy: The key relationships. Paris; 1992

Osmani A, Zhang J. Optimal grid design and logistic planning for wind and biomass based renewable electricity supply chains under uncertainties ［J］. Energy, 2014, 70: 514 – 528.

Østergaard P. A. Reviewing optimization criteria for energy systems analyses of renewable energy integration ［J］. Energy, 2009, 34 (9): 1236 – 1245.

Owen A. D. Renewable energy: Externality costs as market barriers ［J］. Energy Policy, 2006, 34(5): 632 – 642.

Ozturk M, Saba N, Altay V, et al. Biomass and bioenergy: An overview of the development potential in Turkey and Malaysia[J]. Renewable and Sustainable Energy Reviews, 2017(79): 1285 - 13

Papadopoulos A., Karagiannidis A. Application of the multi-criteria analysis method Electre III for the optimization of decentralized energy systems [J]. Omega, 2008, 36(5): 766 - 776.

Papadopoulos D., Katsigiannis P. Biomass energy surveying and techno-economic assessment of suitable CHP system installations [J]. Biomass and Bioenergy, 2002, 22(2): 105 - 124.

Perl J., Daskin M. S. A warehouse location-routing problem. Transportation Research Part B: Methodological, 1985, 19(5): 381 - 396.

Pigou A. The economics of welfare[M]. Routledge, 2017.

Pilavachi P. A., Roumpeas C. P., et al. Multi-criteria evaluation for CHP system options [J]. Energy Conversion and Management, 2006, 47 (20): 3519 - 3529.

Pohekar S. D, Ramachandran M. Application of multi-criteria decision making to sustainable energy planning—A review [J]. Renewable and Sustainable Energy Reviews, 2004, 8(4): 365 - 381.

REN21. Renewables Global Status Report[R]. 2018

Rentizelas A. A., Tolis A. J., Tatsiopoulos I. P. Logistics issues of biomass: The storage problem and the multi-biomass supply chain [J]. Renewable & Sustainable Energy Reviews, 2009, 13(4): 887 - 894.

Revelle C. S., HoganK.. The maximum availability location problem [J]. Transportation Science, 1989, 23(3): 192 - 200.

Rickerson W, Grace R C. The Debate over Fixed Price Incentives for Renewable Electricity in Europe and the United States: Fallout and Future Directions[J]. 2007.

Rogers J. G., BrammerJ. G.. Analysis of transport costs for energy crops for use in biomass pyrolysis plant networks [J]. Biomass & Bioenergy, 2009, 33(10): 1367 – 1375.

Rösch C, Jörissen J, Skarka J, et al. Strategies to Reduce Land Use Competition and Increasing the Share of Biomass in the German Energy Supply[C]// European Biomass Conference. 2010.

Ruiz J. A. , Juárez M. C. , Morales M. P. , et al. Biomass logistics: Financial & environmental costs. Case study: 2MW electrical power plants [J]. Biomass & Bioenergy, 2013, 56: 260 – 267.

Sansaniwal S K, Rosen M A, Tyagi S K. Global challenges in the sustainable development of biomass gasification: An overview [J]. Renewable and Sustainable Energy Reviews, 2017, 80: 23 – 43.

Santillo D. Reclaiming the Definition of Sustainability (7pp) [J]. Environmental Science and Pollution Research-International, 2007, 14 (1): 60 – 66.

Schmidt J, Leduc S, Dotzauer E, et al. Cost-effective CO_2 emission reduction through heat, power and biofuel production from woody biomass: A spatially explicit comparison of conversion technologies[J]. Applied Energy, 2010, 87(7): 2128 – 2141.

Schmidt J, Leduc S, Dotzauer E, et al. Potential of biomass-fired combined heat and power plants considering the spatial distribution of biomass supply and heat demand[J]. International Journal of Energy Research, 2010, 34(11): 970 – 985.

Schneider U A, McCarl B A. Economic potential ofbiomass based fuels for greenhouse gas emission mitigation[J]. Environmental and resource economics, 2003, 24(4): 291 – 312.

Sebastián F, Royo J, Gómez M. Cofiring versus biomass-fired power plants: GHG (Greenhouse Gases) emissions savings comparison by means of LCA (Life Cycle Assessment) methodology[J]. Energy, 2011, 36(4): 2029 – 2037.

Sha H, Tong S, Zhang W, Zhai N, Wang X, Huang C, et al. Analysis on current situation of producing and comprehensive utilization of stalks of agricultural crops[J]. J Jilin Agri Sci 2010(4): 51 – 5.

Shabani N. , Sowlati T. A mixed integer non-linear programming model for tactical value chain optimization of a wood biomass power plant [J]. Applied Energy, 2013(104): 353 – 361.

Shaffer E C, Massie D D, Cross J B. Power and Energy Architecture for Army Advanced Energy Initiative[J]. Power & Energy Architecture for Army Advanced Energy Initiative, 2006.

Shavandi H. , Mahlooji H. A fuzzy queuing location model with genetic algorithm for congested systems [J]. Applied Mathematics and Computation, 2006, 181(1): 440 – 456.

Shavandi H. , Mahlooji H. Fuzzy queueing location-allocation models for congested systems [J]. International Journal of Industrial Engineering, 2004, 11(4): 364 – 376.

Shavandi H. , Mahlooji H. , et. al. A fuzzy conherent hierarchical location-allocation model foe congested systems [J]. Scientia Iranica, 2006, 13 (1): 14 – 24.

Shen Z. J. M. , Coullard C. , Daskin M. S. A joint location-inventory model [J]. Transportation Science, 2003, 37(1): 40 – 55

Shi X, Elmore A, Li X, et al. Using spatial information technologies to select sites for biomass power plants: A case study in Guangdong Province, China[J]. Biomass and Bioenergy, 2008, 32(1): 35 – 43.

Shobrys D. A model for the selection of shipping routes and strange locations for a hazardous substance [D]. Baltimore: Johns Hopkins University. 1981.

Siudek T, Zawojska A. Competitiveness in the economic concepts, theories and empirical research[J]. Acta Scientiarum Polonorum. Oeconomia, 2014, 13(1).

Smith K. Innovation as a systemic phenomenon: rethinking the role of policy[J]. Enterprise and innovation management studies, 2000, 1(1): 73 – 102.

Sokhansanj S, Kumar A, Turhollow A F. Development and implementation of integrated biomass supply analysis and logistics model (IBSAL)[J]. Biomass and Bioenergy, 2006, 30(10): 838 – 847.

Sorda G, Banse M, Kemfert C. An overview of biofuel policies across the world[J]. Energy Policy, 2010, 38(11):6977 – 6988.

Sperling D. An analytical framework for siting and sizing biomass fuel plants [J]. Energy, 1984, 9(12): 1033 – 1040.

Sridharan R. A Lagrangian heuristic for the capacitated plant location problem with single source constraints [J]. European Journal of Operational Research, 1993, 66(3): 305 – 312.

Stahel W R. Reuse is the key to the circular economy[J]. European Commission Available at. http://ec. europa. eu/environment/ecoap/about-eco-innovation/experts-interviews/reuse-is-the-key-to-the-circular-economy_en, 2014.

Statistical Report for the Construction of Biomass Power Gen eration in China

Stewatt T. J. , French S. , Rios J. Integrating multicriteria decision analysis and scenario planning-Review and extension[J]. Omega, 2013, 41: 679 – 688.

Štreimikien ė D. , Pušinait ė R. External Cost of Electricity Generation in Lithuania [J]. Environmental Research, 2008, 2(44):34 – 40.

Streimikienea D. , Balezentis T. , et al. Prioritizing sustainable electricity production technologies: MCDM approach [J]. Renewable and Sustainable Energy Reviews, 2012, 16(5):3302 – 3311.

Sun C. , Zhang D. Forest resources, government policy, and investment location decisions of the forest products industry in the southern United

States [J]. Forest science, 2001, 47(2): 169 - 177.

Suramaythangkoor T., Gheewala S. H. Potential of practical implementation of rice straw-based power generation in Thailand [J]. Energy Policy, 2008, 36(8): 3193 - 3197

Tatsiopoulos I., Tolis A. Economic aspects of the cotton-stalk biomass logistics and comparison of supply chain methods [J]. Biomass and Bioenergy, 2003, 24(3): 199 - 214.

Thakur A., Canter C. E., KumarA.. Life-cycle energy and emission analysis of power generation from forest biomass[J]. Applied Energy, 2014(128): 246 - 253.

Thomas A., Bond A., Hiscock K. A GIS based assessment of bioenergy potential in England within existing energy systems [J]. Biomass and Bioenergy, 2013(55): 107 - 121.

Thornley P. Increasingbiomass based power generation in the UK [J]. Energy Policy, 2006, 34(15): 2087 - 2099.

Tsakomakas N. G., Pilavachi P. A., Polyzakis A. L. An economic comparison assessment of lignite and biomass IGCC power plants [J]. Applied Thermal Engineering, 2012(38): 26 - 30.

Tsoutsos T., Drandaki M., et al. Sustainable energy planning by using multi-criteria analysis application in the island of Crete [J]. Energy Policy, 2009, 37(5): 1587 - 1600.

Upadhyay T. P., Shahi C., Leitch M., et al. Economic feasibility of biomass gasification for power generation in three selected communities of northwestern Ontario, Canada [J]. Energy Policy, 2012(44): 235 - 244.

Vera D., et al. A Honey Bee Foraging approach for optimal location of a biomass power plant [J]. Applied Energy, 2010, 87(7): 2119 - 2127.

Vera V., Langlois L. Energy indicators for sustainable development [J]. Energy, 2007, 32(6): 875 - 882.

Voivontas D, Assimacopoulos D, Koukios E G. Aessessment of biomass potential for power production: a GIS based method[J]. Biomass and bioenergy, 2001, 20(2): 101 – 112.

Voropai N. I. , Ivanova E. Y. Multi-criteria decision analysis techniques in electric power system expansion planning [J]. International Journal of Electrical Power & Energy Systems, 2002, 24(1): 71 – 78.

Wang C, Yuan C, Zhang L, et al. Quantifying uncertainties in greenhouse gas accounting of biomass power generation in China: System boundary and parameters[J]. Energy, 2018(158): 121 – 127.

Wang J. J. , Jing Y. Y. , et al. A fuzzy multi-criteria decision-making model for trigeneration system [J]. Energy Policy, 2008, 36(10): 3823 – 3832.

Wang J. J. , Jing Y. Y. , et al. Integrated evaluation of distributed triple-generation systems using improved grey incidence approach [J]. Energy, 2008, 33(9): 1427 – 1437.

Wang J. J. , Jing Y. Y. , et al. Weighting methodologies in multi-criteria evaluations of combined heat and power systems [J]. International Journal of Energy Research, 2009, 33(12): 1023 – 1039.

Wang W, Ouyang W, Hao F. A supply-chain analysis framework for assessing densified biomass solid fuel utilization policies in China[J]. Energies, 2015, 8(7): 7122 – 7139.

Wang X, et al. Evaluating China's biomass power production investment based on a policy benefit real options model [J]. Energy, 2014(73): 751 – 761.

Wei M. , Patadia S. , et al. Putting renewables and energy efficiency to work: How many jobs can the clean energy industry generate in the US? [J]. Energy Policy, 2010, 38(2): 919 – 931.

Weimer D L, Vining A R. Policy analysis: Concepts and practice[M]. Routledge, 2017.

Welfle A, Gilbert P, Thornley P. Increasing biomass resource availability through supply chain analysis[J]. biomass and bioenergy, 2014(70): 249 - 266.

Woddyatt L. R. , Stott K. L. , Wolf F. E. , et sl. An application combining set covering and fuzzy sets to optimally assign metallurgical grades to customer orders [J]. Fuzzy Sets and Systems, 1993, 53(1): 15 - 26.

Wolf Jr C. A theory of nonmarket failure: Framework for implementation analysis[J]. The Journal of Law and Economics, 1979, 22(1): 107 - 139.

World Economic Forum (WEF). Global competitiveness report 2014—2015. Geneva: 2014.

World Energy Council (WEC). World Energy Resources (2013 survey). 2013.

Wright D. G. , Dey P. K. , Brammer J. A barrier and techno-economic analysis of small-scaleb CHP (biomass combined heat and power) schemes in the UK [J]. Energy, 2014(71): 332 - 345.

Wu L. Y. , Zhang X. S. , Zhang J. L. Capacitated facility location problem with general setup cost [J]. Computers and Operations Research, 2006, 33(5): 1226 - 1241.

Xingang Z, Jieyu W, Xiaomeng L, et al. Focus on situation and policies for biomass power generation in China[J]. Renewable and Sustainable Energy Reviews, 2012, 16(6): 3722 - 3729.

Xingang Z, Zhongfu T, Pingkuo L. Development goal of 30 GW for China's biomass power generation: Will it beachieved? [J]. Renewable and Sustainable Energy Reviews, 2013(25): 310 - 317.

Yağiz Ö. A heuristic preprocessor supported algorithm for the capacitated plant location problem [J]. Applied Mathematical Modelling, 1991, 15 (3): 114 - 125.

Yoshida Y, Dowaki K, Matsumura Y, et al. Comprehensive comparison of efficiency and CO_2 emissions between biomass energy conversion technologies—position of supercritical water gasification in biomass technologies[J]. Biomass and Bioenergy, 2003, 25(3): 257 – 272.

Young, T M, et al. Logistic regression models of factors influencing the location of bioenergy and biofuels plants [J]. BioResources, 2011, 6 (1): 329 – 343.

Young, T. M, et al. The economic availability of woody biomass for the Southeastern United States [J]. Bioresource Technology, 1991, 37(1): 7 – 15.

Yozui S, Liyun X, Weiging Z. Development of stirling technology in China and its prospective role in solving the energy problem in developing rural areas[J]. Proc. Intersoc. Energy Convers. Eng. Conf. ; (United States), 1984(2).

Yu-zhuo Z, Xin-gang Z, Ling-zhi R, et al. The development of China's biomass power industry under feed-in tariff and renewable portfolio standard: A system dynamics analysis[J]. Energy, 2017(139): 947 – 961.

Zhang Q, Zhou D, Fang X. Analysis on the policies of biomass power generation in China[J]. Renewable and Sustainable Energy Reviews, 2014(32): 926 – 935.

Zhang Q, Zhou D, Zhou P, et al. Cost Analysis of straw-based power generation in Jiangsu Province, China[J]. Applied Energy, 2013, 102 (2): 785 – 793.

Zhijun F, Nailing Y. Putting a circular economy into practice in China[J]. Sustainability Science, 2007, 2(1): 95 – 101.

Zhou P. , Ang B. W. , Poh K. L. Decision analysis in energy and environmental modeling: An update[J]. Energy, 2006, 31(14): 2604 – 2622.

图书在版编目(CIP)数据

中国生物质发电产业的空间布局与支持政策研究 /
闻浩著. — 南京：南京大学出版社，2018.12
ISBN 978 - 7 - 305 - 21348 - 9

Ⅰ. ①中… Ⅱ. ①闻… Ⅲ. ①生物能－发电－产业布
局－研究－中国 Ⅳ. ①F426.61

中国版本图书馆 CIP 数据核字(2018)第 291456 号

出版发行　南京大学出版社
社　　　址　南京市汉口路 22 号　　　　邮　编　210093
出 版 人　金鑫荣
书　　名　中国生物质发电产业的空间布局与支持政策研究
著　　者　闻　浩
责任编辑　朱小燕　荣卫红　　　　　编辑热线　025 - 83685720
照　　排　南京南琳图文制作有限公司
印　　刷　江苏凤凰数码印务有限公司
开　　本　718×1000　1/16　印张 15　字数 238 千
版　　次　2018 年 12 月第 1 版　2018 年 12 月第 1 次印刷
ISBN 978 - 7 - 305 - 21348 - 9
定　　价　52.00 元

网址：http://www.njupco.com
官方微博：http://weibo.com/njupco
官方微信号：njupress
销售咨询热线：(025) 83594756